JN101540

シリーズ・人間教育の探究②
梶田 叡一／浅田 匡／古川 治 監修

人間教育をめざした カリキュラム創造

「ひと」を教え育てる教育をつくる

古川 治
矢野裕俊
［編著］

ミネルヴァ書房

「シリーズ・人間教育の探究」刊行のことば

　「シリーズ・人間教育の探究」として，全5巻を刊行することになりました。このシリーズの企画・編集・執筆・監修に参画した方々と，何度か直接に集まって議論をし，またメールや電話等で意見交換を重ねて来ました。そうした中で以下に述べるような点については，共通の願いとしているところです。

　教育の最終的な目標は，ともすれば忘れられがちになるが，人間としての在り方そのものを深く豊かな基盤を持つ主体的なものに育て上げることにある。そのためには，自らに与えられた生命を充実した形で送っていける〈我の世界〉を生きる力と，それぞれの個性を持って生きていく多様な人達と連携しつつ自らに与えられた社会的役割を果たしていける〈我々の世界〉を生きる力との双方を，十分に発揮できるところにまで導き，支援していくことが不可欠である。教育に関わる人達は，お互い，こうした基本認識を共通の基盤として連携連帯し，現在の複雑な状況において直面しているさまざまな問題の解決を図り，直面する多様な課題への取り組みを進めていかねばならない。

　あらためて言うまでもなく，科学技術が日進月歩する中で，経済や文化面を中心に社会のグローバル化が急速に進みつつあります。このためもあって今の子ども達は，日々増大する重要な知識や技能を，また絶えざる変化に対応する思考力や問題解決力を，どうしても身につけていかねばなりません。さらには，そうした学習への取り組みを生涯にわたって続けていくための自己教育力を涵養していくことも要請されています。こうした大きな期待に応えるための教育を，社会の総力を挙げて実現していかなくてはならないのが現代です。アクティブ・ラーニングが強調され，ICT 教育と GIGA スクール構想の推進が図られ，外国語教育と異文化理解教育を重視した国際教育の充実強化が推進される，等々の動きは当然至極のことと言って良いでしょう。

しかしながら，これだけでは「かけがえのない生命を与えられ，人間として充実した生を生きていく」べき個々の子どもを教育する視点としては，決定的に不充分であることを忘れてはなりません。新たな重要知識や技能を習得し，力強い思考力や問題解決力を身につけ，生涯にわたってそうした力の更新を図っていくことのできる自己学習の力を備えたとしても，それだけでは「有能な駒」でしかないのです。自分自身の身についた有能さを自分自身の判断で使いこなす主体としての力，「指し手」としての力が不可欠なのです。同時に，そうした判断を的確なもの，人間性豊かなものとするための主体としての成長・成熟が不可欠なのです。

　我々の志向する「人間教育」は，この意味における「主体としての力」の育成であり，「主体としての成長・成熟」の実現です。我が国の教育基本法が，制定当初から，そして改定された後も，「教育は人格の完成を目指し」と，その第1条にうたっているところを我々は何よりもまずこうした意味において受け止めたいと考えています。

　今回「人間教育の探究」シリーズ全5巻を刊行するのは，この意味での「人間教育」の重要性を，日本の教師や親をはじめとするすべての教育関係者が再確認すると同時に，「人間教育」に関係する従来の思想と実践を振り返り，そこから新たな示唆を得て，今後の日本の教育の在り方に本質的な方向づけを図りたいからであります。こうした刊行の願いを読者の方々に受け止めていただき，互いに問題意識を深め合うことができれば，と心から願っています。これによって，我々皆が深く願っている人間教育が，この社会における現実の動きとして，学校現場から教育委員会や学校法人にまで，また教員の養成と研修に当たる大学にまで，そして日本社会の津々浦々での教育にかかわる動きにまで，実り豊かな形で実現していくことを心から念願するものであります。

2020年10月

監修者を代表して　梶田叡一

人間教育をめざしたカリキュラム創造
——「ひと」を教え育てる教育をつくる——

目　次

なぜ今，人間教育をめざしたカリキュラムなのか

古川　治

1　人間教育不在の学校教育からの解放

　近年の小・中・高等学校のいじめ認知件数は平成30年度54万3933件（文部科学省調査，平成元年度 2 万9088件），不登校数も平成30年度，16万4528人（文部科学省調査，小中学校対象，平成13年度13万8733人）で，事態の深刻さを表している。現在の学校には学力低下，学習意欲低下，学力格差の拡大，低い自尊感情，校内暴力，非行，体罰問題等，教育関係者の努力にもかかわらず，教育病理現象の減少の兆しは見られない。このような教育病理現象の背景には，競争的な学校教育と自分の事しか考えない私事化（プライバタイゼーション）の進行で自己欲求の肥大化と自己統制力の低下やこれらを促進させる新自由主義による競争と選択の自由政策で子どもの集団や地域社会が崩壊し，子どもたちの学力や学習意欲の低下，規範・ルール意識の低下，体力の低下等「知・徳・体」全体にわたる「生きる力」の低下問題が生起している。学校教育に関わる問題は，多様化・複雑化・困難化し，学校教育をめぐる問題の解決はつまるところ学力やカリキュラムの問題として，カリキュラム改革に焦点が当たってきた。

　かつて，アメリカのシカゴ大学の B. ブルーム（Bloom, B.）は「学校は子どもたちの自尊感情を組織的に破壊する装置である」と表現したが，現在の学校には，「子どもたちの居場所づくり」の必要性を主張しなければならないほどの息苦しい空気があり，教師と子どもの関係，教師と教師の同僚性，教師と保護者の連携は，難しくなってきた。本来，学校は学力形成だけではなく，人間

形成を図らなければならない場所である。このような現状に対して，本シリーズ監修者であり「人間教育」を提言してきた梶田叡一は，人間形成の重要性について，1989年に「人間教育研究協議会」（「日本人間教育学会」の前身）を発足させた際に，「現在の学校教育が孕む息苦しさから子どもを解放し，学校教育を人間的なものにし，現在の学校教育に不足している人間的成長を重視していかなければならない」と警鐘を鳴らした（「人間教育研究協議会暫定指針」『教育フォーラム』第4号）。

　日本の教育の指針である教育基本法も教育の目的を第1条で，「教育は，人格の完成を目指し，平和で民主的な国家及び社会の形成者として必要な資質を備えた心身ともに健康な国民の育成を期して行われなければならない」と掲げ，「豊かな人格の完成」の実現を教育の目的としていることからも理解できるところである。それゆえ，現在の学校教育は，「豊かな人間性」を育て，友だちを思いやり，一人ひとりの子どもたちが自分に自信を持ち自尊感情を高め，自己実現を図り人間的な成長と発達を支援し，学校教育が孕む息苦しさから解放していかなければならない。

2　人間教育を実現するカリキュラム研究の重要性

　そこで，問題になるのが「学力形成」や「人格形成」を通して「人格の完成」という目標を実現するためには，学校が子どもたちに「何を教える」ことが適切なのかという教育の目的・目標・内容の問題が浮上してくる。この「何を」ということが「教育目標」や「教育内容」であり，人類が積み上げてきた森羅万象の知識や技術であり，「文化内容」とも言えるものである。この「どんな目的・目標」と「どんな教育内容」を選択，開発，実践，評価，改善していくかという一連の作業が「学力」（資質・能力）と「カリキュラム」の在り方の役割である。

　教育課程について，文部科学省発行の『小学校学習指導要領解説　総則編』（平成20年版）では，「学校において編成する教育課程とは，学校教育の目的や

目標を達成するために，教育の内容を児童の心身の発達に応じ，授業時数との関連において総合的に組織した学校の教育計画である」と説明している。『学習指導要領』総則には，「各学校においては，教育基本法及び学校教育法その他の法令並びにこの章以下に示すところに従い，児童（生徒）の人間としての調和のとれた育成を目指し，地域や学校の実態及び児童（生徒）の心身の発達の段階や特性を十分考慮して，適切な教育課程を編成するもの」（（　）内は中学校）とするとして，各学校が「地域や学校の実態」，「児童（生徒）の心身の発達に応じ」実態を踏まえ，創意・工夫をして編成せよと述べている。

　「教育課程」は第二次大戦後，子どもの全面的な成長・発達をめざして「教科」に加えて特別教育活動が領域に加えられ，集団活動として行う「教科外活動」も人間教育の重要な分野に位置付けられ，戦前の個性を無視した画一的なカリキュラムも「児童（生徒）の心身の発達や特性を考慮して，適切な教育課程を編成するものとする」等子ども主体の学習指導の表現に改められ，戦後一貫したカリキュラム編成の原理として今日まで定着してきた。

　さらに，1990年代後半からは，文部行政が地方分権化と規制緩和路線に変化し，各教育委員会，各学校は「特色ある学校づくり」「特色あるカリキュラムづくり」に取り組み，各学校において豊かな人間性を育てる独自の学校づくり，カリキュラムづくりが促進されてきた。

3　梶田がめざす個性的で主体的な「人間教育」

　本巻のテーマは，「人間教育」（Education for Human Growth）の実現のためにいかなる学力やカリキュラムを育てるかという課題である。梶田は，子ども一人ひとりの個性的で主体的な成長を実現していくことこそ人間教育の核心であり，人間教育を実現するためにカリキュラム研究は重要であると述べている。

　梶田が提案する近年の「人間教育」とはいかなるものか。梶田は「人間教育の目指すもの」（『人間教育の探究』2018年）として6点あげているが，学力やカリキュラムに関わるものについて触れておくと，1点めは「人間教育とは社会

で重宝される有能な駒の育成を目指すのではなく，自分自身の身に付いた有能さを自分自身の判断で使いこなす主体としての『指し手』としての主体性を育成することである」という。2点めは，「我々の世界（世の中・社会）」を生きる力と，「我の世界（自分自身固有の世界）」の双方を生きる力を育てることである。このためには，グローバル化社会に対応する資質・能力を育てると同時にその土台となる自分自身の実感の世界を磨き，深め，自分自身を個性的に生きていく姿勢と力を育てることが不可欠であるとする。3点めは，人間教育をすすめるには言葉や概念を媒介にした教授・学習だけではなく，自然との触れ合いや社会活動など実体験を通じた学びや，従来型の学習だけではない PBL（Problem-based Learning）やアクティブ・ラーニングを取り入れたカリキュラム構成が不可欠であるとする。1989年に「人間教育」を提言した梶田は，「学力保障と成長保障の両全」を提案し，学力保障については B. ブルームが開発したマスタリーラーニングを導入・発展させたが，同時に成長・発達面で問題点を抱える現代の子どもたちに「成長保障」が必要である理由について，「感性が未発達で，自己統制が弱い子，体験的実感的土台のともなわない知識，知的道徳的成長に対する関心の弱い子の実態の解明に努め教育的是正策を工夫しなければならない」，つまり「すべての子どもに対して個性的で主体的な人間的な成長の基礎づくり」を実現しなければならないと主張してきた。

　ところで，「学力保障」を育成する上で，学力やカリキュラムの在り方を見ると，「どのような学力をめざすのか」，「どのような内容を教えるのか」，「どのような方法で学力を実現するのか」，「どのような方法で学習意欲を高めるのか」等の学力問題が浮上してくる。人間教育として「学力保障」と「成長保障」の両全の実現を図ろうとするならば，学力問題とカリキュラムとはまさに避けて通れない最重要の課題である。

　「人間教育」の実現は二つの側面を持つ。一つは「人間教育」によって何を実現するかという学力や教育目標に関わる側面である。つまり，「人間としての高次の成長・発達こそ教育のめざすところである」という認識である。学力という知的道具を身に付け，それを価値ある方向で使いこなせる人間としての

主体性を育成すること，「人格の完成」（知・徳・体の調和）をめざすことに他ならない。教育の目標は，一人ひとりの個人が持つ豊かで潜在的な可能性を全面開花させるということ，「自己実現」を図ることでなくてはならない。かつて，昭和30年代に群馬県島小学校を拠点にして「島小学校の教育実践」として名をはせ，「教授学研究会」を創設した教師斎藤喜博も，教育とは「子どもが持つ無限の可能性を引き出す作業である」と言ったが，まさに豊かで高次な人間を育てることなのである。

　したがって，教師には何よりも子どもたちに教科書の内容を教え，分からせるだけではなく，現在の子どもたちが抱える問題に対峙し，教育病理現象を解決していく意欲と姿勢が求められる。他方，「人間教育」を掲げようと，それを実現していく教育の具体的な在り方や教育の内容，「どんな学力を育てるか」「何を教えるか」「どのように教えるか」といった学力形成やカリキュラムなどそれを実現する過程も人間的でなくてはならない。教室で教師が一斉指導式の授業で権威的に振る舞い，いじめ，体罰，不登校等が生起するような教室で，子どもたちが息苦しく感じるような学校教育であれば，それは決して人間的な教育とは言えない。事実，教師が体罰を容認する学級ほどいじめは起こりやすいことが研究からも明らかになっている。

　だからこそ，授業や学級空間では，子どもたちが意欲や自信を持って教科学習や教科外活動に取り組み，ここちよい居場所になるよう，息苦しさを感じさせないような学校風土，学校・学級文化や人間的なカリキュラムや学校制度の在り方になるよう抜本的に見直していかなければならない。

　以上述べてきた人間教育を実現するにあたって，具体的な手立てとして子ども自らが自分自身を多面的に知り，しっかりした自己概念を形成し，自分自身を受容する態度を育成し，プライドが育つようにすることが必要である。苦労や我慢を通して克己と自己統制を育成する，自分自身の体験や納得を拠り所として考え，判断し，行動していくこと，他人の気持ちに共感し，思いやりの気持ちでお互いの違いを認めながら連帯し自己の内面世界を豊かに充実させていくカリキュラムや学習指導を工夫することなどが必要なのである。

さらに，学力やカリキュラムをめぐっては，従来各国の国内事情を踏まえた問題であったが，近年とくに21世紀に入り，国際的な動向が大きく影響するようになった。その理由は2000年以来継続的に世界的に実施されている OECD（Organisation for Economic Co-operation and Development：経済協力開発機構）主催の学習到達度調査（PISA：Programme for International Student Assessment）である。PISA はこれまでの知識中心の学力観に対して，「PISA 型学力」と言われる応用的な資質・能力（学力）である「キー・コンピテンシー」を重視し，日本のカリキュラムの基準になる学習指導要領も2008年版，2017年版の改訂でも「PISA 型学力」を取り込んだカリキュラムに改訂をしている。OECD では，2030年の将来社会にはどのようなコンピテンシーが必要になるかを「Education 2030 プロジェクト」（ラーニング・コンパス）として検討を始めている。今後の学力やカリキュラムは，従来のような教科の知識・技能習得中心から，ウェルビーイング（日本語にすると「幸福で快適安全な生活」となるだろうか）というより良い生活を求めて問題解決を図るコンピテンシー重視型へ転換せざるを得ないであろう。

　2017年には文部科学省は2030年の社会をめざした学習指導要領の改訂を行ったが，今回の改訂では人工知能（AI）が普及し人類と共存していく社会にあって，AI の進化に対応する資質・能力である，人間がさまざまな問題に自ら立ち向かい，解決に向けて多様な他者と協働しながら問題解決策を探究する主体的な態度や人間性が求められており，このような時代背景を受け，一層学力やカリキュラム問題改革への注目が集まっている。それゆえ，我々はこのような時代の流れを踏まえつつ，いつの時代であっても教育の根底である一人ひとりが主体的に生き抜く子どもたちの人間的な完成をいかに図るかという，梶田が言うところの「人間教育」の実現をめざした学力やカリキュラムづくりを不易な土台として考え，本書を編集した。

　本書は，以上のような観点を踏まえて構成し，2030年を展望し，今後の具体的な教育の人間化を実現させる方向性を提言する論稿を編集したものである。

第Ⅰ部　カリキュラムづくりの諸問題

第1章

学習指導要領の変遷と人間教育をめざした
学力とカリキュラムの歩み

古川　治

1　人間教育の理念から求められる人間像

（1）人間教育の目的は可能性の全面的な開花である自己実現を図ること

「人間教育」を提言してきた梶田叡一は人間教育研究協議会を発足させた際（1989年），教育の人間化が求める人間像の目標を下記の四か条で示している。

①我々は，子ども一人ひとりの個性的で主体的な成長を実現していくことこそ教育の本質的使命であると考える（人間教育）。この観点からする望ましい教育制度やカリキュラムの在り方などについても研究，提言する。

②我々は，すべての子どもに対して責任を持って，基礎的基本な学力を実現する（学力保障）ことと同時に，個性的で主体的な人間的成長（成長保障）を図る。

③我々は，子どもの成長発達の問題点（感性の未発達，自己統制の弱さ，意識空間の閉鎖性，体験的実感的土台のともなわない知識，知的道徳的成長に対する関心の弱さなど）に関心を持ち，教育的是正策について工夫，提言する

④我々は，現代の学校教育が孕む病理現象（いじめ，学校嫌い，校内暴力など）の解明に努めると共に，抜本的な解決・軽減のために研究し，提言する。

人間教育の理念から求められる人間像は，「知識や問題解決能力を持ち，それを価値ある方向で使いこなすことができる主体を育成し」，「人間としての高次の成長・発達を目指す教育」であり，「個々人のはらむ豊かで潜在的な可能性の全面的な開花である自己実現である」。本章では教育の人間化をめざすカリキュラムと学力のあり方について論じたい。

（2）学力保障と成長保障の両全による人間教育の実現

　学校は「人格形成」と「学力形成」の両面の形成を通して「人格の完成」を
めざさなければならないが，学校教育の独自の役割は「学力形成」である。梶
田は，これについて「すべての子どもに対して責任を持ち，基礎的・基本な学
力を実現する（学力保障）ことと同時に，個性的で主体的な人間的成長（成長
保障）の基礎作りを図らなければならない」と「教育の人間化」を主張した。
梶田は，「学力保障」と「成長保障」の両全を通して，子ども一人ひとりの個
性的な可能性を開花展開することをねらって，多様な形での学習や経験がそこ
で実現されるように配慮されなければならないと学力保障やカリキュラムの重
要性について以下の通り提言した。

　一つめの学力保障は，「子どもが系統的に知識・理解・技能を修得していく
ような適切な学習課題を順次設定して指導し，すべての子どもに一定の内容・
水準の学力だけは最低限共通のものとして必ず実現する」という B. ブルーム
（Bloom, B.）のマスタリーラーニング理論を踏まえて，公教育として必然とな
る課題であるとした。二つめの成長保障とは，「長い目で見た子どもの個性的
で全人格的な成長・発達を支える感性や思考力や学習能力，さらには積極性や
自信やたくましさ等々がどの子にも身に付くよう，体験豊かな活動を系統的に
準備して主体的に参加させる」ことであり，そのためには，「知識・理解・技
能を修得させるための教育活動であっても，子どもの心身を十分に揺さぶり，
成長・発達への豊かな刺激を含むものとなるようにすること」は，未来志向性
の強い時期にある者に対する課題であると述べる。その上で留意点として，
「豊かな人間性の育成とタテマエでは言いながら，実際はホンネとして知識詰
め込みとが乖離したままになってしまうので，『学力保障と成長保障の両全』
を共に実現していかなければならない」とあえて強調している。実際の「学力
保障」を指導する場合には，たとえば B. ブルームが開発したマスタリーラー
ニング（完全習得学習）のように，あらかじめ明確に授業目標を設定し，目標
を追求する指導があり，その途中成果を形成的評価し，指導の成果に応じて指
導の軌道修正をし，PDCA サイクルで授業改善をしていくことが求められる。

それに対して,「成長保障」の指導の場合には,目標へ向かって指導を積み上げていくが,その成果は達成目標のように近い目標ではなく長い目で見なくてはならないし,その成果の現れ方は個性的な現れ方をするものであり,達成目標的ではなく向上目標的（その子なりに長期に目標に達成すること）であるから,それぞれの成果の評価方法は異なる。しかし,学力保障と成長保障の評価の時間軸は違っても,1時間の授業,単元の指導,学期の目標として,「学力保障と成長保障の両全」を実現していくという姿勢が求められる。

（3）人間教育の理念としての教育基本法の「人格の完成」

　戦後,「人間教育」という教育理念を示したのが1947年制定の教育基本法第1条「教育は,人格の完成を目指し,平和的な国家及び社会の形成者として,真理と正義を愛し,個人の価値をたつとび,勤労と責任を重んじ,自主的精神に充ちた心身ともに健康な国民の育成を期して行われなければならない」という教育目的である。教育基本法成立経過を見てみると,文部省は「平和を希求する人間」,「真理と正義を愛する人間」,「個人の尊厳」という価値観に基づく人間教育が求められ,子どもたちの可能性を花開かせることを目的とし,この法律を準憲法的なものとして作成した。

　その成立経過を「人格の完成」という理念から見ていくこととする。戦後の教育基本法原案は法律用語としての「人格の完成」を含む形で教育刷新委員会に提言された。のちに文部大臣になる保守派の天野貞祐は「個人の完成に重きを置くと,自分自身のためということになっている」と反対し,進歩派の務台理作は「個人の自由というものを尊重する精神が教育の基盤になければならないので人間性の開発」がよいと主張したが,最終的に個人の完成を主たる内容とする「人格の完成」という表現に落ち着いた。「人格の完成」をめざした学校教育の理念を考えてみると,学校教育が学力競争や学歴主義を生みだす手段になるだけならば,それは「非人間的な教育」でしかない。学校教育で学んだ知識や技能や思考力・判断力が自分自身の認識世界を深化させ,主体性を確立し,自分自身の人生を自ら引き受け,誠実に生きていく「個人の価値」を高め

「自主的精神」を育てていく教育でなければならない。「人格の完成」という教育の方針はつまるところ，一人ひとりの持てる潜在的な可能性の全面的な開花，つまり自己実現を図る教育である「人間教育」をめざして，1947年3月に公布され，その後2006年の教育基本法の改正後も含め，戦後教育がめざす教育目的の理念として今日まで一貫して掲げられてきたのである。

（4）モダンからポストモダン時代の教育のカリキュラムへ

　次に，「人間教育」を実現するには，「学力という知的道具を身に付け，それを価値ある方向で使いこなせる主体性の育成」が重要になる。カリキュラム研究者の安彦忠彦は，これまで人類が発展させてきた科学的合理主義は自明の考え方であったが，「近代から現代」（「モダンからポストモダンへ」）にかけて生起した原子爆弾や自然災害や環境問題の登場は，科学や合理主義に疑問が生じ，「自明性の喪失」が起こったとしている。安彦は「人間の合理主義の最先端の科学が，かえって自明性を奪い，人間自身を合理主義や科学に対して懐疑的にしたという事態こそがポストモダンの特質である」と述べ，今後子どもたちに教える教育内容として，ポストモダンの時代に生きる人間として自覚すべきもの（今日的課題と呼ばれるもの）があり，それは人間存在の可能性に対する責任の自覚という面から，「平和」，「国際性」，「生命と死」，「個性」，「人権」などといった問題，さらには地球の「環境問題」，「世界の人種・民族の平等性」等の問題であるという。したがって，「人間教育」を実現するにあたって，我々は以上のような内容を学力と捉える視点を持ち，今後いかにカリキュラム化し問題解決を図っていくべきかを研究し，学習していかなければならない。

　戦後のカリキュラムは教育基本法の「人格の完成」を一貫した理念として掲げつつも，実際にカリキュラムの基準となる文部科学省から告示される学習指導要領は経験主義教育，系統主義教育，能力主義教育等時代の変化や子どもたちの状況，社会の要請から方針変更がされてきた。学習指導要領はおおむね10年ごとに改訂されるため，それに伴う新カリキュラムの出現で前カリキュラムは消え，異質のカリキュラムが同時並行的に存在する環境に置かれることはな

かった。

　つまり，その時その時代のめざす教育目標，教育課程は存在しても，戦後教育を一貫して貫く教育目的・目標は忘れ去られ，「人格の完成」という目的は理念目標として掲げられるだけで，結果として本格的に人間教育を実現する教育課程の研究と実践が成立しえなかったということになる。したがって，今後の日本の教育行政では，一層規制緩和を進めつつも，各学校が教育基本法を踏まえ主体的に教育課程を編成する環境整備が要請される。

2　各学習指導要領にみる人間教育の実現

（1）子どもの成長発達を重視した1947（昭和22）年学習指導要領

　戦後の学校のカリキュラムの基準としての学習指導要領において人間教育がいかに位置付けられてきたかを，順を追って要点のみ見ていきたい。

　戦後，文部省は各学校で教育課程を編成する手引き書として，1947（昭和22）年3月，学習指導要領一般編を試案として発表した。その性格について一般編の序論で，これまでは上からきめる画一的な傾きがあったが，下の方からみんなの力で作り上げていくことになったと反省し，児童の要求と社会の要求とに応じて生まれた教育課程を研究して，行う手引き書であると説明した。続けて，指導をするにあたって児童の興味や日常生活を知ることは欠くことができないとし，児童生活のあらましについてのべることにしたと第2章に「児童の生活」を置き，次に，第4章2「学習指導法」で，「意欲と興味と自発性」が必要になってくると提言するなど革新的であり，戦後の人間教育の原点となる記念碑的な提言であった。この考え方は，次の1951（昭和26）年学習指導要領にも引き継がれ，第1章「教育の目標を定める原理」で，「教育は児童・生徒の成長発達を助成する営みである」と維持された。

　次の1958（昭和33）年の学習指導要領の改訂では道徳教育の特設化が議論を呼んだ。道徳教育の目的・内容では，「個性の伸長，創造的な生活態度」など人格形成の項目を含みつつも，全体としては国家・社会に適応していくための

ナショナリズム色の濃い戦前の「修身」を思い起こさせる道徳教育がめざされた。しかし，教育課程全体の構成としては戦前の教科のみの構成から，「教科」，「教科外」の二領域構成になり，教科外には特別教育活動が加えられ，人間性を養う重要な教育活動領域を担うことになった。

　その後，人間像の提案として1966年に「後期中等教育の拡充整備」に関する中央教育審議会（以下，中教審と称す）答申の一部として「期待される人間像」の答申がなされたが，内容は「日本人の精神的風土や日本民族を自覚した世界人であること」などイデオロギー色の強い人間像で忘れ去られる内容でしかなかった。

（2）教育の現代化で忘れ去られた「統一と調和」の1968年学習指導要領

　1968年の改訂の背景には，校内暴力や非行問題の多発，受験競争の激化や知識・技能に偏りがちな1960年代の高度経済成長やそれを支える人材育成をめざした学校教育の状況があり，文部省はこれらを是正すべく，「人間的統一と調和のある教育課程の編成」をめざした。しかし，アメリカがブルーナー（Bruner, J.S.）たちをリーダーとして科学技術教育の革新を図り「教育の現代化」を推進した影響を受け，改訂学習指導要領の「人間的調和」の教育は，「期待される人間像」の時と同様に学校現場では注目されなかった。そればかりか，高度な授業についていけない子どもたちの「落ちこぼれ」問題として顕在化し，教育の学力低下問題の矛盾を生起させた。

（3）人間性を重視した学習指導要領と結果としての長いゆとり教育

　「落ちこぼれ」問題の解決を求められた文部省は，中教審答申の「教育の人間化」の方針を受け，1977年に「知・徳・体の調和のとれた人間性の育成」で「ゆとりのある充実した学校生活」の方針を掲げ，授業時数を週あたり4時間削減し「学校裁量の時間」（ゆとりの時間）を設定し，創造的で体験的な活動を導入した。しかし，教師主導のカリキュラム編成で遊びに近い活動の時間に終わり，創造的で自主的な子どもたちが主体となる教育活動の展開までには至ら

なかった。

　文部省が人間性重視の教育課程を実現しようとした背景には，1970年の全米教育協会（NEA）の『70年以降の教育』の方針を受けて，「教育の現代化」の反動として，アメリカのシルバーマン（Silberman, C. E.）が『教室の危機』などで学問中心カリキュラムを批判し，「人間中心カリキュラム」を求めたことの影響が見られる。

　しかし，むしろ1970年代後半には，全国的に中学校，高等学校で校内暴力が，そして1980年代初頭には校内暴力の鎮静化に伴い，不登校・いじめ問題（いじめ問題の第一の波）が顕在化し，「ゆとり教育」では対応できない実態に直面し，1989（平成元）年には，根本的に「心豊かな人間の育成」を柱として，小・中・高等学校の学習指導要領を一斉に改訂せざるを得ない状況を迎えた。

　1989年学習指導要領は，「心豊かな人間の育成」，「自己教育力の育成」，「基礎・基本の重視と個性教育の推進」，「文化と伝統の尊重と国際理解教育の推進」を改訂の方針とした。これを受けて教科の新設が，小学校では「生活科」，高等学校では「公民科」が新設された。生活科の目標は，「具体的な活動や体験を通して，自分と身近な人々，社会及び自然とのかかわりに関心をもち，自分自身や自分の生活について考えさせるとともに，（中略）自立への基礎を養う」とされ，生活科 2 年生の目標では，「生まれてからの自分の生活や成長には多くの人々の支えがあったことが分かり，人々に感謝の気持ちを持ち，意欲的に生活できるようにする」とされ，自分の成長を支えてくれた人々に感謝し，自分の歩みを知り，自尊感情を高め「たくましく生きていく力」をつけていくことがねらいとされ，人間教育の新しい展開を見せた。

　ところで，1989年学習指導要領改訂の前提になるほど大きな影響を与えたのが，中曽根内閣によって設けられた臨時教育審議会（臨教審，1984〜87年）である。臨教審により，「個性尊重の原則」，「国際社会の変動に対する対応」，「6 年制中等学校」（1999年に中等教育学校として成立）などに関する答申が数度されたが，審議の傾向は新自由主義による子どもと親に学校の選択可能性を保障しようとする「選択の自由」を柱にする制度改革論にとどまり，人間教育に

立った個性教育とはいささかズレが見られた。

　そもそも，個性を尊重した教育とは，どのようになされるべきなのか。同じ体験をしても人それぞれに感じたこと，思ったことは違うように，個性とは一人ひとり個人の内面世界に関することで，その人なりの物の見方，考え方，感じ方の世界の事である。梶田も，『真の個性教育とは』の中で，個性を育てるためには，「一人ひとりが自分の内面世界の意義に気づき，自分の実感・納得・本音を大事にし，自分一人ひとりの内面世界を耕し」ていくものでなければならないとしている（梶田，1987）。

　さらに1998年には，21世紀社会を迎えて「たくましく生きる」ことをテーマに「知の総合化」を図るため「総合的な学習の時間」を創設することを中心に学習指導要領が改訂された。この改訂のための中教審の答申では「この時間が自ら学び，自ら考える力など『生きる力』を育むことを目指す今回の教育課程の基準の改善を実現する役割を担うもの」で，総合的な学習の時間の創設について，「自ら学び考える力などの『生きる力』は全人的な力であることを踏まえ，国際化や情報化をはじめ社会の変化に主体的に対応できる資質や能力を育成するために教科等の枠を越えた横断的・総合的な学習をより円滑に実施するため」のものであると，体験活動を土台にした総合的な学習の重要性について趣旨説明した。しかし，1970年代以降の「ゆとり」教育路線の継続で，教材は教師主導で開発を行い，「総合的な学習の時間」として週3時間程度を充てることは，これまでの教科授業時数をさらに削減するものであった。

　梶田は，この『生きる力』を深めていくためには，「総合的な学習の時間」だけでなく「自分の内面に自分なりの生きる原理を確立し，自分の足で，自分のペースで，自分自身の道を自分なりに歩んでいけるようになること」が必要であり，「面白いことだけでなく辛いこと，嫌な事に対して気持ちを奮い起こさせていくコーピング的な姿勢」に小学校の時代から取り組ませることを提案している。

（4）ゆとり教育の転換と「発達の支援」を入れた2017年学習指導要領

2000年からOECDが実施し始めたPISA調査（国際的な生徒の学習到達度調査，3年ごとに実施）では，日本の成績は2003年以降低下し続け，高等教育関係者側からのゆとり教育による学力低下批判も重なり，2006年の教育基本法改正，2007年の学校教育法の一部改正となった。新しい教育基本法では第1条の「人格の完成」に続いて，新しく第2条に「教育の目標」として5項目（「幅広い知識と教養を身に付け」，「個人の価値を尊重し能力を伸ばし，自主及び自立の精神を養う」，「主体的に社会の形成に参画する」等）が具体的に加えられた点は注目すべきである。新教育基本法を受け，2008年の学習指導要領改訂では，「ゆとり」か「学力」かという二項対立の論争も，「習得・活用・探究」の育成と訓育の重要性に加えて，実質陶冶と形式陶冶の両方のバランスが図られ，「確かな学力の中で生きる力を育成する」と位置付けられた。

さらに，2017年3月に学習指導要領が，「人工知能の進化と予測困難な社会の変化に主体的に関わり，（中略）どのように社会や人生をよりよいものにしていくかを自ら考え，自らの可能性を発揮し，よりよい社会と幸福な人生の創り手となる力を身に付ける」ことを重要な方針として改訂された。この改訂では，教育を人間的な内容にする観点から注目すべき重要な項目が何点か導入された。

まず小学校学習指導要領について言うと，教育基本法の理念と教育課程の役割が前文に設けられた。学習指導要領解説・総則編の第3章第1節の3では，「育成を目指す資質・能力」として「資質・能力の三つの柱」を次のように掲げている。(1)知識及び技能が習得されるようにする。(2)思考力，判断力，表現力等を育成する。(3)学びに向かう力，人間性等を涵養する。ここでは，「知識及び技能の習得」と「思考力，判断力，表現力の育成」を基盤として，最終的な教育成果として「人生や社会をよりよく生きる力」という視点が明確に示されていることである。つまり，社会的役割を果たし，社会参加し，社会貢献しつつ，かけがえのない自分の人生を充実させてよりよく生きることを実現させることが土台になるということなのである。

　次に，第3章第4節「児童の発達の支援」に「児童の発達の支援」の項目を置き，「自分の特徴に気付き，よい所を伸ばし，自己肯定感をもちながら，日々の学校生活を送ることができるようにすること」，そのためガイダンスやカウンセリングの双方により発達を支援すること，次の「生徒指導の充実」の項でも自己の存在感を実感し，現在および将来における自己実現を図っていくことができるよう，児童理解を深め，生徒指導の充実を図ることが重要である，とカリキュラム編成上重要視し，これまでになく人間的成長について心配りを行っている。また，いじめ問題の解決に向けて中学校学習指導要領，第3章「特別の教科　道徳」において，内容項目として「善悪の判断」「友情，信頼」「相互理解，寛容」「公正，公平，社会正義」「生命の尊さ」など「特別の教科　道徳」を要として，教育活動全体でしっかりと育てて行くことが大切であるとされた点にも留意しておきたい。今後，各学校がカリキュラムの編成，実践にあたっては，「発達の支援」の観点も見落とさずに展開することが期待される。

3　戦後の学力・カリキュラム論争

（1）新教育への学力低下の批判と基礎学力論争

　人間教育を実現する上で重要な柱として梶田が提言してきたのは，「成長保障」と同様に「学力保障」である。本節では，「学力保障」をめざした学力とそのカリキュラムの取り組み経過について振り返っておきたい。

　学力論の先達である木下繁彌（大阪教育大学）は，「学力の概念は人間観，発達観，教育観，学校観と深いかかわりを持ち，時代や社会の要請によって規制されるので一義的に定義づけるコンセンサスは成立していない」とし，学力概念が操作的な概念であることを認めた上で，「学習によって得られた能力と定義しておく」としている。

　ところで，「教育課程」（カリキュラム）はめざす学力を実現させるための器のようなものであり，学力と教育課程は金貨の表と裏の関係のごとく切り離せない関係にある。そうであるならば，めざした教育課程が編成・実施され，そ

の結果としてめざした学力も実現されるものであり，カリキュラムと学力問題
はひとくくりの問題として検討しなければならない。戦後，新教育が次々に登
場したので，その教育課程（学習指導要領）に人間教育がめざす学力観がどの
ように反映されてきたかその概要を簡潔に検討していきたい。

　戦後教育はアメリカの教育使節団によって導入されたデューイ（Dewey, J.）
の経験主義に基づく問題解決学習から始まった。それは，子どもたちの生活か
ら出発して，新教科社会科を中心に体験活動を経て，生活の改善をめざす経験
主義の教育課程が試行された。しかし，1949年頃になると経験主義の教育課程
は，問題解決に応じた体験とそれに基づく知識が断片的に寄せ集められただけ
で，結果として系統的な知識として積みあがっていかないので，「はいまわる
経験主義」と批判され，国立教育研究所の久保舜一の学力調査（1949〜51年）
で子どもたちの学力は戦前に比べ２年程度低下したと問題視された。結果とし
て，学力低下問題は「何を学力と呼ぶのか」「基礎学力とは何か」という「学
力概念」の議論を呼び起こすことになった。経験主義教育当時の学力問題を，
独自の「学力象」として示し，「基礎学力」問題を整理しようとしたのが，広
岡亮蔵の学力を外層，中層，内層に分ける三層構造論である（広岡，1964）。広
岡は，外層とは要素的な知識（算数の四則計算，体育の技能等）であり，中層と
は関係的な理解および総合的な技術（算数で問題の条件を把握し立式し問題を解
くこと等），内層は思考態度，操作態度，感受表現態度（物の感じ方，見方，考
え方，場面に応じて話そうとする態度，物事を数量的に考えようとする態度等）と
して学力の層の構造を提案した。広岡が思考態度を学力に入れることには，
「態度を学力と捉えることは，測定することは不可能ではないか」と「態度主
義」との批判もあったが，広岡は，「態度は人格の核心に位置する内層の能力」
であり，この能力の評価を抜きにしては，学力論として意味がないと述べた。

　次に，学力論を提言したのが，勝田守一の「計測可能なように組織された教
育内容を学習して到達した能力が学力である」という説である（勝田，1964）。
もともと，「学力」という概念は諸外国には見当たらない日本独特の概念であ
り，勝田は計測できる学力論と規定したが，「能力モデル」を提言し，その中

に学力を位置付けた。勝田は，学力を人格から個々の能力を切り離して扱い，「子どもの学習の効果が計測可能なように手続きを用意できる範囲でまず学力を規定」すべきであるとした。その上で，勝田は学力の規定は狭く考えながらも，「子どもが置かれている現実の状況について教師が認識と洞察を持ち，子どもたちの学習意欲を育てていく努力は重要である」と認識している。勝田の「能力モデル」は学力を人間の能力全体の中に位置付け，勝田の学力論はその後の1970年代の学力論争にも影響を与えた。

　1970年代になると，「受験教育」や「落ちこぼれ」問題の顕在化を背景に，関心・意欲・態度を学力に取り入れ思考力・学習意欲を向上させようとする坂元忠芳と，関心・態度の導入は態度主義であると批判する藤岡信勝を中心に広く教育関係者の間で学力論争がなされた。ここでも，勝田の学力観の「計測可能なように組織された教育内容を学習して到達した能力」を広く定義するか，狭く定義するかをめぐってのズレがあった。1980年代には，広岡亮蔵の学力に意欲・態度を含む三層構造論を生かし，その上に勝田守一の「能力モデル」である学力を「計測可能なように組織された教育内容を学習して到達した能力」として「学力」と「人格」を統一して発展させる学力モデルが課題として残され，この解決は梶田叡一に委ねられることになった。

（2）新学力観と「海面に浮かぶ氷山としての学力」による整理

　1989年に改訂された学習指導要領では，「自ら学ぶ意欲と社会の変化に主体的に対応する力を育て」「児童・生徒の関心・意欲・態度を重視し，思考力・判断力を大切にした自己学習能力を育成すること」が主要テーマになり，「新学力観」と呼ばれた。続いて1991年には，「新学力観」を反映して指導要録が改訂され，学力評価欄では，はじめに「観点別評価欄」が，次に「評定欄」が置かれたために，学力や評価は「観点別評価」の「関心・意欲・態度」「思考・判断」「技能・表現」「知識・理解」の順に重視し，絶対評価するものだと考えられた。学校現場では，「主体性を育てる」ためには情意的学力である「関心・意欲・態度」を育てなければならないと必要性は認識されたが，従来

の認知的な学力である「知
識・理解」の力がペーパーテ
ストで測定・評価でき，「見
えやすい学力」として把握で
きるのに対し，「関心・意
欲・態度」や「思考・判断」
の力は「見えにくい学力」で
あり，従来のペーパーテスト
のように測定・評価できない
ので，「新学力観」ではどの

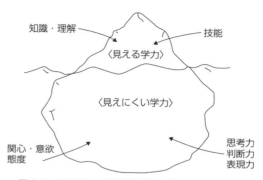

図 1-1　梶田叡一「海面に浮かぶ氷山としての学力」モデル

（出所）梶田（1994）Ⅰ巻。

ように評価すればよいかが難題として学校現場を悩ませた。

　梶田は，「新学力観」の「技能・表現」「知識・理解」など「見えやすい学力」と「関心・意欲・態度」「思考・判断」の力など「見えにくい学力」を「海面に浮かぶ氷山としての学力」モデルに表し，その後学校現場では「新学力観」を整理し，理解するものとして定着化した。梶田は，「海面に浮かぶ氷山としての学力」モデルを次のように説明した（図1-1）。

　　氷山があるとします。水面に出ているのは「氷山の一角」です。この水面の上に出ている見える部分，これが「知識・理解」であり，「技能」ということになります。そして，水面から隠れて見えない部分，これが「関心・意欲・態度」です。

　　水面の上に出ている見える部分，水面から隠れて見えない部分の双方から氷山が成り立っているように，学力も見えやすい部分と，見えにくい部分から成り立っています。水面の下の部分がしっかりしていないと水面に現れている部分もが不安定で頼りないものになってしまうのです。「自ら学ぶ意欲と社会の変化に主体的に対応できる能力」ということも，「見える学力」が「見えない学力」にしっかりと支えられるという構造になっていなくては，現実のものになりようがないと考えられる。

　さらに，梶田は「海面に浮かぶ氷山としての学力」を再構成した「学力の四つの層」のモデルを示し（図1-2），機能・活動の軸と成果の軸に二分され，相

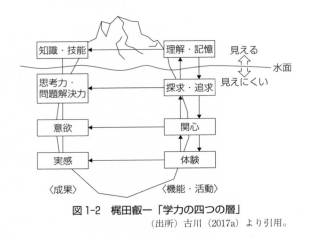

図 1-2　梶田叡一「学力の四つの層」
（出所）古川（2017a）より引用。

互に関連させている。見えない海面下のすべての土台には体験があり，機能・活動の軸では体験→関心→探求・追求→理解・記憶へと段階的に向上する。次に，成果の軸では体験→実感→意欲（関心）→思考力・問題解決力（探求・追求）→知識・技能と段階的に向上し成果を表す。授業の方法も，既有の理解・記憶→探求・追求へ進む下降型の授業もあれば，逆に体験→関心→探求・追求と進む上向型の授業方法もある。

　学力観をめぐっては，2000年以降 OECD が実施し始めた PISA 調査（国際的な生徒の学習到達度調査）を受けて21世紀の変化の激しいグローバル社会を良き市民として生きるのに必要な資質・能力（リテラシー）の育成がめざされ，2017年の学習指導要領改訂にあたっては2030年の人工知能の進化と予測困難な社会の変化に主体的に関わり，どのような未来を創っていくのかを自ら考え，よりよい社会と幸福な人生の創り手となる力を身に付けることが重要な方針であるとされ，主体的・対話的で深く学んでいく能力や学力観が求められており，主体的な深い学びで学力の充実を図ることが期待されている。

4　自我関与による主体的・対話的で深い学びの実現を

　日本の教育は，戦前から「学力かゆとりか」をめぐって幾度となく，右に左にゆれてきた。西村和雄らによる数学学力調査（1998年）の結果，『分数ができない大学生』（東洋経済新聞社，1999年）等の出版を契機に高等教育関係者側から初等・中等教育の学力低下批判が噴出した。おりしも，2002年から実施された小・中学校の学習指導要領は「学校五日制」により授業時間が削減され，2003年からの高等学校の教育課程は選択履修が中心に編成された。加えて，2000年からスタートした OECD 主催の PISA 調査では，2003年，2006年と日本の成績は低下し続け，「PISA ショック」として教育関係者に衝撃を与えた。学力低下，学習意欲低下，上位と下位の子の学力格差拡大の課題，学習嫌いなどは，学力問題として社会的な問題になった。

　全国的な学習意欲や学習時間に関する調査資料はないが，国際的な国際教育到達度評価学会調査（International Association for the Evaluation of Educational Achievement：IEA），OECD による PISA 調査の結果によると，2009年以降日本の子どもたちは上位の成績を収めており，数学や理科などは「できる」が，興味・関心の面ではそれらの教科が「嫌い」という割合は各国と比べてもっとも多い。

　この学習意欲の問題に関して，神奈川県藤沢市教育文化センターでは，1965（昭和40）年から 5 年ごとに生徒（中学 3 年生対象）の学習意欲の変化を調べ，時代の変遷とともに生徒の学習に関する意識を読み取るため「学習意識調査」を2015年度まで実施してきた。これらの経年的な貴重な資料を基に勉強への意欲の変化を把握し，主体的に学ぶ力の育成について考えたい（図 1-3 参照）。

　同センターの分析概要によると，「もっと勉強をしたい」と答えた生徒の割合は，2000年に過去最低を記録した（23.8%）が，2015年には31.3%と上昇し，1995年水準に回復した。「勉強はもうしたくない」と答えた生徒の割合は26.3%で2000年の28.8%に次ぐ高い割合となった。さらに，その理由について，

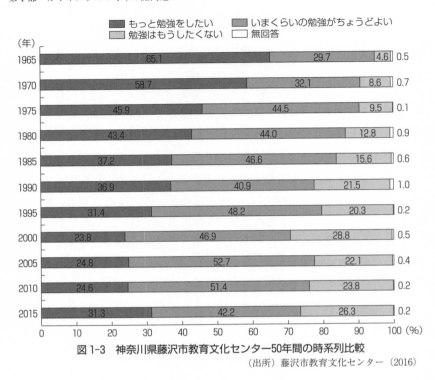

図 1-3　神奈川県藤沢市教育文化センター50年間の時系列比較

（出所）藤沢市教育文化センター（2016）

「もっと勉強したい」と答えた生徒を2010年と比べると「自分の将来の夢や生活のためになるから」19.4％→14.0％，「進学や受験のためになるから」49.1％→56.0％と自分の将来のためにもっと勉強したいという生徒が減り，受験のために勉強したいという生徒が増えている。「勉強はもうしたくない」と答えた生徒の割合も増えており，「二極化が進んでいる」と取りまとめている。詳細を見ると，「学校の勉強についていく自信」は低いままで横ばい状況であり，「勉強の意欲」は高まったが，その理由は「受験の準備であり」，2015年調査で減少した「興味や関心のある事を学ぶこと」「人との関わり方を学ぶこと」「自分の生き方を見つけること」などを育てることが，主体的な学びを育てるポイントであり，生徒の主体的な学習意欲をいかに育てていくかが課題であることを示している。同センターの結果は一地方のデータであり，その時どきの

社会的状況や教育政策の背景が異なっているので，一般化はできないが学習意欲についての経年調査としての傾向は示しており，2020年度から実施された学習指導要領がめざす主体的・対話的で深い学びの学習能力を育てる上で示唆に富む。

　2017年3月に「主体的・対話的で深い学び」の授業改善をめざした小・中学校学習指導要領が告示された。今回のテーマである「主体的・対話的で深い学び」はただアクティブなラーニングを導入するというだけではなく，教育の根本である主体的な学び，つまり他人事でなく自分事として対象に「深く関与」し，主体的な学びの姿勢を獲得していくという，人間教育における本質的な課題を実現することを求めているのである。その上で，個別の知識をただ記憶し，教師の説明を暗記し，記述もでき，一応法則も説明できるが問題解決場面に活用できないという「浅い学び」ではなく，原理と問題を関連付け，比較・分析し，共通点を見つけ，仮説を立て，他の問題に適用し，振り返ってみるという高次の認知機能をふんだんに用いて，課題に取り組む「深い学び」を通して「主体的・対話的で深い学び」の授業改善が可能になるのである。学習指導要領改訂の基になった2016年12月の中教審答申も前書きで，「主体的・対話的で深く学んでいくことによって，学習内容を人生や社会の在り方と結びつけて深く理解し，未来を切り拓くために必要な資質・能力を身に付け，生涯にわたって能動的に学び続けることができる」子どもたちを育てることであると述べ，自我関与的な内発的動機付けの重要性について言及している点は重要なことである。

　1995年に梶田は独自の「修正タキソノミー」（2020年から「学びのトータルタキソノミー」と改訂）を発表している。これは，ブルームのタキソノミー（教育目標の分類学）が行動目標的で収束的に構成されている点を改訂して，体験を学習活動のスタートとした「修正タキソノミー」としたものである。ブルームのタキソノミーは，「分かった」ということを認知の枠組みに照らし合わせてみることによって，学習目標が「知識」として習得できたか，「理解できたか」，「応用できたか」などの6段階まで区分けし，知的能力が達成されたかが評価

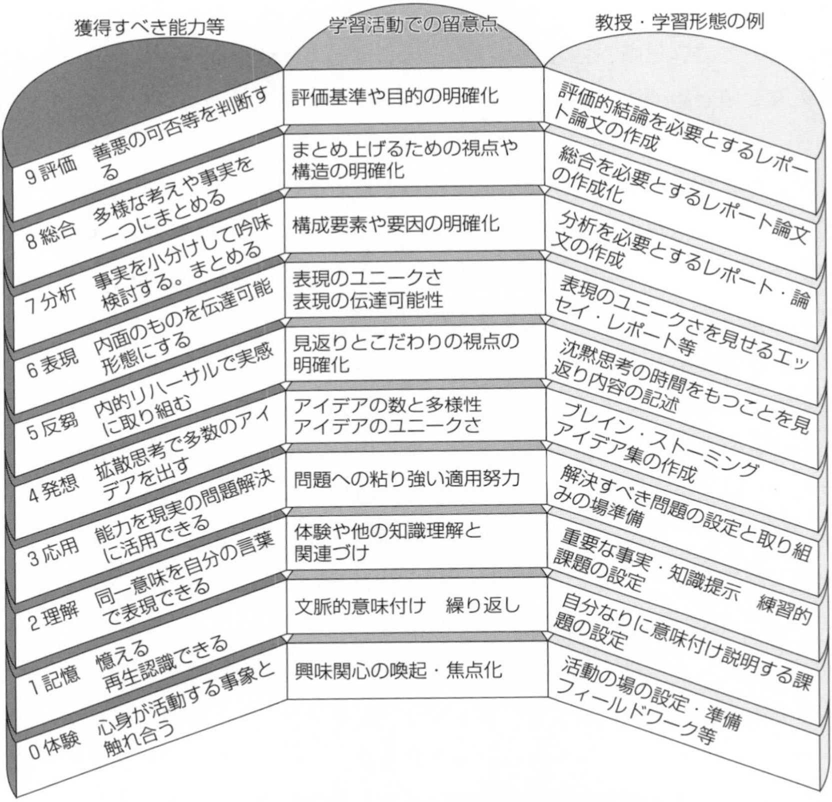

獲得すべき能力等	学習活動での留意点	教授・学習形態の例
9評価　善悪の可否等を判断する	評価基準や目的の明確化	評価的結論を必要とするレポート論文の作成
8総合　多様な考えや事実を一つにまとめる	まとめ上げるための視点や構造の明確化	総合を必要とするレポート論文の作成化
7分析　事実を小分けして吟味検討する。まとめる	構成要素や要因の明確化	分析を必要とするレポート・論文の作成
6表現　内面のものを伝達可能形態にする	表現のユニークさ　表現の伝達可能性	表現のユニークさを見せるエッセイ・レポート等
5反芻　内的リハーサルで実感に取り組む	見返りとこだわりの視点の明確化	沈黙思考の時間をもつことを見返り内容の記述
4発想　拡散思考で多数のアイデアを出す	アイデアの数と多様性　アイデアのユニークさ	ブレイン・ストーミング　アイデア集の作成
3応用　能力を現実の問題解決に活用できる	問題への粘り強い適用努力	解決すべき問題の設定と取り組みの場準備
2理解　同一意味を自分の言葉で表現できる	体験や他の知識理解と関連づけ	重要な事実・知識提示　練習的課題の設定
1記憶　憶える　再生認識できる	文脈的意味付け　繰り返し	自分なりに意味付け説明する課題の設定
0体験　心身が活動する事象と触れ合う	興味関心の喚起・焦点化	活動の場の設定・準備　フィールドワーク等

図 1-4　梶田の修正タキソノミー（10段階の「獲得すべき能力等」）

（出所）古川（2017a）より。梶田案を古川が改図化。

できるようにしたものであるが，梶田の「修正タキソノミー」では「体験」「発想」「反芻」「表現」の能力を追加し，10段階の「獲得すべき能力等」を提案し，それぞれに対応する「学習活動での留意点」「教授・学習形態の例」を提案している（図1-4）。

　2017年には，2020年からの学習指導要領が改訂された。ここでは，知識基盤社会を主体的に生きていくための資質・能力を育成するための「主体的・対話的で深い学び」を実現することが求められている。このアクティブ・ラーニン

グを通して，能動的で主体的で深い学びによって，主体的で総合的な深い思考力や汎用的な能力や学力を育成しなければならない。このアクティブ・ラーニングの学習成果を見届ける評価方法として，梶田の「修正タキソノミー」の必要性が出てきているのではないだろうか。是非とも，「主体的・対話的で深い学び」の授業改善を通して，自我関与的で内発的動機付けによる主体的な学びの姿勢を育てたいものである。

 さらに学びたい人のための図書

梶田叡一（2016）『人間教育のために』金子書房。

▶梶田叡一が考える「人間教育」の中核になる人間的成長とは何かについて具体的に述べた手にとりやすい著作。

安彦忠彦（2004）『教育課程編成論』放送大学教育振興会。

▶人格的完成をめざすためにカリキュラムはいかにあるべきかについて述べた名著。

引用・参考文献

安彦忠彦（2004）「教育課程の哲学的思想的原理の検討」『教育課程編成論』放送大学教育振興会。

梶田叡一（1987）『真の個性教育とは』国土社。

梶田叡一（1989）「人間的な教育とは何か」『教育フォーラム』第 4 号，金子書房。

梶田叡一（1994）『教育における評価の理論（Ⅰ・Ⅱ・Ⅲ）』金子書房。

梶田叡一（2016）「人間教育とは何か」『人間教育のために』金子書房。

梶田叡一（2018）「人生や社会をよりよく生きる力の涵養」『教育フォーラム』（第62号）金子書房。

梶田叡一・加藤明監修・著（2010）『改訂　実践教育評価事典』文溪堂。

勝田守一（1964）『能力と発達と学習』国土社。

木下繁彌（2002）「学力」安彦忠彦他編著『現代学校教育事典』 1 巻，ぎょうせい。

中央教育審議会（2016）「幼稚園，小学校，中学校，高等学校及び特別支援学校の学習指導要領等の改善及び必要な方策等について（答申）」（平成28年12月21日）。

広岡亮蔵（1964）『別冊　現代教育科学』第 1 号，明治図書。

藤沢市教育文化センター編著（2016）『第11回学習意識調査報告書』。

古川治（2017a）『ブルームと梶田理論に学ぶ』ミネルヴァ書房。

古川治（2017b）「アクティブ・ラーニングにおける〈深い学び〉とは」『教育フォーラム』第60号，金子書房。

堀尾輝久（2002）『いま，教育基本法を読む』岩波書店。

水原克敏（1992）『現代日本の教育課程改革』風間書房。

文部省編（1947）『学習指導要領一般編（試案)』。

文部科学省編（2013）『学習指導要領の変遷』「別冊初等教育資料」900号，東洋館出版社。

文部科学省（2018a）『小学校学習指導要領（平成29年告示）解説総則編』。

文部科学省（2018b）『中学校学習指導要領（平成29年告示）解説総則編』。

山内乾史・原清治編著（2010）『日本の学力問題』上巻，日本図書センター。

第2章

資質・能力を基盤とした
教育のカリキュラムと授業づくり

奈須正裕

1 資質・能力を基盤とした教育

（1）内容中心の教育の原理と問題点

　我が国に限らず，長年にわたり学校教育は領域固有な知識や技能の習得を最優先の課題として，学習指導要領でいう「内容」（コンテンツ：content）を中心に計画・実施されてきた。しかし，個別知識の習得自体は最終ゴールではない。子どもがその知識を活用して洗練された問題解決を成し遂げ，よりよい人生を送ることができるところまでを視野に入れる必要がある。

　もっとも，内容中心の教育も，子どもを「歩く百科事典」にしようとしたわけではなく，質の高い問題解決者にまで育て上げることを視野に入れてはいた。内容中心の教育は，それを学問・科学・芸術などの文化遺産から知識・技能を選りすぐり教授することで達成できると考え，現に実行してきたのである。

　なぜなら，それらは人類が成し遂げてきたもっとも偉大にして洗練された革新的問題解決の成果であり，子どもは習得したそれらの知識を適宜上手に活用することで，同様の優れた問題解決を成し遂げながら人生を生きていくに違いないと期待したのである。さらには，たとえば数学は知識の習得に際し厳密な形式論理的思考を要求する。したがって，その過程で論理性や思考力が培われ，それは図形や数量以外の，それこそ政治や経済のような社会的事象の構造的理解や批判的思考にも礎を提供するであろうと考えた。

　このことは，内容中心の教育が，その背後に大いなる学習の転移（transfer）

を暗黙の前提としていたことを意味する。しかし，心理学は1970年代までに転移が簡単には生じないこと，またその範囲もきわめて限定的であることを証明してしまったから，この前提はもろくも崩れ去る（奈須，2014）。

たとえば，2007年の全国学力・学習状況調査の小学校算数において，平行四辺形の面積に関する知識を適切に用いれば正答できるにもかかわらず，授業で教わった通りの尋ねられ方をするＡ問題の正答率96％に対し，図形が地図の中に埋め込まれたＢ問題では18％と，両者の間には大きな乖離が認められた。

この事実は，知識は教わっただけでは自在には活用されないこと，つまり学習の転移が簡単には生じないことを示している。したがって，特定の教科における思考や創造の経験が思考力や創造力をもたらし，さらに他の領域でも自在に活用可能な質のものとなるのかについても，一定の留保が必要であろう。

（2）非認知的能力の重要性と育成可能性

一方，マクレランド（McClelland, D.）は，領域固有知識の所有を問う伝統的な学力テスト，学校の成績や資格証明書の類いが，およそ職務上の業績や人生における成功を予測し得ないことを多数の事実をあげて論証した（McClelland, 1973）。人生の成功により大きな影響力を示したのは，意欲や感情の自己調整能力，肯定的な自己概念や自己信頼などの情意的な特性や能力であり，対人関係調整能力やコミュニケーション能力などの社会スキルであった。

これら，非認知的能力の重要性は，大好きなおやつを一時的に先送りできるかどうかという4歳時点でのセルフ・コントロールの高さが，彼らの将来を予測しうるというミシェル（Mischel, W.）の研究などによって，広く知られるところとなった。おやつを待てた子は待てなかった子に比べ，青少年期に問題行動が少なく，理性的に振る舞い，大学進学適性試験（SAT）のスコアが2400点満点中，平均で210点高かった。また，成人後の肥満指数が低く，危険な薬物に手を出さず，対人関係に優れており，自尊心が高い（ミシェル，2015）。

しかも，近年の研究によると，感情の自己調整能力や社会スキルは生得的に運命づけられた不変な人格特性ではなく，組織的・計画的な教育によって十分

に育成・改善が可能であり，むしろ幼児教育段階から適切に育てられることが有効であり，望まれてもいる。

（3）世界的潮流としての資質・能力育成

　ならば，生涯にわたる洗練された問題解決の実行に必要十分なトータルとしての学力育成を最優先の課題として，学校教育を抜本的にデザインし直してはどうか。これが，「資質・能力」（コンピテンシー：competencies）を基盤とした教育の基本的な考え方である。

　それは，教育に関する主要な問いを「何を知っているか」から「何ができるか」，より詳細には「どのような問題解決を現に成し遂げるか」へと転換する。そして，学校教育の守備範囲を知識・技能に留めることなく，それらをはじめて出合う問題場面でも自在に活用できる思考力，判断力，表現力等の汎用的（generic）認知スキルにまで高め，さらに粘り強く問題解決に取り組む意志や感情の自己調整能力，対人関係的困難を乗り越える社会スキルや異文化への寛容な態度等の育成にまで拡充すること，すなわち学力論の大幅な拡充と刷新を求める。知識・技能についても，表層的で個別的なものから概念的で精緻化（elaboration）されたものへと，その質を高めようとの動きが顕著である。

　具体的には，まず1997年から2003年にかけてOECDのDeSeCoプロジェクトがキー・コンピテンシーを提起し，PISAをはじめとする国際学力調査に導入した。一方，EUはキー・コンピテンシーを独自に定義し，域内における教育政策の共通的基本枠組みとした。また，北米では21世紀型スキルという名称の下，主に評価をめぐって検討が行われ，その成果は後にPISAにも反映された。このような動向はイギリス，オーストラリア，ニュージーランドなどにも波及し，現在，多くの国や地域でさまざまな教育改革が進行中である。

　2017年3月31日に告示された学習指導要領も，この流れの中に位置付く。そこでは，各教科等の目標の表し方が「知識及び技能」「思考力，判断力，表現力等」「学びに向かう力，人間性等」からなる「資質・能力の三つの柱」に即したものへと改められた。それは，先に述べた学習と知識に関する近年の科学

的な知見と当然のことながら対応している。つまり，今回の改訂では，学習指導要領が法的拘束力を持った1958年以来の内容中心から資質・能力を基盤としたものへと，カリキュラムの編成原理が大きく転換されたのである。

2　資質・能力育成の視点から各教科等を再構築する

（1）各教科等をしっかりと教える

　新学習指導要領では，資質・能力を基盤とした教育の創造がめざされる。では，学校はどのようなカリキュラムを編成し，授業を創造すべきなのか。

　私としては，まずは各教科等をしっかりと教えることから着手すべきだと考えている。もちろん，それは各教科等に配当された領域固有知識を単に量的にたくさん習得させるということではない。子どもたちがその教科等の特質に応じた「見方・考え方」を理解し，それを拠り所に学び取った膨大な量の知識を意味的に関連付けて精緻化すること，さらにそれらをその教科等が主に扱う領域や対象はもとより，それ以外のさまざまな問題解決に対して自力で効果的に活用できるようになることである。

　資質・能力が身に付くとは，まさにそのようなことなのである。そして，改めて考えてみれば，それこそが各教科等の本質や系統を大切にすることであり，本来の意味で各教科等をしっかりと教えるということではなかったか。

　資質・能力を基盤とした教育とは，従来とは別の何かを新たに教える教育ではなく，内容中心で考えてきた結果，その本質を見失いかけている各教科等について，本来の在り方を問い直し，実践的に再構築する企てにほかならない。

（2）系統指導とは何か

　では，各教科等の本質を見据えた真の系統指導により，その教科等の特質に応じた「見方・考え方」を理解し，それに沿った形で知識を身に付け，自在に活用できるようになるとは具体的にどのような状態を指すのか。

　心理学者のチー（Chi, M. T. H.）は，各8名の熟達者（博士号取得者）と初心

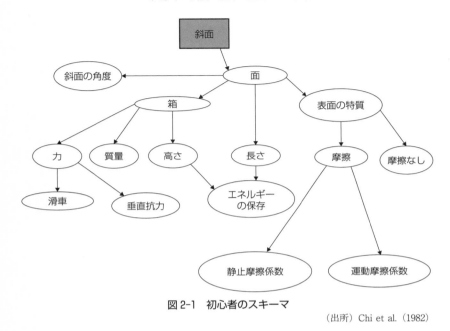

図2-1　初心者のスキーマ

（出所）Chi et al.（1982）

者（学部学生）に24題の物理の問題を与え，解き方に基づいて分類させた。すると，初心者は問題から読み取れる表面的特徴で分類したのに対し，熟達者は斜面問題とバネ問題をエネルギー保存と関連づけて同一カテゴリーとするなど，解法に用いる物理の法則や原理に依拠して分類していた（Chi et al., 1982）。

　さらに，分類理由の中から斜面，重心，摩擦，エネルギー保存など20の概念を取り上げ，考えつくことを3分間話してもらうことで，初心者と熟達者の知識の構造（スキーマ）を比較した。図2-1，図2-2が示すように，斜面についての初心者と熟達者のスキーマは，それを構成する要素の数では大きな違いはないものの，構造化の仕方に決定的な違いが認められた。

　初心者はまず，斜面の角度，長さ，高さといった表面的特徴を連想し，最後にようやくニュートンの法則やエネルギー保存などの物理法則に言及する。一方，熟達者はいきなり斜面問題に関わる物理法則を想起し，次に法則の適用条件について述べ，最後に斜面の表面的特徴のことを考え始めていた。

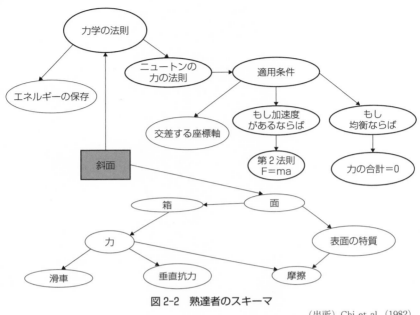

図 2-2　熟達者のスキーマ

（出所）Chi et al.（1982）

　熟達者は物理学の学問構造に近似した体系的なスキーマを所有しており，それが彼らをして，世界を単なる物質の集まりではなく，物理法則に支配されているシステムと見るよう促していたのである。そして，日常生活で出合う事物や現象ですら，必要ならば，その表面的特徴に惑わされることなく，深層に潜む法則や原理の角度から眺め，処理できるようになっていた。

　このように，各教科等を学ぶとは，たんに知識の量が増えるだけでなく，知識の構造化のありようが，その教科等が持つ独自な価値ある構造に近似していくよう組み変わり，洗練されていくことなのである。そしてその結果として，子どもは世界をこれまでとはまったく違った風に眺め，関わったり取り扱ったりすることができるようになる。これが，その教科等の特質に応じた「見方・考え方」，つまり教科等の本質が子どものうちに実現された状態である。

　悩ましいのは，結果的に導かれたに過ぎない各教科等の知識構造に含まれる要素的な成分を，より単純で低次なものから複雑で高度なものへと順序よく教

えたからといって，熟達者のスキーマのような状態が実現されはしないことであろう。従来，教科等の系統指導と呼ばれてきたものの多くは，まさにこの過ちを犯してきた。系統指導とは形式的に整序された知識の注入ではなく，その教科等における本質的な概念の形成をめざした営みであり，図 2-1 から図 2-2 へのような変化を子どものうちに生じさせることである。

　このような変化を無理なく着実に生み出すには，具体的にどうすればいいのか。このことを考えるために，次節では，コンピテンシー概念のルーツにまで立ち戻って考えることにしよう。

3　コンピテンスという思想

（1）ホワイトのコンピテンス概念

　コンピテンシーは，1950年代に心理学者のホワイト（White, R. W.）が，乳幼児の観察などを足場に考案した概念をそのルーツに持っている。

　たとえば，飴玉を見つけた赤ちゃんはそれを口に入れる。飴玉だと知っているからではない。赤ちゃんは口に入れるのと手でつかむくらいしか，対象に対する関わり方，ピアジェ（Piaget, J.）がいうシェマを持ち合わせていないのである。しかし，口に入れるというシェマは，こと飴玉に対しては食べ物であるという本質的理解をもたらす適切な関わり方であり，赤ちゃんは甘さを享受しながら飴玉の同化（assimilation）に成功する。

　別な日，赤ちゃんはビー玉を見つける。飴玉と同様に丸く光るものであるから迷わず口に入れるが，今度は同化できずに吐き出す。ビー玉を同化するには，ビー玉という対象からの要求に突き動かされる形で，つかんだ手のなめらかな動作によりそれを転がせるようになる必要がある。これをシェマの調節（accommodation）という。

　このように，シェマによる対象の同化と，対象の要求に根差したシェマの調節を繰り返すことで，赤ちゃんは次第に身の回りの事物・現象に関する個別的理解を深めていくと同時に，さまざまな環境に対する効果的な関わり方をも獲

得・洗練・統合させていくが，これこそが学習の原初的形態なのである。

　ホワイトは，この生まれながらにして備わっている環境内のひと・もの・ことに能動的に関わろうとする動機付け的なエネルギー要因と，それがもたらす，ひと・もの・ことと効果的に関われるという関係的で認知的な能力こそが，人が一生涯を心身共に健康に生きていく確かな礎であることを看破し，これをコンピテンス（competence）と名付けた（White, 1959）。コンピテンスとコンピテンシーは，基本的に同義であると考えてとくに問題はない。

　興味深いのは，そこでは「知る」とはたんに名前を知っているとか概念を理解していることではなく，対象の特質に応じた適切な「関わり方」が現に身体的な行為として「できる」こと，さらに個別具体的な対象について「知る」＝「関われる」ことを通して，汎用性のある「関わり方」が感得され，洗練されていくことであろう。つまり，「知る」ことを駆動するエネルギー要因から，「知る」営みのメカニズムや，それを通して結果的に獲得される汎用的な資質・能力までをも包摂した概念として，コンピテンスは提起された。まさに，「どのような問題解決を現に成し遂げるか」をトータルに問う概念，今日でいう資質・能力として誕生したのである。

（2）「学び」という営みの本質をとらえる

　赤ちゃんが環境内のひと・もの・ことに働きかけ，それらを同化（＝理解）するのに用いていたシェマはフランス語読みであり，その英語読みがスキーマである。つまり，図2-1，図2-2に示された知識の構造化のありようもまた，それを用いてさまざまな事物・現象に働きかけ，理解や思考を生み出すという点において，赤ちゃんのシェマと心理学的には同型である。

　もちろん，赤ちゃんの学習は感覚・運動的で常に具体的なのに対し，高校や大学で物理を学ぶ際には主に言語を媒介とし，多分に抽象的ではあるが，基本的な学習のメカニズムそれ自体には多くの共通点を認めることができる。

　したがって，図2-1から図2-2への移行を無理なく着実に進めようとする，つまり高度な系統指導を意図するからこそ，学習者である子どもが現在所有し

ている既有知識や既有経験を足場に，子ども主体で展開される対象との相互作用を通して，その子の知識構造が次第に各教科等の系統に沿ったものへと修正・洗練・統合していくような指導を心がける必要がある。

　いわゆる「アクティブ・ラーニングの視点」としての「主体的・対話的で深い学び」の実現も，まさにそのことを指し示している。2016年12月21日の中央教育審議会答申によると，「『主体的・対話的で深い学び』の実現とは，特定の指導方法のことでも，学校教育における教員の意図性を否定することでもない。人間の生涯にわたって続く『学び』という営みの本質を捉えながら，教員が教えることにしっかりと関わり，子供たちに求められる資質・能力を育むために必要な学びの在り方を絶え間なく考え，授業の工夫・改善を重ねていくことである」（中央教育審議会，2016，49頁）。

　コンピテンス概念を通してホワイトが提起しようとしたのは，ここでいう「『学び』という営みの本質」のとらえ直しであった。ホワイトがいうように，すべての子どもは自ら進んで環境に関わり，環境との相互作用を通して「学び」を実現する能力を生得的に有している。しかも，その「学び」は個別具体的な対象について「知る」（＝「関われる」）ことと，汎用性のある「関わり方」が感得され，洗練されていくことが一体となったような質の「学び」である。

　子どもたちは乳幼児期からそのような質の「学び」を旺盛に展開しており，就学時にはすでにインフォーマルな知識とか素朴概念と呼ばれる膨大な知識を所有している。少なくとも小学校で教える事柄であれば，子どもは何らかの知識なり経験を持ち合わせていると考えていいだろう。たとえば，算数で図形の勉強をする以前に，遊びを通して子どもは三角形の積み木を二つ合わせれば四角形になることや，円柱形の積み木の丸い方ではうまくいかないが，平らな方ならいくつも積み上げられることを知っている。

　ところが，従来の学校ではそういった事実を無視して「手はお膝，お口チャック」といった行動規範をしつけ，そのきわめて受動的な状況下で「この形を三角，こちらの形を四角といいます」などと教えたりするから，子どもたちはかえってうまく学べなかった。

　つまり，私たちが通俗的に抱いている「学び」の概念は少なからず間違っている。その最悪のものは，子どもの心は「白紙」であり，大人が価値ある経験を書き込んでやることによってはじめて意味のある学びが生じる，といったものであろう。無味乾燥な暗記や機械的なドリルにすぐ頼ろうとするのも，こういった「学び」概念と通底している。

　主体的・対話的で深い学びとは，ごく普通に子どもがその誕生の時から進んで旺盛に展開してきた「学び」の延長線上でこそ実現可能であり，実現すべきなのである。すでに彼らが展開している「学び」をそのまま就学後も連続させ，さらに各教科等の特質に応じた「見方・考え方」に繰り返し触れさせることで，知識の構造を徐々に各教科等の特質に応じたものへと修正・洗練・統合していけるよう支援するのが教師の仕事であり，カリキュラムの要件である。

　前掲の答申における「学校教育における教員の意図性を否定することでもない」「教員が教えることにしっかりと関わり」といった文言の意味についても，このような「学び」概念に立脚して考える必要がある。つまり，「教員が教えることにしっかりと関わ」るためにこそ，まずもって目の前の子どもの知識状態の正確かつ広範な把握が大切になる。そして，子どもたちが持っている，いい線はいっているが不正確であったり断片的であったりする知識を，各教科等の特質に応じた「見方・考え方」に沿って洗練させたり統合していけるよう促したり導いたりする際に発揮されるのが，教師の意図性であり指導性にほかならない。

　以上のような整理に基づき，次節では資質・能力を基盤とした教育の視点に立ち，主体的・対話的で深い学びを実現する授業づくりの原理として，有意味学習，オーセンティックな学習，明示的な指導の三つについて考えたい。

4　主体的・対話的で深い学びを実現する授業づくりの三つの原理

（1）有意味学習

　教えるとは，「白紙」である子どもの心に，大人側の価値判断や都合に基づ

いて設定した文脈に沿って知識を書き込むことではない。そもそも，子どもの心は「白紙」ではない。すでに膨大な知識や経験で満たされている。

　もっとも，その多くは生活の中で獲得されたものであるから，不正確であったり断片的であったりする。しかし，それでよい。なぜなら，そのような，いい線はいっているが未だ発展途上にある知識や経験を洗練・統合していけるよう支え導くことこそが教えるという営みであり，教師の仕事だからである。

　たとえば，小学校 3 年生に「靴のサイズ」を尋ねると，20，21，そして20.5というのが出てくる。ここで「テン 5 って何？」と尋ねると，分からない子どももいるが，20 cm 5 mm だと答えられる子もいて，「ああ，そういうことなんだ」と他の子も納得する。

　「僕はおとといから20.5」という子がいて，聞くと「靴を買いに行ったら，それまで履いていた20ではキツキツで。するとおじさんが『もう 1 つ大きいのを』といって持ってきてくれたのが20.5で，それがちょうどよかったのね。おじさんは『試しに』といって21も持ってきてくれたんだけど，21はブカブカで，だから僕はおとといから20.5の子になったんだよ」という。このキツキツ，ちょうどいい，ブカブカという誰しもが共感できる身体感覚が，20，20.5，21という数字の並びと対応しており，ここから子どもたちは整数の間にさらに数なり量が存在し，それが小数というものらしいということを理解する。

　しかし，靴のサイズだけではこれ以上の発展は望めない。そこで，次に体重を尋ねる。すると，当然30.2とか29.7が出るから，「あれ，テン 5 じゃないのもあるの？」と聞くと，「テン 1 からテン 9 まである」という子がいて，実際に自分の体重はそのどれかであるから，この時点では正確な概念形成には至っていない子も，とりあえずなるほどと思い，しっかり理解したいと願うようになるだろう。さらにテン 0 の子もいるから，これは何だという，小数概念の本質的理解へと連なる問いも立ち上がってくる。

　ここで，「靴のサイズの20.5は20 cm 5 mm だったから，体重の29.7は29 kgと 7 gのこと？」ととぼけると，ポカンとしている子もいるが，ゲラゲラ笑い出す子もいて，「29.7は29 kgと700 gのこと」と教えてくれる。どうしてそう

なるのかと尋ねると，ここはさすがに難しいが，それでも「テン何とかは１つ下の数のことだと思うんだよね。だから，靴の場合は cm の１つ下は mm だけど，体重の場合は kg の１つ下は100 g になるから，29.7は29 kg と700 g になる」と答えてくれた。

　この授業では，まず靴のサイズを足場に，整数の間にも数が存在することに気付かせた。次に，靴のサイズと体重を比較することで，小数が「テン５」だけでなく「テン１からテン９まである」ことを確認する。さらに，あえてとぼけることで，「テンいくつ」は整数の１つ下の数であることを見い出していった。もちろん，これらはたんなる手練手管ではなく，子どもたちの知識状態と教科の学習内容とのギャップを丁寧に見積もり，それをどのように埋めていくかと思案する中で生み出された，明確な指導性の発揮にほかならない。

　大切なのは，子どもの既有知識を導入での意欲付けに使うのではなく，それで１時間，場合によっては単元全体を学び進めていくよう計画することである。すでにある程度知っていることとの関連が見えれば，子どもは「あっ。そのことね」「知ってる，知ってる」となり，緊張や不安を抱くことなくリラックスして，だからこそ主体的に学びに向かっていくことができる。

　また，「私はこう思うよ」「こんなこともあったんだ」「だったらさあ」と，各自のエピソードや考え，疑問や予想を出し合いながら，個性的，対話的に学びを深めていくだろう。

　さらに，よく知っていると思い込んでいるからこそ，お互いの知識をすり合わせ，整理していく中で，「何か変だぞ」「わからなくなってきたけど，何とかはっきりさせたい」「もしかすると，こういうことかな」「やっぱりそうだった」と，自分たちの既有知識を足場に，より精緻で統合的な理解へと学びを深め，ついには正確な概念的理解へと到達するのである。

　このように，自身が所有する知識との適切な関連付けにより，子どもは意味を感じながら主体的・対話的に，そして着実に深い概念的理解へとたどり着くことができる。オースベル（Ausubel, D. P.）は，このような学習を有意味学習と呼び，既有知識と一切関連付けることなく丸覚えしようとする学習を機械的

学習と呼んで，両者を明確に区別した（Ausubel, 1963）。自分との関係におい
て意味の発生しない機械的学習は，いかにも浅い学びであり，非主体的な学び
であろう。また，そんな学びでは仲間と本気で対話する必然性も生じない。

　つまり，「主体的・対話的で深い学び」の第一歩は，授業を有意味学習にす
ることであり，その鍵を握るのは子どもたちが所有する既有知識との関連付け
の有無なり深さの程度なのである。

（2）オーセンティックな学習

　学習の転移が意外なほど生じにくいこと，そしてそれが内容中心の教育が奏
功しない主要な原因の一つであることは，すでに述べた通りである。

　転移が生じにくい原因の探究は，次第に学習とは何かを問い直す研究へと連
なっていく。こうして1980年代に生まれたのが，状況的学習（Situated
Learning）という考え方である。そこでは，そもそも学習や知性の発揮とは具
体的な文脈や状況の中で生じるものであり，学ぶとはその知識が現に生きて働
いている本物の社会的実践に当事者として参画することであると考える。

　従来の授業では，その知識がどんな場面でも自在に使えるようにとの配慮か
ら，むしろ一切の文脈や状況を捨象して純化し，一般的命題として教えてきた。
しかし，何らの文脈も状況も伴わない知識は，いわば取り付く島のないのっぺ
らぼうな知識であり，子どもには無機質で形式的な手続きの習得と映ってしま
う。状況的学習の立場では，これがすべての敗因であったと考える。実際，そ
のようにして学び取った知識は，ペーパーテストのような特殊な状況をほぼ唯
一の例外とすれば，現実の意味ある問題解決にはおよそ生きて働かない。

　ならば逆に，具体的な文脈や状況を豊かに含みこんだ本物の社会的実践への
参画として学びをデザインすれば，学ばれた知識も本物となり，現実の問題解
決に生きて働くのではないか。これが，オーセンティックな（authentic：真正
の，本物の）学習の基本的な考え方である。

　たとえば，実際にスーパーで売っているさまざまなトマトのパックを買って
きて，「どれが一番お買い得か」を問う。算数の指導内容としては「単位量当

たりの大きさ」であるが，現実のトマトのパックは個数だけでなく，大きさや品質等も微妙に異なり，そのままでは比べられない。生身の状況は，そう安々と算数の都合に沿ってはくれないのである。

　しかし，このような状況がかえって何とか計算できないかとの切実感を子どもたちに生み出し，「g当たりなら比べられるんじゃないか」との着眼をもたらす。その背後にはg当たり表示を近所のスーパーで見た経験や，それを取り上げた社会科学習が生きて働いている。

　あるいは，1個当たりやg当たりでは割高に思えたブランドトマトについても，栄養素に注目して「リコピン1.5倍なんだから，リコピン当たり量で比べれば，ブランドトマトの方がお買い得かも」などといい出す子どもが現れる。ついには，算数的には1個当たりで決着が着く同じ種類のトマトについても，「うちは2人家族だから，4個パックだと余っちゃう。だから，うちとしては2個パックの方がむしろお買い得」といった見方ができるようになる。

　子どもは自身の生活実感や関心事に引きつけて主体的に学ぶとともに，立場や経験を異にする仲間との対話的な学びを通して立体的に学びを深めていく。算数では数理手続きも学ぶが，それ以上に重要なのが多様な状況下での数理の意味であり，さらにはよさや適用条件，限界にまで学びを深めてはじめて，知識・技能は現実の問題解決に適切且つ創造的に生きて働く。

（3）明示的な指導

　本物の文脈や状況の中で展開されるオーセンティックな学習により，学び取られた知識も本物となり，現実の問題解決に生きて働く質のものとなることを見てきた。しかし，まだこれだけでは，身に付けた資質・能力を自在に駆使できる汎用的な水準までには届かない。

　たとえば，理科では実験や観察を重視してきた。それらは多分に本物の文脈での学びなのだが，子どもの「科学する」態度や能力は必ずしも十分とはいえないようにも思う。原因はさまざま考えられようが，一つには，子どもは科学的探究に関する相応の本物経験はしているのだが，経験を自覚化し，さらに概

念化して自家薬籠中のものとし，ついには自らの意思で自在に操れるまでには，教師に段階的な導きを施されてはいないのではないか。

　実験や観察を繰り返し経験するうちに，それらの奥に横たわる「条件制御」や「系統的な観察」「誤差の処理」など，科学的方法に関わる抽象的・一般的・普遍的な概念を帰納的に感得する子どもも，一定程度はいるだろう。しかし，多くの子どもは「振り子」や「電気」などの具体的・特殊的・個別的な事象との関わりでのみ，その実験なり観察の工夫を理解するに留まる。もちろん，そこから科学的方法についての茫漠としたイメージくらいは形成するだろうが，それでは新たな対象や場面に科学的方法を自力で発動するまでには至らない。

　さらに，その経験群が意味する一段抽象化された概念的意味について，教師が適切な手立てにより明示的（explicit）に指導することが望まれる。具体的には，時に複数の実験や観察の経験を関連付け，比較し統合すること，そして科学的探究を構成するいくつかの鍵概念について，それを自在に操れるよう言語ラベルを付与すること，さらに，それらの鍵概念を用いて新たな実験や観察について実際に思考をめぐらせてみること，そんな段階的で明示的な指導はすでに一部の理科教室では実践されてきたが，さらに広く実践されていいだろう。

　たとえば，振り子の実験で「どんな工夫が必要かな」と問えば，さまざまに試してみる中で，子どもたちは「何度も測定して平均値を取ればよさそうだ」と気づく。この段階で教師は「誤差の処理」を理解したと思いがちだが，いまだ「振り子」という具体的な対象や状況との関わりでの気づきに留まっており，汎用的に活用の効く概念的な意味理解にまでは到達していない。

　そこで，授業の最後に「どうして今日の実験では測定を繰り返したの」と改めて尋ねると，子どもは「理科の実験では正確なデータを得るためにいつもそうしているから」などと答える。ここで，「そうかなあ。この前の電流計の時には何度も計ったりはしていなかったよ」と切り返してやれば，子どもは「だって，電流計はピタリと針が止まるから。ああ，そうか，同じ実験でもいろいろな場合があるんだ」とようやく気づくのである。

　複数の経験を整理し，丁寧に比較し統合することで，個々の実験に独自な部

分と共通する部分が見えてくる。すると，振り子も含め物理領域ではばらつきの多くは測定誤差であり，生物領域では個体差が優勢だということにも気づくであろう。これは中学校でいう第一分野と第二分野における方法論的な特質の一つだが，このような概念的な意味理解は，それぞれの領域で実験や観察に取り組む際の大きな助けとなるに違いない。

5　いかなる状況にも自在に対応できる高みをめざして

（1）資質・能力が兼ね備えるべき汎用性の正体

　以上，有意味学習，オーセンティックな学習，明示的な指導という，主体的・対話的で深い学びを実現する授業づくりの三つの原理について見てきた。

　資質・能力を基盤とした教育では，子どもを未知の状況にも対応できる優れた問題解決者にまで育て上げることをめざす。その意味で，資質・能力は汎用的な特質を持つ必要があるが，それは一切の文脈や状況を捨象した学び，子どもが所有する既有知識と切り離された学びによっては達成できない。むしろ逆で，個々の内容について子どもの世界との緊密な関連付けを図り（有意味学習），現実に展開されている本物の社会的実践という豊かな文脈や状況の中で学ぶ（オーセンティックな学習）ことにより，学びは生きて働くものとなる。

　さらに，そのようにして得られた多様な学びを整理し，比較し統合する（明示的な指導）中で，表面的には大いに異なる学習経験の間に存在する共通性と独自性に気づき，高度な精緻化に成功した時，資質・能力は強靭かつ柔軟に機能する汎用性を獲得する。

　汎用性を求めるからこそ，その知識が現実世界で息づいている文脈や状況が不可欠なのであり，また学びの当事者である子ども自身のこれまでの経験との関連付けが鍵となってくる。そして，そのようにして得られた本物の学びについて，その意味するところを一段抽象度を上げて概念化し精緻化したものが，汎用性の具体的内実であり正体にほかならない。

（2）鋭角的な学びと間口の広い学び

　各教科等では，まずはその教科等の特質に応じた「見方・考え方」をしっかりと子どもが把握できるよう配慮・工夫することが求められる。しかし，それだけでは子どもたちは複雑多岐にわたる実社会・実生活の問題場面や状況において，洗練された独創的な問題解決を果たしていけるまでには，なおもう一歩届かない。理由ははっきりしていて，実社会・実生活の問題場面や状況は，各教科等の枠組みに沿って生じてはくれないからである。

　この点について，2016年12月21日の中央教育審議会答申は，「各教科等で育まれた力を，当該教科等における文脈以外の，実社会のさまざまな場面で活用できる汎用的な能力に更に育てたり，教科等横断的に育む資質・能力の育成につなげたりしていくためには，学んだことを，教科等の枠を越えて活用していく場面が必要」なのであり，「正にそのための重要な枠組みが，各教科等間の内容事項について相互の関連付けを行う全体計画の作成や，教科等横断的な学びを行う総合的な学習の時間や特別活動，高等学校の専門学科における課題研究の設定などである」（中央教育審議会，2016，32頁）と指摘している。

　これら教科等横断的な探究が求められる場においては，どの方法が使えるのかがあらかじめ見えていない。だからこそ，子どもたちは各教科等で身に付けてきた「見方・考え方」という問題解決の「道具」の数々を自覚し，整理して俯瞰的に眺め，どれがどのような理由でどの問題状況に適合するのかを考え，実際に試し，その有効性や留意点を深く実感していく。

　このように，その教科等の特質に応じた「見方・考え方」を足場に鋭角的に学び深めていく各教科等と，それらを間口の広い対象にさまざまに適用する中で，教科等の枠組みを超えて「見方・考え方」を整理・統合し，ついには状況に即応した最適な形で資質・能力を自在に繰り出せる質にまで高めていく教科等横断的な学びとが，豊かなハーモニーを奏でるようにカリキュラムを編成することが，これからの学校教育に強く求められている。

さらに学びたい人のための図書

奈須正裕・江間史明編著（2015）『教科の本質から迫るコンピテンシー・ベイスの授業づくり』図書文化社。

▶国・社・算・理・英の教科教育学者と心理学者が，教科の本質とは何かという難問に協働で挑んだ労作。

奈須正裕（2017）『「資質・能力」と学びのメカニズム』東洋館出版社。

▶子どもの学びをめぐるさまざまな研究や議論を紹介しながら，2017年3月告示の学習指導要領を理論的に読み解く一冊。

引用・参考文献

中央教育審議会（2016）「幼稚園，小学校，中学校，高等学校及び特別支援学校の学習指導要領等の改善及び必要な方策等について（答申）」（平成28年12月21日）。

奈須正裕（2014）「学習理論から見たコンピテンシー・ベイスの学力論」奈須正裕・久野弘幸・齊藤一弥編『知識基盤社会を生き抜く子どもを育てる――コンピテンシー・ベイスの授業づくり』ぎょうせい，54-84頁。

ミシェル，W.／柴田裕之訳（2015）『マシュマロ・テスト――成功する子・しない子』早川書房。

Ausubel, D. P. (1963) *The Psychology of Meaningful Verbal Learning*, New York: Grune & Stratton.

Chi, M. T. H., Glaser, R., & Rees, E. (1982) "Expertise in problem solving", R. Sternberg, ed., *Advances in the Psychology of Human Intelligence*, volume 1, Erlbaum, pp. 7-75.

McClelland, D. (1973) "Testing for competence rather than 'Intelligence'", *American Psychologist*, 28, 1-14.

White, R. W. (1959) "Motivation reconsidered: The concept of competence", *Psychological Review*, 66, 297-333.

安藤福光

第**3**章

これからの学校とカリキュラム・マネジメント

1　日本の教育の位置

（1）1990年代以降の教育政策動向

　1990年代以降の教育政策の動向を端的に示せば，教育の質保障を地方分権の教育によって達成しようとするものである。教育に関する規制を緩和することで，学校や教育委員会に自主性と自律性を確保し，あわせて各自治体や各学校にそれぞれの特色を求めたものであった。1996年の中央教育審議会（中教審）答申「21世紀を展望した我が国の教育の在り方について」が，生涯学習社会を視野に「ゆとり」の中で「生きる力」を育成する教育の必要性を打ち出したことや，1998年の中教審答申「今後の地方教育行政の在り方について」において，地域や学校の実態や創意工夫を生かす教育で「生きる力」を育てるために「学校の自主性・自律性」が打ち出されたことに象徴される。

　その後，2005年の中教審答申「新しい時代の義務教育を創造する」では，「教育の質保証」を図るために，自治体や学校の裁量を拡大していくと同時に，その取り組みに対する評価を求め，全国的な学力調査の実施や学校評価のガイドラインの策定が盛り込まれ，その後政策として実行されてきた。

　このように90年代以降の教育改革は「学校の自主性・自律性の確立とは，他校と違う特色を打ち出すだけでなく〈教育の組織化〉をめぐる意思決定の責任を学校が引き取ること」（末松，2012，103頁）といえるだろう。この点，各自治体や各学校において，自分たちの望む教育がこれまでよりも一定程度可能と

なった。一方で，こうした流れについて，結果としての教育課程基準の強化，また教育格差の進行を危惧する声もある（大桃，2014；岩永，2015など）。

（2）教育における規制緩和の現状

　教育における規制緩和はさまざまな形で進行している。第一に，都道府県という広域単位での差異が認められる。たとえば，県下の子どもたちの教育には地域との連携・協働が最優先に重視されるべきことであるとして，学校運営協議会をすべての小中学校に設置した県がある。一方で県下の各自治体の判断に委ねている県もある。つぎに市町村という基礎自治体の単位での差異もある。学校運営協議会や小中一貫教育などについて，各市町村にその導入の判断を委ねている場合，隣接する市同士で行われている教育の重点が異なっていたりする。このような差異は中央集権下ではあまり見られることではなく，分権化の結果，生じた差異であるといえるだろう。足下の現状をどのように解釈し，それに最適な施策や実践を生み出すことが肝要となる。教育課程についても，構造改革特別区域研究開発学校設置事業（教育特区）を前身とする教育課程特例校制度等があり，地域の教育課題を解決するために，学習指導要領の基準に拠らない教育課程編成が可能となった。

2　カリキュラム・マネジメントとは何か

（1）教育課程とカリキュラムの違い

　教育課程もカリキュラムも，教育の内容を指す言葉なので，同一の言葉として混同されがちである。たとえば，学校で教える内容を日本語では「教育課程」と称し，英語では「カリキュラム」と称する，というように。けれども，その言葉の指し示す範囲はやや異なる。

　学校の教育内容といえば，「何を教えるのか」「何を教えたのか」などが想起される。これらにはいずれも「いつ」「なに」を教えるのか，という「計画」の層と，その計画したものを教えるという「実施」の層とがある。これが「教

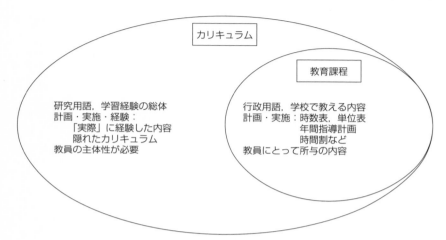

図3-1　教育課程とカリキュラムの関係性

（出所）安藤（2016）56頁。

育課程」という言葉の示す範囲となる。一方で「カリキュラム」には「学習経験の総体」という意味があって，これは計画され実施された教育課程を通して，学習者が「実際に学んだ」内容までをも含む言葉である（図3-1）。このため，カリキュラムの方が教育課程よりも指し示す範囲が広いとされる（安藤，2016，52-55頁）。

　カリキュラム・マネジメントを考える際には，計画，実施，そして経験という層までも対象とする「カリキュラム」という考え方を身に付けておかなければならない。というのも，本節で後述するように，カリキュラム・マネジメントはデータでもって現状のカリキュラムの状況を分析し，継続もしくは改善等の判断を繰り返していく営みだからである。学習者は一体何を学んだのか，ということを起点にしなければ，表層的な結果に帰してしまうおそれがある。

（2）カリキュラム・マネジメントが求められる背景

　カリキュラム・マネジメントは，教育課程基準の大綱化や弾力化を契機として，その必要性が強調されてきた（中留，2003，148頁）。中留はカリキュラム・マネジメントを次のように定義する。すなわち「教育の目標＝内容の活動系列

と，それを支える条件整備活動の系列との間に対応関係をもたせながらも，それを P-D-S（計画-実施-評価）のサイクルにのせてカリキュラムを動態化させていく経営的思惟（マネジメントマインド）」（中留，2003，146頁）という。学習指導要領の改訂の変遷をみれば，教育課程基準の大綱化や弾力化の源流は1977年版にあったと言えるだろう。たとえば学校や教員が教育実践を創意工夫できるようにするために設置された「学校裁量の時間（ゆとりの時間）」などに象徴される。当然，カリキュラム・マネジメントの考え方自体は往時でも求められたと考えられるが，現在のようにカリキュラム・マネジメントがこれほどまでに謳われることはなかったと言ってよい。

　大きなインパクトをもたらしたのは，1996年の中央教育審議会（中教審）答申「21世紀を展望した我が国の教育の在り方について」であった。「ゆとり」と「生きる力」を提唱したこの答申は，特色ある学校づくりをすすめ，横断的・総合的な学習を推進するために「総合的な学習の時間」を提起した。この中教審答申を受けて，1998年には教育課程審議会の答申「幼稚園，小学校，中学校，高等学校，盲学校，聾学校及び養護学校の教育課程の基準の改善について」が出され，総合的な学習の時間のねらい，教育課程上の位置付け，具体的な学習活動等が示された。総合的な学習の時間は，これまでの教科等とは異なって，各学校の創意工夫を生かす活動であり，各教科を横断したり総合したりする活動であるため，内容を規定することはなかった。同年「今後の地方教育行政の在り方について」を中教審が答申し，教育委員会と学校の関係性が見直されることになった。これまで以上に学校の裁量権の拡大を重視して，学校の自主性・自律性に基づいて特色ある教育課程の編成が行われることを望んだのである。

　このように，教育課程基準の大綱化・弾力化，学校の自主性・自律性の確立をめざすために，総合的な学習の時間のカリキュラムをいかに創造するかが，特色ある学校づくりの要として問われることとなった。このとき，各学校の教員，子どもたち，そして保護者や地域（地域住民）の実態に即したカリキュラムづくりが求められ，そこで教育内容だけに焦点化するのではなく，組織とそ

の活動とを結びつけるためのマネジメントが必要とされることになったのである。

（3）学習指導要領の改訂とカリキュラム・マネジメント

　2017年 3 月に小学校と中学校の学習指導要領が，2018年 3 月には高等学校の学習指導要領が改訂された。今次改訂の特徴は多岐にわたるけれども，その概要を記せば，「生きる力」を育成するために，「社会に開かれた教育課程」の理念のもと，学習指導要領の枠組みの見直し（資質・能力の明確化），カリキュラム・マネジメントの実現，アクティブ・ラーニングの導入，の三つを柱としたとなろうか。ここでは，社会に開かれた教育課程とカリキュラム・マネジメントについて検討する。この両者に共通することは，これまで学校内にとどめられがちであった教育活動を外に開く，ということである。

　学習指導要領改訂に先立ち，2016年の中央教育審議会答申「幼稚園，小学校，中学校，高等学校及び特別支援学校の学習指導要領の改善及び必要な方策等について」では，学校内に閉じられていたカリキュラムを，子どもたちの成長に資するものとすべく，実社会との関係性を重視した「社会に開かれた教育課程」を提唱し，次のように定義付けている（中央教育審議会，2016，19-20頁）。

①社会や世界の状況を幅広く視野に入れ，よりよい学校教育を通じてよりよい社会を創るという目標を持ち，教育課程を介してその目標を社会と共有すること。

②これからの社会を創り出していく子供たちが，社会や世界に向き合い関わり合い，自らの人生を切り拓いていくために求められる資質・能力とは何かを，教育課程において明確化し育んでいくこと。

③教育課程の実施に当たって，地域の人的・物的資源を活用したり，放課後や土曜日等を活用した社会教育との連携を図ったりし，学校教育を学校内に閉じずに，その目指すところを社会と共有・連携しながら実現させること。

　これまでの学校教育が上記 3 点を等閑視してきたわけではなく，かねてより行われてきたこともある。たとえば，教科学習やキャリア教育等もこれらを意識して行われてきたし，また学校支援地域本部事業をはじめ学校と地域が連

携・協働して子どもたちの教育に取り組んできたけれども，そこには温度差があったり，形骸化してしまったりしてきたことも事実である。そこで学校内に閉じられていたカリキュラムを市民社会や地域社会に「開く」ことを強調することで，実質化することを企図している。

　2016年中教審答申では，社会に開かれた教育課程の実現のために，カリキュラムをマネジメントすることによって，学校の教育活動の全体を関連づけること，そして不断の見直しを図ることを強調し，次の三つをカリキュラム・マネジメントの 3 側面として打ち出した（中央教育審議会，2016, 23-24頁）。その上で，学校全体で進めるために組織や経営を見直すこと，すべての教職員がカリキュラム・マネジメントを意識することを求めている。

　①各教科等の教育内容を相互の関係で捉え，学校教育目標を踏まえた教科等横断的な視点で，その目標の達成に必要な教育内容を組織的に配列していくこと。

　②教育内容の質の向上に向けて，子供たちの姿や地域の現状等に関する調査や各種データ等に基づき，教育課程を編成し，実施し，評価して改善を図る一連のPDCA サイクルを確立すること。

　③教育内容と，教育活動に必要な人的・物的資源等を，地域等の外部の資源も含めて活用しながら効果的に組み合わせること。

　次節ではこのように提唱されたカリキュラム・マネジメントについて，その意義と課題を検討したい。

3　カリキュラム・マネジメントの意義と課題

（1）カリキュラム・マネジメントの意義

　カリキュラム・マネジメントの意義は，個々の教育活動を学校全体と学校と密接に関係する地域等に，その「教育活動を開く」ことを求めている点であろう。これも先の社会に開かれた教育課程と同じく，新しいものではなく，かねてからこうしたことがめざされたり，行われたりしてきた。たとえば，以前の高等学校学習指導要領（1960年改訂告示）にも「各教科・科目，特別教育活動

および学校行事等について，相互の関連を図り，全体として調和のとれた指導計画を作成するとともに，発展的，系統的な指導を行うことができるようにしなければならない」（国立教育政策研究所 web）と，教育活動の関連性を重視する記述があった。当然，2009年改訂告示という直近の学習指導要領にも同様の記載がある（国立教育政策研究所 web）。また先にも記したように総合的な学習の時間も，教科を他教科に開く試みであったと言えるし，地域との連携・協働も教育活動を地域に開くことを構想していた。ところが，「開く」ことについて学校や学校段階によって，取り組みの程度に差が生じているなどの問題点が繰り返されてきたことは記憶に新しい。

　学校現場では，特色ある取り組みなどをしていても，その担当者が別の学校に異動してしまうことで，沈滞化してしまうことがある。こうした現象を「人につくカリキュラム」と表現されたりする。こうした現状に対して，カリキュラム・マネジメントは，第一に教育活動を組織的に関連付けることができ，第二に組織成員によってデータが蓄積され，またそのデータへのアクセスを可能にするので，組織として検証と継続・改善を進めていくことができる。「人につくカリキュラム」ではなく，「組織につくカリキュラム」となる可能性を秘めている点もまた意義の一つであろう。

（2）カリキュラム・マネジメントの課題

　カリキュラム・マネジメントには，課題もまたいくつか存在する。

　一つは検証の方法についてである。カリキュラム・マネジメントでは，教育内容の質を向上させるために，子どもや地域に関するデータを収集し，PDCAサイクルによる検証・改善を求めている。PDCA サイクルは，計画 plan―実施 do―評価 check―改善 action からなるモデルであり，製品の品質を管理するために考案された。また目標の実現とその達成を数量的に把握していくことを特徴としており，教育においては知識などの数量的な把握が容易な場合を除いては適していないとされる（大学評価学会，2011）。篠原は PDCA を安易に受容することについて，「子どもたちの成長と発達を支える学校の教育活動全

体を評価する場合，その全てが数値化になじむはずがなく，（中略）丁寧な子ども理解と教師の教育活動の省察を経ずして，断定的な結論を出すことは避けるべき」（篠原，2016，90頁）であると危惧する。教育において，教育実践を検証し，改善していくことは重要である。その際，数値による評価結果にも耳を傾ける必要があるだろう。けれども，数値にのみ耳を傾ける結果となってしまったら，数値を上昇させるためにはどのような手段も容認されてしまうおそれがある。たとえば全国学力・学習状況調査が毎年実施されているが，調査とテストとを混同しているために，学校間や都道府県間の競争に重点が置かれてしまっているきらいがある。点数を上げるために事前に模試として同様の問題に取り組ませていたり，平均点を下げないために欠席を促したり，データを反映させない例があるという。これは「データ＝数値」というイメージが引き起こしている部分もあるため，PDCAサイクルにおいて用いる「データ」として，どのような種類の資料を用意すべきかが問われることになる（根津，2009）。

　いま一つは教科横断をどのように進めていくか，ということである。教育調査研究所の小中学校を対象とした調査によれば，カリキュラム・マネジメントの課題として「教育課程の編成について，学年間や教科間等で系統性や関連性を図ったり，教科横断的に組織したりなどが考慮されていない」と回答（複数回答可）した学校が小学校で51.3％（136校），中学校で54.2％（32校）と多数を占めた（教育調査研究所，2016，40頁）。筆者はこの件に関して，以下のような質問を現職の高等学校教員からメールで受けたことがある。

【事例メール】

　それは理科という教科を小中高と縦で見ることは文科省がしていることではあるのはよくわかるのですが，横での連携はどの程度考慮されているのでしょうか？というのは，私が化学が専門なのですが，化学で指数の割り算（アボガドロ数など）

　　$10^{-23} \div 10^{-24}$

のような計算が出てきます。これは数学では後に学習するようで生徒は？？？の状態で学習しています。このような計算は化学では4月下旬〜5月上旬の時期に直面します。化学の本質に触れる前に数学的な処理でつまずき，化学を嫌いになります。

　現在では高等学校における理科は基礎科目を 3 科目とるのが主流になっているので本校でも， 1 年次に物理基礎，生物基礎を学習します。物理でも同様のことが起こります。sin，cos などの三角関数です。

　理科では数学的な処理がどうしても避けられません。その際，数学の単元学習時期の差がネックになります。

　このような現象を毎年感じます。そこで，上記の質問になるのですが「高等学校における教科間の連携などは考慮されているのでしょうか？」

（2018年 4 月11日，原文ママでの掲載許諾を得た）

　この質問を受けてからというもの，筆者は大学院の講義や研修会等でカリキュラム・マネジメントを扱う際，教科間連携の課題がどこにあるのか，他教科との調整が必要となる具体的な単元について，現職教員に必ず質問するようにしている。それに対して寄せられた回答を校種別に以下に記す（安藤・緩利，2020）。

【事例 1 ：小学校教員】

　小学校では，ほぼ一人の教師がすべての教科を教えることから教科間の連携で困るという事例は少ないです。むしろ，教科横断的，合科的な取組を考える（例：国語で大見出し，小見出しについて学ぶ＋社会科見学の新聞づくり，国語のインタビューの仕方＋総合学習で実践 etc）ことが小学校教員の醍醐味です（後略）。

【事例 2 ：中学校技術・家庭科教員】

　特に技・家の場合，理科等の関係（電気）もあり，理科の既習に合わせて，学習する時期を入れていました。

【事例 3 ：高等学校保健体育科教員】

　高等学校の「保健」と「家庭科」の教えているところがよく重なっています。「食事と健康」や「青年期・成年期・壮年期・老年期の健康」「結婚と出産」等々お互いにどこを教えているかなど話し合うこともなく，生徒が「同じところがテスト範囲で良かった…」等話しているから分かることも多いです。

（2018年 4 月17日，文意を損ねない修正を施した上で掲載許諾を得た）

【事例 4 ：高等学校地理歴史科教員】

　「日本史と古典」「生物と保健」「現代社会と家庭科」「世界史と外国語」など横断的な科目連携の可能性が考えられます。考慮は，全くされていないため，教員間のコミュニケーション次第になってます。

　どの授業がどのように進んで，生徒たちがどのような知識を備えているか，正直わかっている高校教員はいません。ほぼ，自分の高校時代の価値観（このくらいわかっているだろう？）や感覚で話しています。整理されることが生徒にとってはメリットが大きいのは確かだとは思いますが，そのコーディネートにひと肌脱いでやろうという教員は皆無だと思います。

【事例5：高等学校理科教員】

　数学と化学の授業のことですが，今，少し気になっているのは，「酸・塩基」のところの pH です。「化学基礎」で取扱う pH は数値のみでなぜ pH7 が中性，pH＜7 が酸性，pH＞7 が塩基性になるかは説明しません。理由は pH が対数計算で求めるものだからです。対数は，数学Bで扱うので「化学基礎」を1年生で履修するのであれば，絶対に無理です。ただ，化学基礎は文系へ進む生徒もセンターで利用する場合もあるのであまり深入りできません。

　〈事例1〉について，小学校では全教科担当を基本とするため，教科間連携をいかに図るかについての工夫は日常的なようである。上の事例のようなものに限らず，教科間で関連する内容の指導時期が多少異なっていたとしても，柔軟に配列を組み替えて調整しているという。たとえば，小学校4年次の算数と理科のグラフの扱いの例があるという。この場合も〈事例メール〉のように，算数よりも理科において，グラフが先に登場しているが，算数の指導順序を一部入れ替えて対応するようである。

　次に中学校に関する〈事例2〉について，技術・家庭科と理科との間の調整の様子が語られている。この教員によれば，以前は市内の教員で検討会を開催し，上記のような打ち合わせをしていたが，授業時数や履修内容の改正によって，近年ではこうした取り組みが難しくなっているという。また筆者の管見の限りではあるが，中学校の教員からは「教科間連携の困難さについては，あまり実感することはない」というように回答されることが比較的多く，中学校に

ついては，事例の蓄積を進めながら検討していくことが必要であろう。

　そして高等学校の事例である。先に記した〈事例メール〉も含めて，教科間連携について，内容の関連性や可能性，そして時期的なズレ等について言及されていた。とくに時期的なズレについては，〈事例メール〉と〈事例５〉に見られるように，理科と数学との間でより顕著な問題として存在しているのではないかと推測できる。〈事例メール〉は当該教科の多くの教員がうなずく有名な単元であるという（安藤，2016，69頁）。

　ところで，このような教科間の連携に関する考慮はどの程度，確保されているのであろうか。この点，教育課程編成の基準である学習指導要領の中身を確認しておこう。

　2018年に告示された高等学校学習指導要領では，「第１章　総則」の「第２款　教育課程の編成」で「２　教科等横断的な視点に立った資質・能力の育成」において，次のように記される（文部科学省，2018，５頁）。

(1)各学校においては，生徒の発達の段階を考慮し，言語能力，情報活用能力（情報モラルを含む。），問題発見・解決能力等の学習の基盤となる資質・能力を育成していくことができるよう，各教科・科目等の特質を生かし，教科等横断的な視点から教育課程の編成を図るものとする。

(2)各学校においては，生徒や学校，地域の実態及び生徒の発達の段階を考慮し，豊かな人生の実現や災害等を乗り越えて次代の社会を形成することに向けた現代的な諸課題に対応して求められる資質・能力を，教科等横断的な視点で育成していくことができるよう，各学校の特色を生かした教育課程の編成を図るものとする。

　また，同款「３　教育課程の編成における共通的事項」の「(5)各教科・科目等の内容等の取扱い」の「イ」および「(6)指導計画の作成に当たって配慮すべき事項」の「イ」でも次のように示されている（文部科学省，2018，13-14頁）。

(5)イ　第２章以下に示す各教科・科目及び特別活動の内容に掲げる事項の順序は，特に示す場合を除き，指導の順序を示すものではないので，学校においては，その取扱いについて適切な工夫を加えるものとする。

(6)イ　各教科・科目等について相互の関連を図り，系統的，発展的な指導ができる

　　ようにすること。

　今次改訂ではカリキュラム・マネジメントが謳われており，それを受けての記述ではないか，と考えられるかもしれないが，本節冒頭で記したように，こうした教科間連携についてはかねてから言及されてきた。とはいえ，先の事例のように高等学校において教科間連携，具体的に関連する単元の指導順序等をめぐる調整が困難化している。高等学校では「教科を開く」ことに関して，他校種と比して，理念と現実との間に大きな乖離が存在している。次節ではこの点を中心として，カリキュラム・マネジメントの実現に向けた方法を検討する。

4　カリキュラム・マネジメントの実現に向けて

（1）越境し共創する学びの可能性

　先にカリキュラム・マネジメントの課題として，教科間連携を取り上げた。この点について，安藤は「相関カリキュラム」が知の細分化を克服しうるとして，社会科と音楽科との横断的な内容を検討している（安藤，2016，72-74頁）。ここでは一歩踏み込んで，実際の中高一貫校で行われた「越境する学び」「共創する学び」の事例を紹介したい（青木，2018；緩利・青木，2018）。大学の研究者と学校との共同研究として行われた取り組みである Co-Creative Learning（通称：コクリ，以下，コクリと記す）は，子どもの学びを充実させるため，中等教育における「教科」「学年」「学級」の「壁」を越境し，つながって，創発的で，ともに楽しい学びを企図したものである。

　この実践の背景には，アクティブ・ラーニングが謳われる昨今において，「子どもの学びを問う前に教師はアクティブにプレイフルに学んでいるか？」（青木，2018）という疑問があったとされる。そこで開発型教員研修を模索する中で「多様な異質な他者と『創りながら』学ぶ」ことや「子どもの学びの場に『参加しながら』学び合う」ことがめざされた。学びの世界を教員一子どもという二者関係の中で限定的にとらえるのではなく，教員，研究者，NPO，企業などに拡大し，広範な関係性の中でともに学びを創り上げていくことで教育

表3-1　コクリの各セッション内容

キックオフ	食と聞いて思いつくことは？〜食の世界への誘い〜
セッション1	どこにどんな食料生産地域をつくると良いか？〜地域の農家をみんな幸せにする方法〜
セッション2	大好きなパスタは科学的に解明できるか？〜科学と料理のおいしい関係〜
セッション3	いい貿易って何だろう？〜コーヒーカップの向こう側〜
セッション4	千尋の両親はなぜ豚になったのか？〜ジブリアニメ『千と千尋の神隠し』より〜
セッション5	加工食品はどのようにしてつくられるか？〜企業努力の現場〜
最終セッション	食の世界はどこまで広がる？〜プロジェクトの成果発表〜

（出所）青木（2018）；緩利・青木（2018）をもとに筆者作成。

の質を高めていこうとするものである。最終的には「"草の根"カリキュラム・オープンイノベーションへの挑戦」をめざし，そこでは「ないものねだりではなく，あるものからのイノベーションへ」「学校が抱え込むのではなく，共に支え合うイノベーションへ」などが求められるという（緩利・青木，2018）。

　コクリの具体的な内容は次の通りである。子どもたちの生活を起点に構想され，「衣食住」のうち「食」をテーマにキックオフと5回のセッションから構成される。それぞれのセッションではそのトピックの専門家による講義が行われ，子どもたちの学びをファシリテートする形で学校の教員と研究者も参加した。各セッション内容を表3-1に示す。

　5回のセッションを終えたのち，最終セッションでのプロジェクト作成にうつる。興味関心を共有する生徒同士でグループをつくり，これまでのセッションを踏まえて，食に関わるプロジェクトのテーマを自分たちで決める。生徒にはプロジェクトの作り方や進め方の資料が提示されるものの，あくまでも自分たちで進めていく。個別のミーティングやリハーサルを通して，成果発表会を迎えることになる。成果発表会の内容を，次ページの図3-2として示す。

　コクリを受けた生徒たちの感想には次のようなものがあった。すなわち「今回のプロジェクトを通じて，食べ物を作る人，児童問題などさまざまな問題がある事が分かり，一つの食べ物，食材にはたくさんのストーリーがあるんだなと発見しました」と。ここから，生徒の中で分断されがちな各教科の内容が，

「食」をめぐる知の冒険に旅立とう！
～共創する学びへの招待～
Co-Creative Learning Presentation in

おいしいチョコが持つ健康パワーに注目。チョコメーカーの広報（愛する生体）はアピールします。「カカオポリフェノール」で血圧低下、善玉コレステロール値がアップ、さらには、「テオブロミン効果」で集中力・記憶力アップだと、その上「ちょっと待った」と、食品研究者。「実証実験の効果がどこまで信用できるか疑問」「人はチョコだけ食べて生きているのではないのだから・・・」と実験結果分析についてもう少し慎重になろうと提案する。さらに、ジャーナリストは甘いチョコの向こうに見えるビターな現状、児童労働の姿をスクープ。おいしいチョコとうまくつきあうために、私たちは何を心がければよいのだろう？

チョコとうまくつきあう方法
～チョコの向こうにみえるもの～

日本の食料自給率３８％、それなのに、年間６２１万トンの食品ロスが出ていると言われている。世界全体の食糧支援が３００万トンと言われる中、日本はその倍を廃棄している。フードロスを減らすためにできることをミニドラマで再現。
フードロスの実知調査の解説からスタート、続いて、フードロス削減に取り組む「無料スーパー」でのインタビューを再現。寄付された食品は開店から３０分で残品はなくなる程の人気。もったいない精神からも

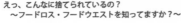

つ私たち、フードロスにフレンドリーになる方法を探して認識を続けたい。

えっ、こんなに捨てられているの？
～フードロス・フードウエストを知ってますか？～

新たな食べ物へのあくなき好奇心、そこにヒットしたのが「宇宙食」。食べてみなければ始まらないと科学技術館で試食。ザンネンな味の宇宙食を前に「おいしい宇宙食づくり」へのモチベーションがアップ。宇宙食についてのリサーチから、とろみ・粉末を出さない・一口大というポイントをつかみ、早速クッキングに挑戦するなかで、宇宙食が災害食や介護食としても活用できるというメリットに気づく。過密な実験スケジュールをこなすクルーたちにとって、食事が一番の楽しみだったということに食の原点を考えるヒントをもらった。

宇宙食、作って、食べてみた
～宇宙食は無限にひろがる～

エキシビジョン
江戸東京野菜を知っていますか？
～種はタイムカプセル～

おいしい日本茶を召し上がれ
～フレーバー日本茶への挑戦～

アイスでチョコにドリンクに、新たなフレーバーとして大人気の「ほうじ茶」売り上げは２００５年にくらべ１６倍のブーム。人気の秘密は謎ということで、ほうじ茶をはじめとする日本茶の魅力発見の旅をスタート。お茶の歴史・栽培される土地などに日々の噂好の変化を知る中で、日本緑茶を推す「おいしい日本茶」を提案したいと考え始め、チャレンジしたのが、フレーバー日本茶づくり。試飲の結果、日本茶×柑橘類の人気はダントツ。日本茶×夏みかん、ほうじ茶×グレープフルーツ、日本茶の新しい世界、いかがでしょうか？

その非常食、もっと、おいしくなりますよ
～サバイバル生活でも Idea が勝負～

地震・台風などの災害に備え、防災対策の一つとしての「非常食」とは、どのようなものであるか、実際に非常食を使っての献立づくりを通し考えてみた。「野菜不足」「冷たい」「塩分が浅い」等、問題点が浮上したことを受け、あるものだけを使って、いかに、問題解決をしていくかの具体的アイディアを考え実践を挑戦した。今ここにあるものを使って、豊かなサバイバル生活を可能にするために、非常食とのステキな付き合い方を模索したい。

未来食はユートピア or ディストピア？
～人にとって食事とは～

地球温暖化、人口増加が進む今、現在の食環境は数十年後には失われるかもしれないと言われる。そんなシナリオに対抗すべき食材として注目される培養肉・昆虫食・ミドリムシのうち、昆虫食にフォーカスしリサーチを開始。アミノ酸・脂質の栄養価が高く、安価なことからスーパーフードとしての可能性大と考え、昆虫を可視化しにくい状態にするために昆虫クッキーを作成し調査を行った。味は高評価であったが、昆虫ということでの拒否反応がおよそ8割。未来食アンケートの結果は、人にとって食とは何か？の問題を提示していた。

ニュースコクリのスタジオに勢ぞろいするのは、江戸東京野菜の専門店、そして、江戸東京野菜「大蔵ダイコン・亀戸ダイコンシスターズ」、江戸深川からの中継は食農キャスターと「うど」を愛した芭蕉、お江戸★クッキングの野菜ソムリエ。江戸の人の夢が詰まった「固定種」につまった江戸東京野菜の物語をニュースショーで教師チームがプレゼン。

図 3-2　コクリの各セッションの概要
（出所）青木（2018）；綬利・青木（2018）を2018年4月16日一部修正の上，掲載許諾を得た。

食を通すことによって，一定程度関連付けられたことがうかがえる。

　この実践の特徴は，「食」を中心として，教科を越境する学習が組織されている点である。セッションの内容と照らし合わせれば，国語科，社会科，数学科，理科，家庭科，外国語科（英語科）が関わっていた。先に指摘したような困難化しがちな教科間連携を克服する一つの方法であると言える。

（2）教員の主体性を重視したカリキュラムの開発

　先の〈事例4〉にもあったように，教科間連携の視点を有する教員がいながら，それが活性化しないのは，とくに高等学校の場合，大学受験に照準をあわせた指導計画の作成が重要視されている問題，そもそも他教科等に対して口を挟めないという教科主義の問題が，彼らに「できない」と思いこませてしまっているのではないだろうか。

　筆者は小中一貫教育のカリキュラム開発に携わった中学校の理科教員にインタビューをしたことがある。その教員いわく，最初はカリキュラムの開発に前向きになれなかったそうだが，参画しているうちに，「理科という教科のもつ系統性を理解した」ことに加え，前向きな考えを持つメンバーからの刺激を得て，「小中を一貫するカリキュラムの必要性を認識することに結びついた」と述べていた。その後，小学校でやっていること，中学校でやっていること，そしてそれぞれがめざそうとしていることに共通点のあることが分かり，であるなら，どうすればうまくいくのか，という点で進めていくことができたそうである。そして最後に，やりたいことは何だろう，一緒にやれることは何だろう，ということが重要であると，当時のことを振り返っていた。

　この中学校教員の経験は，教科間連携のカリキュラム開発とは事例を異にするけれども，それでもなお示唆的である。それは，子どもたちの現状に照らしながら，「一緒にやれることは何か」を模索するコミュニケーションと，そもそもそこに考えが至るような主体性，教員が「やりたいこと」「教えたいこと」を考え，そして多少でも実践することのできるような機会や場といった環境が整備されなければならないという点である。そのためにも検証の視点は数値に

依存したものだけであってはならないし，カリキュラム開発に参画するメンバーにも教員だけではない多様性が必要である。教育委員会や学校の管理職にはそれを担保するような条件整備が求められるだろう。

＊本稿は JSPS 科研費 JP16K04546，JP18K02345の助成を受けたものである。

 さらに学びたい人のための図書

末松裕基編（2016）『現代の学校を読み解く』春風社。
- ▶「現代の学校」の特徴と実態についての課題や可能性を，複数領域の教育学者と実践家が論じている。「これからの学校」を考える際の土台としたい。

東京大学教育学部カリキュラム・イノベーション研究会編（2015）『カリキュラム・イノベーション』東京大学出版会。
- ▶これからの学校における新しいカリキュラムの視点として，社会生活を視野に入れた学力形成などを取りあげており，コクリの理念と通底している。

引用・参考文献

青木幸子（2018）「Co-Creative Learning Session という試み」第4回現代教育研究所フォーラム（兼第11回昭和女子大学大学院人間教育学専攻フォーラム）配布資料（2018年2月17日，於：昭和女子大学）。

安藤福光（2016）「『教科書を教える学校』から『カリキュラムを開発する学校』へ」末松裕基編『現代の学校を読み解く』春風社，51-80頁。

安藤福光・緩利誠（2020）「高等学校におけるカリキュラム・マネジメントの実態に関する予備的検討――『越境による共創』を鍵概念とする探索的調査の設計と実施」『兵庫教育大学研究紀要』第56巻。

岩永雅也（2015）「日本型教育改革のゆくえ」小川正人・岩永雅也『日本の教育改革』放送大学教育振興会，232-244頁。

大桃俊行（2014）「公教育システムの改革と自治体発のカリキュラム改革」大桃俊行・押田貴久編著『教育現場に革新をもたらす自治体発カリキュラム改革』学事出版，8-16頁。

教育調査研究所（2016）『研究紀要第96号　小・中学校における「カリキュラム・マネジメント」の現状と今後の課題』。

国立教育政策研究所 web ページ「学習指導要領データベース」http://www.nier.go.jp/
　　guideline/（2018.4.13確認）。

篠原岳司（2016）「新しい学校と教師の学習」末松裕基編『現代の学校を読み解く』春風
　　社，81-112頁。

末松裕基（2012）「教育課程経営」篠原清昭編著『学校改善マネジメント』ミネルヴァ書
　　房，100-118頁。

大学評価学会（2011）『PDCA サイクル 3 つの誤読』晃洋書房。

中央教育審議会（2016）「幼稚園，小学校，中学校，高等学校及び特別支援学校の学習指
　　導要領等の改善及び必要な方策等について（答申）」（平成28年12月21日）。

中留武昭（2003）「カリキュラムマネジメントのデザインを創る」中留武昭・論文編集委
　　員会編『21世紀の学校改善』第一法規出版，146-164頁。

根津朋実（2009）「カリキュラム評価の理論と方法」田中統治・根津朋実編著『カリキュ
　　ラム評価入門』勁草書房，29-49頁。

文部科学省（2018）「高等学校学習指導要領」。

緩利誠・青木幸子（2018）「何が教師と生徒を『越境による共創』へと駆り立てるのか」
　　活動理論研究会当日配布資料（2018年 3 月11日，於：関西大学）。

第 4 章

学校を基盤としたカリキュラム開発

矢野裕俊

1　カリキュラムの開発

（1）カリキュラム開発への関心

　カリキュラムを開発するという発想が生まれてくるのは，20世紀前半のアメリカにおいてであるが，その根底には産業の発展によって引き起こされた社会の変化に教育がどのように対応するのか，という問題があった。人々の生活や価値観の変化とともに，ハイスクールへの進学率の増大に端的に表れた，教育の対象の広がりが，カリキュラムの開発を余儀なくしたということができる。カリキュラム開発の必要性が認識されるようになると，ではそれを誰が，どのように行うのかということが次に問題となる。「誰が」ということについては，学校の教員がまず想定されるのが当然だが，「どのように」ということについて，学校教育の世界に明快な示唆が与えられるのは，20世紀前半のタイラー（Tyler, R.）の登場によってであった。タイラーはシカゴ大学の教授であったが，教員養成課程の学生を対象とした授業科目のシラバスをベースにして，カリキュラム開発のプロセスを明確にするために，1949年に四つの基本的問題の提示によってまとめた。それは「タイラーの原理」として知られ，①学校はどのような教育目的の達成をめざすべきか，②これらの目的を達成することを見込んで，どのような教育的経験を提供することができるのか，③これらの教育的経験はどのようにして効果的に組織化することができるのか，④目的が達成されているかどうかをどのようにして決定することができるのか，というものであ

る（Tyler, 1949）。これは，目的，経験（内容），方法，評価という，カリキュ
ラムの四つの構成要素に対応しており，これらの構成要素の一つひとつを明確
にすることでカリキュラム開発が進められるという，明快で論理的な考え方で
あった。「タイラーの原理」がカリキュラム開発の「製造物モデル」（product
model）とか，工学的アプローチと呼ばれるのはそのためである。

　カリキュラム開発はそもそも学校において，教員による教育活動との関連に
おいて行われるものとして始まったのだが，現実にはそれぞれの学校の中で独
立的に，また自己完結的にカリキュラムが開発されるわけではなく，中央や地
方の教育行政機関，民間の教材開発会社など，学校から独立した「外部」で開
発されたものが学校に取り入れられる，ということもあった。とくに中央集権
的な教育行政が学校教育を強くコントロールするという慣行が一般的であった
国々では，カリキュラムは学校での教育活動が始まる前に，すでに「外部」で
ある国家機関によって用意されたものであり，教員自らが作り出すものではな
かった。

　教育を個人的な営みとしてとらえ，どのような教育をいつ，どのように与え
るのかに関わる権限を，子どもの養育に責務を持つ親に認めるという立場と，
教育を国民国家における国民の育成と統合を実現するための装置としてとらえ
る立場とでは，カリキュラム開発の考え方も，その方法も大きく異なったもの
になる。前者の考え方では，学校は個人の多様性を尊重しつつコミュニティの
次世代育成の営みとして位置付けられるが，後者では国家意思を実現する行為
が発現する場ということになる。もっとも現代世界の諸国で実際に行われてい
る教育は，両者の間の中間で，どちらか寄りに立って行われているものだが，
カリキュラム開発や，次に述べる SBCD や，そもそもカリキュラムという用
語自体の根底には，学校は親やコミュニティの付託を受けて，教える内容や方
法を選択しなければならないという考え方が横たわっている。

（2）「学校を基盤としたカリキュラム開発」の登場

　こうした考え方の普及において重要なきっかけの役割を果たしたのは，経済

協力開発機構（以下，OECD）の教育研究革新センターであり，同センターが1973年に「学校を基盤としたカリキュラム開発」（School-Based Curriculum Development，以下，SBCD）を提唱したことである。すでに述べたように，もとより学校を基盤としてカリキュラムを開発することは，アメリカやイギリスをはじめとして，中央集権的な教育行政の仕組みを持たず，教育をコミュニティの営みとして展開することを基本としてきた英語圏の諸国では早くから実践的に定着した慣行であった。カリキュラム研究というカリキュラムに対する学術的なアプローチが誕生したのも，そうした慣行とその中で蓄積されてきた教育実践に支えられてのことであった。

　このような SBCD という考え方が，中央集権的な教育行政・意思決定を基本としてきた諸国においても知られるようになったのは，上述の OECD の役割が大きく，我が国では OECD と文部省との共催によって「カリキュラム開発のための国際セミナー」が1974年に東京で開催されたことが大きなきっかけとなっている。そこで提唱された SBCD という考え方は，その後の日本におけるカリキュラムのあり方にも大きな影響を及ぼすことになる。

　そもそも SBCD という考え方は，OECD 教育研究革新センターの指導者としても活躍したスキルベック（Skilbeck, M.）の提唱によるものである。スキルベックの回想によれば，SBCD の考え方は1950年代末にすでに芽生えており，その源泉をたどれば，一つはロンドンにおける中等学校教員としての自身の経験であり，もう一つはオーストラリアの大学において大学院生として学んだ進歩主義教育の展開であったという。学校のカリキュラムをどのように決めるのかという，意思決定に関わる学校教員の問題意識と，学校ごとに自由な実践をさまざまに試みた進歩主義教育の遺産が結びついたところに SBCD が生まれたといえる。

　学校におけるカリキュラム開発はそれぞれの国で経験則として学校現場において共有されてきたが，20世紀末から今世紀初頭にかけて，国際的な学力比較が注目を浴びるようになり，先進国で国家の統一的なカリキュラム基準を設定しようとする動きが高まってきた。1988年にナショナル・カリキュラムを定め

たイギリスをはじめ，1990年代末から州スタンダードの設定が広がり，2010年代になると，共通コア州スタンダードという，全国統一のカリキュラムの普及を図ったアメリカなど，それまで SBCD をはぐくんだ国々でも，中央政府や教育職能団体によるカリキュラムの標準化と規制という問題に直面することとなった。我が国では，1958年以降，文部省告示のかたちで学習指導要領を国家基準として設定し，それに準拠して学校が教育課程を編成するという方法がとられているが，まさしくそれに似た状況が国際的にも広がってきているといえる。

　しかし我が国でも，1989（平成元）年の学習指導要領改訂以降，「各」学校が教育課程編成の主体であることが以前にも増して明確にされており，SBCDの考え方を見てとることができる。「総合的な学習の時間」はそれをいっそう強めている。

　なお現在，国際的に展開される教育改革の核心的問題の一つは，現代的な教育課題に取り組み，教育の質を高めるために，いかにして教師の指導力を向上させるのか，ということである。カリキュラム開発を担う主体である教師の役割に着目すれば，カリキュラム開発は学校における教師の協働によって進められる仕事であり，教師の専門的職能の向上が図られる舞台でもある。カリキュラム開発と教師の職能開発とは相互に密接に関連し合うものとしてとらえられるのである。

（3）カリキュラム開発と教師の専門性

　カリキュラム開発を学校において推進するという過程は，当然のことながらそれを担う教師とその専門性にも何らかの影響を及ぼすことになる。その過程が教師の専門性にもたらすものがあり，逆に教師の専門性はカリキュラム開発の実現を支えている。教師の専門性はとかく授業における指導力の問題として，狭く理解されがちであるが，何をいつ指導するのかという問題はカリキュラム開発に関わるものであり，それもまた教師の専門性を構成する重要な要素となるものである。カリキュラム開発と教師の専門性の関係は，教師の専門性によ

ってカリキュラム開発が進められ，カリキュラムを実際に開発することをとおして教師の専門性が高められていくという，相補的，相互促進的な関係にある。

　現代日本では教育課程の「編成」については，学校や教育行政の実務レベルにおいて久しく語られてきたが，「開発」という視点が注目されるようになったのはそれほど古いことではない。「編成」ではなく，新たに生み出すことを含意する「開発」ということばを用いる場合，教育課程開発とは言わずに，カリキュラム開発と呼ぶことにはどのような事情が介在しているのだろうか。また，日本ではカリキュラム開発がどのように理解され，取り組まれて今日に至っているのだろうか。こうした疑問に答える学術的知見は未だ十分には用意されていない。

　他方，教育課程編成であれ，カリキュラム開発であれ，それが学校で教育に携わる教師をはじめとした専門職者による営みであることに変わりはない。カリキュラムについて語る際の人々の関心は，まず教育（学習）の内容に向けられる。かつてタイラーはそれを教育的経験と呼んだが，それの適切な選択という問題がカリキュラムをめぐる言説の中心的なトピックであった。あとには選択した教育の内容をどのように配列・編成するのか，という課題が残るが，それがカリキュラムをつくる，ということであると考えられてきたのである。こうした発想には，新たな教材や人をも含む教育資源をどのように発掘し，あるいは創出するのか，教室に限らずさまざまな学習の場をどのようにデザインするのかといった，教師の専門性に関わることがらがカリキュラム開発において重要であるという視点が欠落している。カリキュラム開発はこうした教師の専門性が共同的に発揮されることによって進むものである。

2　カリキュラム・マネジメントと教師の専門性

（1）カリキュラム・マネジメント

　これまでのカリキュラム研究の中でも，新しい流れとして注目されるのは，カリキュラム・マネジメントに関するものである。田村知子他編著『カリキュ

ラムマネジメント・ハンドブック』（ぎょうせい，2016年）に代表されるカリキュラムマネジメント論がある。学校管理職者をはじめとするリーダーの役割に焦点を当てて，マネジメントサイクルによるカリキュラムの開発や改善を図ることが学校における重要な活動として考えられるようになっている。学校におけるカリキュラム・マネジメントは，管理職者やミドルリーダーを中心にした，学校全体による実務的な活動として考えられてきたが，実際のマネジメントのプロセスは，カリキュラム開発やその改善を進める過程を取り仕切るものであり，学校内の教師の潜在力の活用はもとより，保護者の教育への参画，地域の教育資源の効果的な活用などにより，子どもの学習をより充実させたり，深めたりする過程である。さらにそれは，そこに関与することによって管理職者や教師が専門性を高める過程ともなる。カリキュラム・マネジメントは，カリキュラムを変え，子どもを変え，教師を変えて，学校のパフォーマンスの最大化をめざす活動であると言い換えることができる。SBCD は，カリキュラム・マネジメントと結びついて，学校教育のパフォーマンスを高めるのである。

（2）「専門職資本」という視点

　カリキュラム開発に教師が参画する過程においては，教師の専門的な知見やリーダーシップなどの資質が発揮され，活用される中で教師の間で蓄積され自己増殖していく。また，それらはけっして一定不変の状態で存在するのではなく，教師間で共有され，交換されたり，移転したりもしている。その様は，「資本」が持つ性質にも似て，きわめて動態的かつ増殖的である。

　教師という職業集団にみられる専門性のこうした特徴は，すでにハーグリーブス（Hargreaves, A.）とフラン（Fullan, M.）によって「専門職資本」（Professional Capital）と呼ばれ，その概念化が試みられている。専門職資本とは，人的資本（Human Capital），社会関係資本（Social Capital），意思決定資本（Decisional Capital）の三つからなる統合的な資本であるとされ，新しい教育的課題に直面する現代の学校教育改革の推進力となるものと説明されている（Hargreaves & Fullan, 2012）。三つの資本は言い換えれば，①専門職の教育をと

おして身に付けた知識やスキル，②学校内での同僚や学校外の教師をはじめとする教育の専門家との職業上のつながり，③教師としての仕事を進めていくうえで絶えず求められる判断や，それに基づいて意思決定する力や仕組み，ということになる。カリキュラム開発はこうした三つの資本が介在し，それらが展開することによって支えられるのである。

　教師が持つべき人的資本（個人としての指導力）や学校が持つべき社会関係資本（チームとしての指導力）の重要性だけでなく，両者を結びつけ，それらを教育の質向上につなげていくためには，学校内での意思決定資本（判断し決定する力）が学校文化として組み込まれていなければならず，それが強固に機能することによって学校のパフォーマンスもまた高められる。個々の教員の高い指導力や，チームとしての学校の高い指導力の結果として，すぐれたカリキュラムが開発され実践された事例についてはこれまでにも注目を集めてきた。しかし，それがどのような意思決定の仕組みとプロセスによって成り立ったのか，という問題についてはほとんど注目されることがない。すぐれたカリキュラム開発とそれに基づく実践は，教師と学校の意思決定力に支えられてはじめて成り立つものなのである。

　日本におけるカリキュラム開発のこれまでと現在を，教師という専門職集団がもつ「資本」が果たす役割という観点からとらえ，学校に集積される「資本」の動態として描くこともできるであろう。それは，SBCD が学校と教師に何をもたらしたのかを，それに関わる教師の専門性との相互関係に注目して概括する試みであり，日本のこれまでのカリキュラム開発を事例に則して回顧的に検討することにつながる。そうした試みは本章の守備範囲を超えているが，学習指導要領という国家基準に基づいて展開されるカリキュラム開発が，各学校の教師によってどのように担われ，児童生徒の実際の学びに何をもたらしたのかを検証することはこれからの日本におけるカリキュラム開発のよりよいあり方を模索するためには避けて通れない。

　我が国における SBCD の一つの例としては，後にも述べるが，研究開発学校における事例が蓄積されてきた。これは，文部省（当時）が学習指導要領の

改訂のための資料を得る手だてとして，1976（昭和51）年に始まった研究開発学校の制度に基づくものであり，研究開発学校に指定された学校は，期間限定（通常は 3 年）で学習指導要領によらない教育課程の編成を認められている。そこでの研究開発と実践から得られた知見は，新しい教育課程や教育方法の創造や次期学習指導要領の改訂に生かすという趣旨のもので，こうした研究開発学校の制度は若干性格を変えながらも，現在もなお存続している。研究開発学校の経験は，日本における「学校を基盤としたカリキュラム開発」の具体例という観点から，もっと注目してもよいはずである。

（3）カリキュラム開発により高まる教師の専門性

　諸外国を見回すと，教育内容に関するスタンダードの設定や学力テストなどのアセスメントの導入によって教育の質保証を進めようとする動きが国際的な動向として展開されている。とくに，15歳の生徒の学力を読解力，数学的リテラシー，科学的リテラシーという三つのリテラシーの獲得状況としてとらえ，それを国際的に比較しようとする PISA は，OECD によって進められてきた，もっとも影響力を持つ学力調査のプロジェクトとなっている。PISA で測られる学力は，知識の量よりも，実際の生活で起こりうるさまざまな場面で限られた知識や技能をいかに効果的に活用することができるのか，という点で測ろうとするものであり，学校教育ではそうした学力を育てるための教師の指導が求められるようになる。PISA の導入は，たんなる学力アセスメントを超えて，現代社会の教育課題に応えるカリキュラムの開発を促すとともに，カリキュラムに即して教師の指導力を高めることを求めるものである。実際に PISA の影響力は日本にも及んでおり，PISA 型学力を育てる教育を進めるための教師の創意工夫を，各学校でそれぞれに追求するという状況を作り出している。こうした PISA 型学力を未来の学力としてそっくりそのまま承認するかどうかは別として，各学校の実情に合わせて，教師が集団として自らの教育的力量を高めることがかつてなく期待されているのである。

3　日本におけるカリキュラム開発

（1）日本のカリキュラム開発のこれまで

　日本の学校教育がカリキュラム開発と出合うのは，欧米における新教育運動の影響を受けた大正自由教育の時期を除けば，おおむね戦後教育改革以後のことだといえる。そこで戦後に限って，カリキュラム開発の展開において重要な画期となる出来事とその内容を概括的に示すと，表4-1のとおりである。

　SBCDの考え方は，1947年の最初の学習指導要領一般編（試案）にすでに見てとることができる。同文書には，次のようなくだりがある。

　「目標に達するためには，その骨組みに従いながらも，その地域の社会の特性や，学校の施設の実情やさらに児童の特性に応じて，それぞれの現場でそれらの事情にぴったりした内容を考え，その方法を工夫してこそよく行くのであって，ただあてがわれた型のとおりにやるのでは，かえって目的を達するに遠くなる」ものである。したがって，「直接に児童に接してその育成の任に当たる教師は，よくそれぞれの地域の社会の特性を見てとり，児童を知って，たえず教育の内容についても，方法についても工夫をこらして，これを適切なものにして，教育の目的を達するように努めなくてはなるまい」と述べている。

　教育では，型どおりの内容や方法を排し，地域社会の特性や学校の実情，児童の特性に応じて内容や方法を変えていくことが必要だと指摘され，学習指導要領は教師の指導のための「手引き」として生かされるものであると考えられていたのである。

　こうした教師の「手引き」という考え方は次の1951年の学習指導要領一般編（試案）改訂版にも受け継がれている。それは次のような記述からうかがえる。

　「各学校は，その地域の事情や，児童生徒の興味や能力や必要に応じて，それぞれの学校に最も適した学習指導の計画をもつべき」であり，「学習指導要領は，学校における指導計画を適切ならしめるために，これによい示唆を与えようとする考えから編修されたものである」と述べて，「教師は，学習指導要

表 4-1　日本におけるカリキュラム開発に関する主な出来事

時期	出来事	内　容
1947年	学習指導要領一般編（試案）	教師の創意工夫による，地域・学校・子どもに合ったカリキュラム
1951年	学習指導要領一般編（試案）改訂版	教科のみならず教科以外の活動も含めた教育課程の編成
1958年	小学校学習指導要領改訂	教育課程の国家基準として学習指導要領が文部省の告示に
1974年	カリキュラム開発に関する国際セミナー	「学校を基盤としたカリキュラム開発」という考え方の承認
1976年	研究開発学校制度の創設	学習指導要領によらない教育課程の研究開発
1989年	小学校学習指導要領の改訂	「各」学校における教育課程編成
	中学校学習指導要領の改訂	中学校における選択履修の幅の拡大
1998年	小学校（中学校）学習指導要領の改訂	「総合的な学習の時間」の創設
2002年	教育特区制度（構造改革特区研究開発学校）	小学校外国語活動
2008年	教育課程特例校制度の創設	学習指導要領によらない教育課程の開発

（出所）筆者作成。

　領を手びきとしながら，地域社会のいろいろな事情，その地域の児童や生徒の生活，あるいは学校の設備の状況などに照して，それらに応じてどうしたら最も適切な教育を進めていくことができるかについて，創意を生かし，くふうを重ねることがたいせつである」としている。

　ここには，それぞれの学校にもっとも適した教育計画はそれぞれの学校で異なるものであるはずであり，もっとも適切な教育を進めていくための教師の手引きとして学習指導要領があるという考え方が受け継がれている。

　学習指導要領の性格は1958年の改訂により転換が図られた。その総則には次のような記述がある。

　「各学校においては，教育基本法，学校教育法および同法施行規則，小学校学習指導要領，教育委員会規則等に示すところに従い，地域や学校の実態を考慮し，児童の発達段階や経験に即応して，適切な教育課程を編成するものとする」。

　教育課程の編成が地域や学校の実態，児童の発達段階に即したものとなるべきであるとされるとともに，何よりもまず法令に従って行われるものとされた。これにより，学習指導要領は国が設定した基準としての性格を持つことになっ

た。それ以降，学習指導要領の法令的なステイタスには変わりなく，今日もなお教育課程編成の基準としての性格を持つものとして示されている。国基準として示された学習指導要領に従って，各学校が教育課程を編成するという仕組みができあがっているのである。

　その後の変化は，1974年の OECD─文部省共催のセミナーの開催や，1976年の研究開発学校制度の創設による SBCD という考え方の承認，さらに1989年学習指導要領改訂による小学校教科「生活」の開設や，1998年学習指導要領改訂による「総合的な学習の時間」の創設によって，各学校が一部の教科あるいは教育課程領域の中でのことながら，独自にカリキュラム開発を行う余地を手に入れることになったのである。

　また，2002年に始まった教育特区制度やその後，2008年に制度化された教育課程特例校制度は，規制緩和の流れを受けて学習指導要領によらないカリキュラム開発を進める制度としての意味を持つものであった。

（2）研究開発学校制度

　日本における学校を基盤としたカリキュラム開発を考えるうえで注目したいことの一つは文部科学省の研究開発学校制度であり，もう一つは教育課程特例校制度である。まず研究開発学校について概観する。

　1976年に設けられた研究開発学校の制度は小学校，中学校，高等学校，中等教育学校，幼稚園および特別支援学校の教育課程の改善に資する実証的資料を得るためのものである。文部科学省の説明によれば，この制度は，学校における教育実践の中から提起されてくる教育上の課題や急激な社会の変化・発展に伴って生じた学校教育に対する多様な要請に対応するため，研究開発を行おうとする学校を「研究開発学校」として指定し，その学校には，学習指導要領で示された教育課程の基準によらない教育課程の編成・実施を認め，その実践研究を通して新しい教育課程・指導方法を開発していこうとするものである。

　国や教育委員会において，一部の学校に委託する形で従来から行われてきた制度に，教育課程研究指定校がある。これは国が定める教育課程の基準に則っ

表 4-2　学習指導要領の改訂等との関連でみた研究開発課題

年	地域・学校	研究開発課題
1976～78年	香川県坂出市	小学校における教科「生活」
1990～92年	兵庫教育大学教育学部附属中学校	「総合的な学習の時間」
2003～08年	千葉県成田市	小学校における「外国語活動」
2012～14年	埼玉県深谷市	小中一貫教育

(出所) 筆者作成。

て，教育課程の改善のための研究を進める仕組みであり，研究指定校の研究成果は，広く一般の学校での教育課程編成においてモデルとなったり，ヒントを提供することによって生かされている。こうした研究指定校とは違って，教育課程の基準そのものの改善を視野に入れて，現行の基準によらない試みを研究開発によってあらかじめ実践し，その成果を検証するという必要から研究開発学校の制度が始められている。

　研究開発学校制度は，2000（平成12）年に制度変更が行われ，各学校や地域の創意工夫をよりいっそう生かすという趣旨から，それまでの，文部省が研究課題を定めた上で都道府県教育委員会等に学校の推薦を依頼するという方式を改め，教育委員会など学校の管理機関が主体的に研究開発課題を設定し，文部科学省（2001年から）に申請するという形をとることとなった。

　これまでの研究開発学校での取り組みのうち，教育課程の基準である学習指導要領の改訂に関連する主な研究開発を列挙すると，表 4-2 のとおりである。

　これらは，研究開発学校での実践研究の成果が教育課程の基準（学習指導要領）の改訂に関連するほんの一例であるが，小学校での教科生活，総合的な学習の時間，小学校での外国語活動（外国語教育），小中一貫教育については，この他にもいくつかの研究開発学校の研究成果が生かされている。とくに小学校外国語教育に関わる研究開発は多くの地域，学校で取り組まれてきた。

　こうした研究開発学校の経験は，それを受託した学校にとっては，カリキュラム開発をとおして研究開発の力を蓄積する機会となるものである。そうした学校の中には，研究開発学校の指定を外れた後も，また研究開発を担った教師が人事異動等によりその顔ぶれが変わってもなお，日本のカリキュラム開発に

おいて大きな影響力を持っている学校もみられる。

（3）教育課程特例校

　研究開発学校とともに，国主導のもう一つのカリキュラム開発の制度が教育課程特例校である。これは，文部科学大臣が指定した学校が学習指導要領等によらない教育課程を編成して実施することを認める制度である。文部科学省は，小学校，中学校，義務教育学校，高等学校，中等教育学校および特別支援学校において，各学校または当該学校が設置されている地域の実態に照らし，より効果的な教育を実施するため，当該学校または当該地域の特色を生かした特別の教育課程を編成して教育を実施する必要等が認められる場合に，法令に基づいて特別の教育課程を編成して教育を実施することができる学校を指定する。これは2003（平成15）年度より「構造改革特別区域研究開発学校」制度として始まり，2008（平成20）年度より「教育課程特例校」制度として運用されている。

　教育課程特例校といえども，いくつかの要件を満たすことが求められており，そのうちの重要な一つは，「学習指導要領等において全ての児童又は生徒に履修させる内容として定められている内容事項が，特別の教育課程において適切に取り扱われていること」である。すなわち，学習指導要領等によらないとは言いつつ，すべての児童生徒に履修させる内容として定められている内容事項を教育課程から除外することはできない，ということである。いわば，内容事項を追加するという部分で教育課程の特例，すなわち特別の教育課程を編成する，というのが教育課程特例校である。

　教育課程特例校の指定の状況は，指定件数：318件，指定学校数：3182校（2017年4月現在）である。それらの主な取り組みは次の三つに大別される（「教育課程特例校について」https://www.mext.go.jp/component/a_menu/education/detail/_icsFiles/afieldfile/2017/05/15/1284970_001.pdf）。

　①小学校低・中学年からの英語教育の実施（233件，2392校）

　「生活科」や「総合的な学習の時間」等の一部を組み替え，「英語科」や「外国語活動」等を導入。

②「ことば」に関する取り組み（24件，670校）

　日本の言語や文化に親しむことにより，日本語の持つ美しさや日本人が持っている感性，情緒を養ったり，論理的な思考力，表現力を育成したりする取り組み。

③ふるさとや郷土に関する取り組み（33件，309校）

　ふるさとの自然や歴史，文化等を学習することにより，ふるさとを愛し，誇りに思う心をはぐくむための取り組み。

　その他にも，大阪教育大学附属池田小学校で，「生活」「総合的な学習の時間」「特別活動」の一部を組み替えて，教科「安全科」を実施するという試みや，尼崎市教育委員会による，小学校3，4年で，「算数」「総合的な学習の時間」の一部を組み替えて，「計算科」を実施する例などがある。

　これらのうちでもっとも多いのは小学校の低・中学年における英語教育である。こうした現状には，教育課程特例校という制度が，学校を基盤としたカリキュラム開発の多様な展開を促すというよりも，地域で定められた教育方針に従って特定の教育課題を先取り的に実施するための制度となっている実態を垣間見ることができる。複数の学校を含む地域が教育課程特例校のステイタスを得て，「特別な教育課程」を研究開発する例が多いのはそのためである。

4　日本における SBCD とこれから

（1）いわゆる「日本型 SBCD」

　日本では，各学校が教育課程編成の主体であるとされており，その意味では SBCD という考え方に拠って立っているといえる。しかしながら他方において，教育課程の国家基準として学習指導要領の定めがあり，それに則って教育課程を編成することが各学校に求められている。また，各学校と国（文部科学省）の間で，地方教育委員会が独自に教育課程基準を設定する場合もあり，そうした基準に基づいて各学校が行うカリキュラム開発は，大きな制約を受けることは避けられない。日本における SBCD は，そうした制約の中で展開されてい

るのである。

　また，研究開発学校や教育課程特例校など，教育課程の基準が持つ制約から離れてカリキュラム開発に取り組む場合でも，開発課題に一定の傾向や特徴が見られ，国や教育委員会から与えられた開発課題に取り組む，というかたちをとっている例が少なくない。その中で，教育委員会が取り組むカリキュラム開発は「自治体独自のカリキュラム開発」と呼ばれている（押田他，2013）。各学校がそれぞれに置かれた地域の実態や児童生徒の実態に合わせて独自に開発課題を設定してカリキュラム開発に取り組むという例は，今なお少ないように思われる。与えられた開発課題に取り組むという状況は，日本型 SBCD と名付けられたりしている（根津，2012）。

　各学校がカリキュラム開発の全権委任を与えられても，開発を支える条件が整備されていなければ，学校としては大きな負担を負わされるという実感以上のものを持ちえない。SBCD を進めるには，各学校の取り組みを支援する仕組みが国や自治体，さらには民間のレベルでも作られていなければならない。そうした仕組みによって得られる情報と資源が，各学校の教師の研究的土壌と結びついてはじめて SBCD が実現するのである。

　一方における SBCD という考え方の承認と，他方における学習指導要領という国設定の基準による規制。現代日本のカリキュラム開発は，この二つを極として行われている。後者では，各教科の目標，学年ごとの内容，指導上の留意事項，標準授業時数が定められているが，総合的な学習の時間や特別活動のように，目標，指導計画の作成とその取り扱いだけが定められ，実際の内容については各学校の裁量に委ねるという，自由度の高い教育課程領域もある。学校を基盤としたカリキュラム開発はそうした自由度の高い教育課程領域を中心に行われてきた。

（2）人間教育につながるカリキュラム開発の展望

　現代の日本では，学校教育に託された課題は非常に大きくなっている。学校教育には，知識や技能を身に付けさせることに加えて，思考力・判断力・表現

力，さらには課題解決力を育てることが期待されている。加えて，「生きる力」として提示されているものの中には，学力だけでなく，豊かな心と健やかな身体までもが含まれる。

　他方，全国学力・学習状況調査の結果が都道府県別だけでなく，市や町別にも公表されるようになり，学力向上への各学校の取り組みはいっそう熱のこもったものとなってきている。その中では，家庭での学習時間を長くするための方策も考えられてきた。

　このように，学力向上への取り組みを進めることが各学校の至上命題となっており，しかも学力に新たな要素も付け加えられている。さらに学力を超えて，環境教育や防災教育などの教育課題に取り組むことや，「生きる力」という包括的な力の育成をも担うことが各学校に期待されている現在，SBCD の視点はこれまで以上に重要性を帯びるものとなっている。限られた授業時数の中で，こうした期待の増大に応えるためには，さまざまな教育課程領域や教育活動をいかに精選しつつ，相互に関連付けるのかということがカリキュラムの基本問題として重要になるからである。

　日本の教師たちは，学習指導要領で定められた基準に従いつつ，また国際的に共有化されてきた新しい学力像の影響力をも受け止めつつ，地域，学校，児童生徒の実態や特性に合わせたカリキュラムを実現するために，学校を基盤としてカリキュラム開発を進めてきた。その中で形成され蓄積されてきた実践的な研究開発のエートスは日本に固有のカリキュラム開発の文化とも呼べるような内実を持つに至っている。そうしたエートスが，教育課程特例校制度のように自由裁量を大きくする新たな条件の中で今後どのように展開していくのか，SBCD は新しい局面を迎えているといえる。

　人間教育は人間的な成長・成熟をめざす教育である。一方において現実社会への適応を促しつつ，他方では人間的な価値の実現を進めるという，人間教育への志向性を基本に据えるということは，今日の世界の文脈に即していえば，思考力・判断力・表現力の育成など，グローバル化する現代社会における共通の教育課題を受け止めると同時に，時代の変化に翻弄されずに豊かな人間性を

育てるという全人的なアプローチを，地域，学校，児童生徒のローカルな固有性の文脈のなかにおいて進めていくことが求められているのである。

 さらに学びたい人のための図書

佐藤学（1990）『米国カリキュラム改造史研究——単元学習の創造』東京大学出版会。

▶日本でも広く定着している単元学習がアメリカ合衆国で生まれ，定着する過程を明らかにした書であり，カリキュラム開発の歴史の一端を知るのに役立つ。

山口満編著（2001）『現代カリキュラム研究——学校におけるカリキュラム開発の課題と方法』学文社。

▶カリキュラム開発についてその理論と方法をはじめ，さまざまなトピックが多数のカリキュラム研究者によって取り上げられている。

引用・参考文献

押田貴久・仲田康一・大桃敏行（2013）「寄稿論文　自治体独自のカリキュラム開発——教育課程特例校に焦点を当てて」『東京大学大学院教育学研究科附属学校教育高度化センター年報2012』。

田村知子他編著（2016）『カリキュラムマネジメント・ハンドブック』ぎょうせい。

根津朋美（2012）「カリキュラム開発」篠原清昭編著『学校改善マネジメント』ミネルヴァ書房，180-195頁。

ハーグリーブス，A.／木村優・篠原岳司・秋田喜代美監訳（2015）『知識社会の学校と教師』金子書房。

文部省（1951）『学習指導要領一般編（試案）』（1951年改訂版）。

山口満（1998）「学校におけるカリキュラム開発の仕組みを変える（教育課程の改善と学校の対応）」『教育展望』44(2)。

Hargreaves, A. & Fullan, M. (2012) *Professional Capital: Transforming Teaching in Every School*, Teachers College, Columbia University.

Hewit, D. & Tarrant, S. (2015) *Innovative Teaching and Learning in Primary Schools*, SAGE Publication.

Tyler, R. (1949) *Basic Principles of Curriculum and Instruction*, Chicago: The University of Chicago Press.

第 **5** 章

学力を育てる学校とカリキュラムづくり
―― 「深さ」を問い直す ――

菊地栄治

> 「僕は，すべての人がおたがいによい友だちであるような，そういう世の中が来なければいけないと思います。人類は今まで進歩して来たのですから，きっと今にそういう世の中に行きつくだろうと思います。そして僕は，それに役立つような人間になりたいと思います。」（吉野源三郎〔1937・1982〕『君たちはどう生きるか』岩波文庫，298頁）

1　学力を語る前に
―― 人間と社会の「限界性」を問う ――

　この国はまたおなじみの熱病に侵されようとしている。書店には，○○教育入門書やポップな教師向け自己啓発本とならんで，「新学習指導要領対応」を声高に謳う指導マニュアルの類があふれている。不安にかられた熱心な教師たちが右往左往させられている姿が目に浮かぶ。この伝統的な病は，子どもたちをも巻き込み蝕んでいく。じつはそもそもの思考や意思決定のスタイルそのものに根本的な原因があるのではないか。

　たとえば，「バックキャスト」と「フォアキャスト」という二つの政策形成モデルをイメージしてみたい（小澤，2006）。北欧社会等では通常，まず歴史を深く理解し，哲学を研ぎ澄まし，ビジョン（＝将来のあるべき社会の姿）を明確にイメージし共有する。その上で，ビジョンを実現する合理的な手立てを絞り込んでいくという「バックキャスト」型の政策形成の回路が成り立っている。これに対して，わが国では社会像は「将来あり得る社会の姿」として曖昧なままにされ，不安にかられてあれもこれも手を出して自縄自縛になる。この「フ

ォアキャスト」的手法は問題を先送りにし，不安にかられた迷える当事者を著しく疲弊させるきわめて非効率的なやり方である。この政策形成の特徴は，人々の思考パターンにも投影され，かれらを「バックキャスト」型の可能性に気づけないまま奔走させる。

　学力をめぐっても私たちは繰り返し同じ罠に陥っている。学力をめぐる根本的な問いが深められないままに，教師たちは走らされてしまう。では，いま私たちは何を問うべきなのだろうか。端的に言って不可欠なのは，人間と社会の根源的な特徴についての問いである。ここではこれを「限界性」と呼んでおく。

　まず，近代は人間を「考える主体」として玉座に据えることで，世界の見え方を根本から変えていった。絵画の遠近法がそうであるように，見る主体を意識した「正しい唯一の視点」を普及させ，多様な見え方を捨象していった。科学的・合理的思考もまたこの世界観の転換を基盤にしている。しかし皮肉なことに，人間の「限界性」は忘れ去られ，始末に負えない思い上がりが生み出されていく。もし私たちが「分からなさ」「できなさ」など人間にとって本質的な「限界性」を中心に据えれば，世界の見え方や社会の編成のされ方は根本から変わってくる。「すべての人間にあてはまる直線的な成長の物語がある」，「どのような場合にも能力は客観的に測定可能である」といったことも近代的思考が私たちにかけた「呪い」であり，それ自体が人々の生きにくさをもたらしていることに気づく必要がある。「国の審議会でも知識基盤社会を意識して，『答えのない問いと向き合う』時代を迎えようとしていると指摘しているではないか」と反論されるかもしれない。しかし，後述するように，既存の社会システム（比較的安定した社会のありようなど）を無批判に是とする場合には，「限定性」に気づくどころか，要求の「無限定性」をもたらすことになる。学力の「人間化」を語る際に，依って立つ人間観を社会のありように照らしながら注意深く吟味しなければ，息苦しく抑圧的な社会を乗り越えることなどできない。人間の「限界性」は，教育そのものが一元的な「望ましさ」を想定しがちな営みであるがゆえによくよく留意しなければならない。

　もう一つは，社会の「限界性」である。たとえば，輝かしい技術革新が私た

ちに便利さをもたらし，人間の寿命を引き延ばすことなど多大な貢献をしてきたことは否定できない。とりわけ近代の知によって多方面に「社会進化」が実現してきたのであるから，これまでのものの見方や考え方の延長線上にこそ幸せな未来が約束されている……そう考える誘惑にかられる。しかし，森岡正博が指摘するように，快の追求に伴う人間の家畜化と無痛文明の到来はまさに「文明の進歩」と表裏をなしている（森岡，2003）。SNS などの情報技術の進展に伴う人間のコミュニケーション様式や身体性・関係性の変質もまた果実だけをもたらしているわけではない。グローバル化社会の到来が，より不寛容な管理社会や排他的なナショナリズム・自民族中心主義を生み出しているという現実もある。つまり，さまざまな利害が複雑に絡み合っていることも含めて，「正しい社会」なるものを無条件に想定することなどできない。したがって，たんにいまある社会への適応の促進のみを教育に求め，想定される社会に都合のよい単純な学力形成のみをもってよしとすることで致命的な過ちをもたらす危険性を孕むことになる。複雑な社会を想定して完全な教育システムをデザインするのではなく，そもそも人間の「限界性」を踏まえないまま想定される社会もまた「限界性」を抱えていることを認識しておかなければならない。

　人間と社会（あるいは，媒介項としての「制度」）の「限界性」への着眼がもっとも重要であるという指摘は，これまでも間接的に多くの先達によってなされてきたところである。しかし，個別の学問が発展し細分化し道具化するにつれて，公教育の中でこうした視点がまともに議論されなくなる。往々にして，日常世界の現実そのものに目を向け，学びの主体たる生徒の「生の全体性」に何が起こるのかを冷静かつ俯瞰的に考察することが等閑視される。社会がシステム化され内面支配が徹底されると，私たちはシステムそれ自体を支える「前提」を鵜呑みにし，無意識に支配に甘んじ，個人を操作する立場に執着していく。公教育は，視野の狭い哲学なき研究，飽くなき成長を求める経済，消費主義に踊らされた教育ニーズが都合よく共犯するような国家の道具となってはならない。

　以下では，人間と社会の「限界性」という新たな切り口で，いま語られてい

る学力論の本質を見極め，それぞれの場において少しでも意味のあるカリキュラムづくりがなされる可能性を探ってみたい。

2　学力論の呪縛
—— 個体能力論 ——

　これまでの国レベルの学力論議も，「不易と流行」を意識しつつ，経験主義と本質主義の間をゆるやかに揺れ動いてきた。もちろん，各教科における教育内容の開発や授業実践は，自治体を含めた教育団体や個々の学校・教員レベルできわめて丁寧になされてきた。教員の主体的な取り組みや実践者の学び合いが，この国の公教育を豊かに発展させる上で重要な貢献をしてきたことは間違いない。この点で日本の初等中等教育は未来に受け継ぐべき質（公的知的財産）を生み出してきたといってよい。

　しかし，現実には，小さな政府を指向する新たな国家主義を唱える政治的な潮流が，アングロサクソン文化圏を中心にこの世界を覆い始めている。これは同時に，グローバル社会における国家間の経済競争の幕開けを暗示するものであった。学力をめぐってグローバル・スタンダードなるものが強く意識され始めてきた時期に学力低下をめぐる議論が起こったことも偶然ではない。

（1）学力論争と「縮小期」の教育改革
　学力低下論がこうした歴史的文脈の中で発生してきたことを見落とすことはできない。とはいえ，表向き目立ったのは，大学教育関係者の期待する学力からのズレが学力低下論の直接的な契機であったという点である。論争の出発点は，主に経済学や理数系を典型とする学問領域にあった（岡部他，1999）。たとえば，経済学に必要な数学的知識を高校できちんと習得させないまま大学に送り込むことへの厳しい批判があった。この論争の際に「旧学力側」＝（高校教育の）批判者たちが想定していた学力は，あらかじめ想定される答えをいかに正確に導き出せるかというものであった。高校教育に期待された役割は，それ

ぞれの学問に必要な基礎知識を確実に習得させることであり，学力低下論はそ
れが実現されていないことへの苛立ちの表出に他ならなかった。その意味では，
教師側が一方向的に学びを構成し，正解のある問いに生徒を向き合わせるオー
ソドックスな学習スタイルの理解にとどまっていたといってよい。そこでは，
いかに正しい思考プロセスを経て，正しい解答に到達するかが問題とされた。
関心はもっぱら「唯一の正解に到達する思考法をどのように効果的に教える
か」に集中していたのである。技術革新への適応様式が比較的安定的に予測で
き，そのために着実に教え込むことで済むと考えられていた時代の産物である。
したがって，新たに導入された「総合的な学習の時間」は，これらの伝統的な
教科学習の充実にとってプラスにならないどころか障害物であるかのごとくと
らえられ，旧態依然たる意識がまかり通ることになった。

　やがて1990年代の後半になると，学力低下論に教育社会学の知見が加えられ
る。学力の水準だけではなく，学力の格差の深刻さについて問題提起がなされ
るようになった（たとえば，山内・原，2010）。「学力の分極化」現象が早くから
指摘され，社会階層との関連が示され，いかにして学力の底上げを図っていけ
ばよいかを考えるという流れになる。これは「学校の有効性」（school effective-
ness）研究の系譜を引き継ぐものでもあるが，日本においてはもともと同和教
育・人権教育の実践における「学力保障」という考え方に類似的関心の萌芽を
見出すことができる（志水，2008など）。しかるに，これが学力格差論という文
脈に移しこまれるとき，ある種の一元的学力論と実体論，そして，学力の技術
的機能主義（学力は個人が技術を身に付け社会適応するために必要なのであり，こ
れは合理的な説明であるという前提）が見え隠れしてくる。研究者の意図とは無
関係に，たとえば，百マス計算などのドリル学習も必要とあればこれを徹底的
にトレーニングさせるという発想に行きつくことになっても不思議ではない。
学力格差の縮小に資する諸要因が析出され，究極的には「社会関係資本」（so-
cial capital）さえも学力形成の手段として位置付けられ，既存の分析モデルに
組み込まれることになるのである。この論理に立つ限り，徹底した学力向上運
動に絡め取られる動きにもつながってしまうことに私たちは自覚的でなければ

ならない。教育社会学研究は，概して学力テストの悉皆調査等の諸制度には批判的でありながらも，オルタナティブな学び自体を提示するには至らなかったといってよい。

他方で，こうしたいわば学力の「生産函数モデル」（インプット＝アウトプットモデル）に基づく研究は，全国学力テストの実施と結果の公表，さらには「学校選択制」の導入という制度改革の中でより強化された。学びについてのきわめて単純化された考え方を全国に流布させ，人々を思考停止にさせることの一端を担ったといっても言い過ぎではないであろう。都市部を中心に展開された学校選択制は，点数化された学力の水準が教育の質を表すものと単純にとらえられ，学力テストの結果等を踏まえて保護者がまるで商品を選ぶ消費者のように「学校＝パッケージ商品」を選ぶという性向を助長していったのである。

学力低下論とその後の教育改革も含めて，1990年代後半以降のいわゆる「縮小期の改革」は，①新自由主義・②新保守主義・③形式主義・④功利主義の4つを編成原理としており，それらを串刺しするメタ原理としての，⑤父権主義の五つに集約できる。それぞれについて少し具体的に概括すれば，①市場原理に委ねることで競争を促し「教育サービス」を向上させ，生み出された価値でセーフティネットを張りめぐらすことができるという神話，②グローバル経済競争の中で諸個人の分断状況に対応するために国家等への帰属意識や一体感を培うための教育等による再統合が必要であるという神話，③目標と手段は完全に分離され政治主導で決定されたことを粛々と実行することをよしとする官僚制に典型的な心性をめぐる神話，④「最大多数の最大幸福」に見られるように功利の総量を最大化することが人々の幸福につながり個人の権利を制限することは妥当性を持つという神話，⑤権利主体＝個人を超えた次元で決定されることに従属することを無批判に是とするような①～④を包括する共通神話，ということになる。

これらの変化について判断停止を怠らず，教育研究者自身が学力の内実を「深く」問うことが不可欠であるが，必ずしも十分には掘り下げられてこなかった。この時期以降の政策に「利用」された研究の中で影響力が大きかったの

は，ある種の認知心理学・発達心理学であった。グローバル化経済と知識基盤社会の先行きを見通しつつ台頭してきたアクティブ・ラーニングに代表される探究・活用型の学習が典型である。「総合的な学習の時間」とは異なり，各教科に分断されつつも改革の遂行が比較的抵抗なくなされること，そして，大学入試改革も視野に入れ，大学教育の成果さえも経済価値で測定できるという「思い込み」によって，一貫した改革をイメージさせつつある。

　こうした改革のコアに位置付く新学習指導要領は，三つの大きな問題提起を行っているように見える。第一に，知識基盤社会における教育の在り方との関連で学力を問い直していること，第二に，学びの照準を教師の視点から学習者の視点に移動させているということ，第三に学力の文脈（状況）依存的特質に着眼しているということである。そこには，AIなどの技術革新が予想される時代において，これまでの学力観から根本的な転換を図らなくてはいけないという危機意識がある。その背景をなしているのは，グローバルな競争社会での経済的生き残りへのこだわりである。

　新学習指導要領は，学力の三要素を提起しているものの，その内実はある種の偏りを示している。これまでの我が国の学力政策と同様の限界である。もっとも中心をなしているのが，「強さ」「できること」を個人に追求させることを旨とする徹底した「個体能力論」である。じつは，早くも1990年代の半ばに夥しい発達研究がなされ教育の世界にもじわじわと影響を及ぼしてきた。そんな時代に，発達研究が進めば進むほど子どもたちが生きにくい社会になっているのはなぜかという重要な問いを立てた発達心理学者がいた。浜田寿美男である（浜田，1995）。

（2）イデオロギー／ヘゲモニーとしての個体能力論

　浜田は，発達心理学者の境界を果敢に越え出ていく。しかし，たんなるトリックスターとしてではなく，人間の「限界性」をじつに深くとらえ直している。まさに1990年代以降に強まっていくまなざしを予見するかのように，時代に警鐘を鳴らしているのである。従来の発達的見方がいかにすばらしいかに酔いし

れるのではなく，発達心理学に何ができ何ができないかを誠実かつ冷静に見極める。その過程でさまざまなオルタナティブを提示する。

　「個体を単位として切り出す視点に対しては，類（ないし共同体）の視点，第三者的な時計的時間に対しては，人がその只中を生きる時間性，変化に対しては，その根元にある不変項，構造的な変化への着目に対しては，その構造を具体的に肉づけする生活（そこには多分に偶発性・一時性がつきまとう）への着目，完態へと進む方向性の視点に対しては，むしろその出発点たる零からの視点」（浜田，1993，59頁）

　私たち自身が発達研究の権力性から解き放たれることが不可欠であり，このことが一人一人の生の尊厳を確保することにつながることを意味している。しかも浜田は，これが社会の「限界性」とも結びついており，私たちの意識の中に当然のこととして埋め込まれていく危険性にも目配りをしている。

　「私たちはただひたすら認知能力をみがき，自分の商品価値を高めるために生きているのではありません。そして何より，人は，一人ひとりの個体でしかないにしても，ただ一個の人間として生きているのではありません。人はまさに関係のなかに，（むろん単なる商品交換の関係ではなく），人とともにいるのです」（浜田，1993，120頁）。

　まさに，人間の「限界性」にきちんと向き合わないまま，個体能力論はさらにきわめて大きな影響力を持って子どもたちの生活に浸透していく。「答えのない問い」と言いながら，国が統一的な学力テストの制度化に躍起になっているように，一連の改革は決して多様で主体的な見方に対する寛容さをもたらすものではない。「深さ」と言いながらも，それは問いを発する文脈には依存せずメタレベルでの正解をとことん求めているようにも見える。今次の一連の改訂の中で，むしろ教科の構造を正しくなぞり，かつ，新たな教科中心主義とシステム化された知へと回収されていく傾向が強まっていくのではないか。それは，かつて M. W. アップル（Apple, M. W.）等が問うてきたカリキュラムの政治的中立性の問題にも通じる（アップル，1986など）。あたかも小さな声がかき消されていく時代の序奏のようにも聴こえる。

3　学力論・発達論の偏りの置き土産

　ここまで述べた根本的限界としての個体能力論は，人間の「限界性」と社会の「限界性」を切り捨てる昨今の傾向を象徴している。この点は，いま学校現場で起こっている異質な声が響き合う「交響圏＝公共圏」の劣化状況とも相通じている。

　二つの例を身近な変化として挙げておきたい。典型的な現象として，まず挙げられるのが，2000年代に入ってからの異常なまでの発達障害の医療モデルの普及と「特別支援学級」の増加である。

（1）象徴としての「特別支援学級」の急増

　図 5-1 に示すように，発達障害という医療化カテゴリーが構築され，2001年に「特別支援教育」という呼称が導入されるとともに特別支援学級在籍率が増大し始める。2006年に学校教育法が改正され特別支援学校が制度化され，2008年に文部科学省の調査研究協力者会議が発足したのを契機に学級数・在籍者数の増加に拍車がかかる。2001年度には 2 万7711学級であった特別支援学級が2016年度には 5 万7228学級にまで増加している（小・中の総計）。わずか15年で 2 倍である。児童生徒数でみると上昇カーブはもっと鋭い。「縮小期」を迎えている日本において，これほどまで増加していることは異様でさえある。

　この背景には，インクルーシブ教育に対する歪んだ日本的解釈がある。サマランカ宣言で謳われているインクルージョンが，残念ながら矮小化された形で（インクルーシブ教育システムとして）変質されている。ここには，インクルーシブな社会からの「バックキャスト」的発想などない。このことは，貴重なインクルーシブな学校づくりの実践例としての大阪市立大空小学校の取り組みと比較するときわめてリアルに認識できる（木村，2015参照）。しかし多くのインクルーシブ教育システムの取り組みは，むしろ個体能力論に引きずられたまま，当事者の不安を煽りつつ埋め合わせ的・弥縫策的な現実対応として展開さ

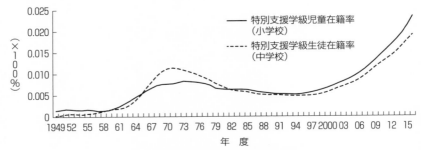

図5-1　特別支援学級在籍児童生徒比の推移
（出所）文部科学省初等中等教育局特別支援教育課『特別支援教育資料（平成28年度）』2017年6月，より作成。

れている。脳科学等の諸研究によって個体能力論を強化することで，社会の側の寛容さの問題としてとらえる可能性を消し去っていく。一方では合理的配慮の義務付けによって，個体能力を高めるための合理的配慮へとシフトされていく可能性もある。個体能力論の正統化のために資源が活用され，限られた予算の中で「一般学級とのゼロ＝サムゲーム」が始まる。こうして「異質な他者とともにいることへの寛容性」の点で一般学級の状況はさらに悪化していく。連携の名のもとでの付け焼刃的増員も，教員文化として育んできた対話的関係を突き崩していくように機能しかねない。発達障害に限らず，不登校についても同様である。教員の労働時間の長時間化と質的な困難化は，じつは「特別支援学級の増加」問題と根っこでつながっているのである。

　発達障害という医療化カテゴリーがつくられ，指導の肌理こまやかさと個別支援の充実という殺し文句のもとで，脳科学・発達心理学の研究知がシステムの中で利用される。学校現場の多忙化と感情労働の深刻化に伴って，同質化は学校現場の「困難さ」を表面的に軽減させると期待されるために当事者からは疑われない仕掛けとなっている。こうして，本来的には生徒に深く関わり，生徒同士を関わらせる条件となった人的資源の充実が結果的に切り捨てられていくのである。まさに，類として生きていく経験を奪われる中で，「受け止める寛容さ」を養う経験が排除されるとともに，まことに御しやすい形で人々が分断されていく。

（2）捨象される社会的課題

　もう一つの深刻な現象は，「社会をいっしょに創っていく」という視点の切り捨てである。近年の中学校と高校に共通する傾向として見られるのが，リアルな社会と向き合う経験や機会の減衰である。「縮小期の後半」以降，教員の意識が大きく変わりつつあることが2時点間比較データから浮かび上がってきた（菊地，2015；菊地，2017）。ここでは以下の二つが注目される。

　一つは，重視する学力について問うた設問への回答の変化である。高校教員の場合，「縮小期の後半」において，近年一般企業採用のプロセスでも重視されるコミュニケーション能力を挙げる割合が大幅に増えて，受験学力も一層強調されている。つまり，「正解＝外部社会＝企業社会」に合わせる傾向が顕著になっていることを意味している。これに対して，異質な他者と出会い社会を変えていくことは次第に軽視されてきているのである（図5-2）。

　もう一つは，「総合的な学習の時間」のテーマ設定等の特徴に見られる変化である。図5-3に示すように，テーマはますます個人の自己啓発や内面の問題に偏るようになっている。社会的な課題がテーマとして取り上げられる割合がことごとく低下しているのである。また，「総合的な学習の時間」が与える生徒への影響を評価する理由として「社会の厳しさを知ることができた」は強調される一方で，「社会のさまざまな課題を知ることができた」という意義は薄まっている（図表省略）。しかも，中学校でも高校と似たような構造的変化が生まれている。社会の「限界性」と向き合わない実践が探究型学習として普及していくとき，切実な課題と向き合い社会を変えていくようなエネルギーが削ぎ落とされていく可能性が大きくなる。新学習指導要領の描く学びが議論の過程で「協働的学び」を捨象してきたように，学び（と失敗）の個人化が進み，社会変革はリアリティを失っていく危険性を孕んでいる。

　これら二つの大きな変化は，まさに，社会の「限界性」に関わる現代的な特徴を示している。社会をいっしょに創るような主体を育てていく上で根本的に重要なのは，社会の諸矛盾と向き合う経験である。このことによって，不可視化されていた抑圧／被抑圧の関係構造を意識に浮かび上がらせることができ，

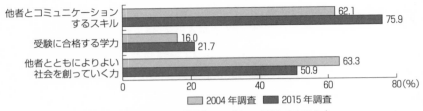

図5-2　高校生が「優先して身につけるべきこと」

（注）「高校では何を身につけるべきだと考えますか」への回答（複数回答：教員調査）。
（出所）菊地（2015）より。

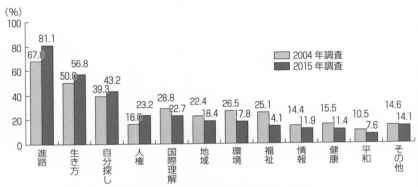

図5-3　「総合的な学習の時間」の設定テーマ（高校1年次）

（注）高校1年次の「総合的な学習の時間」の設定テーマ（複数回答：校長調査）。
（出所）菊地（2015）より。

よりよく活動していく主体が育まれる。この点で，解放の教育学にはなり得な
い状況が頭をもたげているのである（フレイレ，1979）。小さくされた声に耳を
傾けることを忘れるとき，私たち自身が生きにくい社会を再生産することに自
ら加担することになる。人類の知恵に学ぶことを忘れた自民族中心主義・自国
中心主義的な発想に陥らないためにも，この点をまず優先的に公教育の中で確
実に位置付ける必要がある。そのためには，学力の定義からカリキュラムづく
り，あるいは学びと実践の振り返りのいずれにおいても，人間と社会の「限界
性」を中心軸とした学びの再編成が不可欠である。

4　学校組織の現状とカリキュラムづくりの課題

（1）学校組織の問題構造

　学力問題をこのように読み解く中で，ほんやりとではあるが物事の本質が浮かび上がってきた。このことを踏まえて「まっとうな学び」へと促していく上で，もう一つ越えなければならない現代の深刻な課題がある。それは，学校組織の問題である。「縮小期の教育」において大きく変質してきた特徴が二つある。それは，①「財政難」に伴う問題の矮小化と教育の経済化，②組織の意思決定のライン化と教員集団の分断，である。じつは，これらもまた人間と社会の「限界性」の視点から読み解くことができる。

　まず，トマ・ピケティ（Piketty, T.）の根本図式である r＞g（利益率＞経済成長率）がマネー資本主義の本質をつかんでいることを認めた上で（ピケティ，2014），とりわけ日本においてはきわめて少ない公教育支出がさらに「財政難」を理由に削減されているという厳しい現実がある。たしかに，近年，子どもの貧困等の問題がかつてなく真剣に検討されてきており，超党派で奨学金の充実などの措置がとられ始めていることは一定程度評価できる。その一方で，個々の教員（とりわけ，若手〜中堅）の時間的余裕がなくなっている。投資のリターンが見込める個人には財を振り向けても，教育の基盤整備には思い切った手当がなされない状況は憂慮に値する。「この学校でどのような学力をどのように育むのか」「カリキュラムはどのようにつくっていくのか」等をじっくりと語り合うことが難しくなると，いきおいマニュアル依存の思考停止状況が生まれる。労働としての教職の「ブラック化」はますます未来の公教育を担う人たちを遠ざけ，専門職としての正統性を弱体化させてしまう。事態はきわめて深刻である。

　第二に，組織のライン化が進んでいる。主幹教諭等の新たな職位の形成の問題だけではない。図5-4に示すように，中学校・高校ともに，目標と手段の切り離しと分業が起こり，対話の過程がきわめて貧相な状態のまま劣化している。

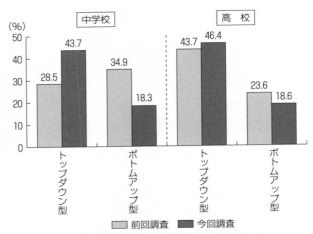

図5-4　学校目標の設定方式の変化（校種別）

（注）学校目標の設定についてたずねた結果を示す。なお，「トップ
　　　ダウン型」は（学校目標を）「校長が単独で決めた」，「ボトム
　　　アップ型」は「すべての教職員の話し合いで決めた」を選択
　　　した学校を指す（校長調査）。前回調査は，中学校2002年・高
　　　校2004年，今回調査は中学校2017年・高校2015年にそれぞれ
　　　実施された。

　これに教員の多忙化が拍車をかける。難しい状況をお手軽に切り抜けるために
首長を教育政策のトップにすることになるが，これに伴って教育委員会行政の
独立性の脆弱化が生じてくる。スピード感の名のもとに，さまざまな綻びが見
え始めている政治主導の現実がそこここにある。昨今の中央政治の事件や出来
事をみても，トップの判断が正しいことを前提にすることで膨大な経済的浪費
が生まれたり，生命の安全さえ脅かす結果を生んだりする事態が露呈している
のである。他方で，学校組織に対して自律的でしっかりした主体性が付与され
ているかといえばそうではない。むしろ間接的なコントロールと忖度が起こり
がちである一方で，教員集団の対話的関係は次第に貧相になっている。職務の
ライン化にも拍車がかかっている。カリキュラムづくりの鍵を握る組織のあり
ようは，年々困難さを増しているといってよい。

　では，このような状況の中で，いったいどのように学力形成とカリキュラム

づくりを展開していけばよいか。校種の違いを念頭に入れる必要はあるが，共通に大切にしたいポイントを挙げておきたい。

（2）社会に開かれた教育課程とカリキュラム・マネジメント

　中教審の議論の中で，個体能力論の呪縛から解放されつつ，生徒の学びを豊かにしていくためのカリキュラムづくりをめぐる組織的実践のキーワードを選ぶとすれば，「社会に開かれた教育課程」と「カリキュラム・マネジメント」の二つが挙げられる。

　まず，「開かれた学校づくり」は，1990年代半ばの分権化と自律的な学校組織という文脈で盛んに使われ始めたマジックワードである。これは，この概念をどうとらえるかによって，大きく二つの方向性に分かれていく。

　一つは，新自由主義の文脈における教育資源の効率的な活用という意味での「社会に開かれた教育課程」である。公教育に振り向けられる経済資源が削減される中で，学力形成のための道具として地域社会や人々の社交資本をとらえ直すことを意味している。あるいは，形式主義の文脈においては，たとえば多くの学校評議員制がそうであるように，校長をはじめとする学校関係者の報告を受けて，定型的な社会的カテゴリーの代表者が当たり障りのない意見を述べるやり方である。そこにあるのは，学校を変えることが地域を変えることにつながる可能性のない一方向的で硬直したプロセスである。

　これに対して，たとえば，一部の学校協議会や学校運営協議会などは，関係者が実質的に学校づくりに協働参画する機会を提供している。その過程を通して，関係者が互いに気づき，変わっていく契機を含んでいる。マイナスなことにもきちんと向き合い共有し，変えていくための場がつくられていく。そこには，社会の「限界性」ともきちんと向き合い異質な他者と出会う機会が保障されているのである。正解が常に学校の内にあるのでも外にあるのでもない。あるのは，関係性の中からつむがれる対話的空間である。たんなる個体能力の育成を超えて，社会のありように影響を及ぼすのは，間違いなく二つめの意味での「社会に開かれた教育課程」である。

「カリキュラム・マネジメント」についてはどうか。じつは，この「マネジメント」という概念ほど日本的な手垢のついた，誤解されがちな概念はない。マネジメントはどうしても限られた資源をトップダウンで効率よく動かすことという意味で受け止められることが多い。とくに前項でみたような学校組織の一元化・垂直化・ライン化が進んでいる現状においてはよほど注意を払わなければこの種の誤解が生まれやすい。しかし，たとえば，教員の長時間労働が一元的な学校管理によってもたらされることがあるように，教員の思考停止を促すことによって，結果的にシステム思考を核とする「学習する組織」を創ることを困難にしてしまう（センゲ，2011）。ここでも，「わかっていること」「できること」を疑わない思考の在り方がさまざまな悪弊をもたらすだけでなく，生徒の学力をきわめて閉じた性質にとどめてしまうのである。

　以上のように，学力を育む上で，「社会に開かれた教育課程」と「カリキュラム・マネジメント」という概念を深くとらえ直すことが不可欠である。

5　類として生き，社会（場）を創るカリキュラムづくりへ

（1）教員の常識を問い直し，日常世界をいっしょに変える

　以上のように考察を進めるとき，新学習指導要領をはじめとした教育改革の動きの限界が浮き彫りになる。たしかに「主体的・対話的で深い学び」についての理論的な整理もかなり深まっているように見える（たとえば，溝上，2014；松下，2015など）。しかしながら，人間と社会の「限界性」を見据えない改革は，個人間の生き残りを煽り，問題を個人化し，社会の現状を正当化する道具として教育が機能することをもたらす。このことをまず強調しておきたい。いま一度，さまざまな学びの主体の位相にまで視点を移動させ，息遣いを感じ，いっしょに場を創ることから始めなければならない。そうすることは一見遠回りに見えても，問題を先送りすることなく，もっとも本質的な解決策に近づくことにつながる。カリキュラムづくりもまた，このような視点で実施されることが欠かせない。どのような社会を構築するための学びであるかを問い，それを効

果的かつ合理的に実現していくツールとしてのカリキュラムをいかにして生成していくかという問いの順序を間違えないようにしたい。

　そのためには，まずは教員自身が陥りがちな思考習慣や常識を立ち止まって吟味し，整理していくことから始めたい。学校組織もまた一つの社会であり，その「限界性」を認識することも重要である。教員が互いに支え合いつつ学びを深め合う関係性をいかにして構築していくかという課題は，遠いところで決められたゴールに向けてライン化された仕事をこなすということとは相容れない。一つひとつの仕事の意味を問い直しつつ，より豊かなカリキュラムを創り動かせる場づくりを進めていくことが前提となる。これは，のっぺりとした連携を促す「チーム学校」でもただたんに機能的合理的な個体能力論に基づく学校でもない。いわば第三の道を模索することを意味する。

（2）すべての人間が生きやすい社会——人類の進歩へ

　最後に，冒頭の引用に触れて稿を閉じたい。いまから約80年前に書かれた吉野源三郎の社会科学的小説『君たちはどう生きるか』である。そこに書かれているのは，「立派な人間になること」と「人類の進歩に貢献すること」という二つの「類としての人間」の課題についてであり，前者は人間の「限界性」，後者は社会の「限界性」を分かりやすく判別する礎となる。小説に登場する「叔父」の言葉は，教育改革の中で軽視されてきた真性の「教養」であり「学問」である。しかし，この小説の究極のメッセージは，自分を狭い世界で中心化することなく，他者の切実さときちんと向き合うことの大切さである。ともすれば，目先の利害や評価にとらわれたり，数値で表せないことまで数値で表そうとしたりしているのがいまのグローバリズムであり，その日本的脚色である。もう一度，「人類の進歩」という目線から学力論やカリキュラム論を俯瞰してみたい。「立派な人間」というゴールから見るといかに私たちを翻弄している当の人間観が薄っぺらであるかが見えてくる。この小説にも語られていることであるが，つまるところ，これらの限界性に気づくためには，自分の出来上がった近代的思考にあぐらをかいてはならない。私たち自身が揺さぶられ，

異質な他者と出会い，違いを認め，それでもともに生きていく。それはまさに，自分と他者とが向き合う関係性を問う機会と社会を形成する主体として生きる経験を，ともに豊かに提供することによってしか生み出されない。その意味で，目の前の生徒を大切にしつつも目先のことに振り回されず，かつ，教員が人間と社会の「限界性」に気づくような生を味わい経験することでしか豊かなカリキュラムづくりはなされない。そうしたことを消費者主義のはびこるこの世の中で鍛えていくことがここでも欠かせないのである。「主体的・対話的で深い学び」の「主体」と「対話」と「深さ」の意味をもう一度それぞれの言葉でとらえ直し同僚と対話してみてはどうだろうか。対話を妨げるものを着実に取り払いながら……。

 さらに学びたい人のための図書

センゲ，P. M. 他／リヒテルズ直子訳（2014）『学習する学校』英治出版。

　▶センゲの「学習する組織」論の学校編にあたる。「チーム学校」という概念との違いを読み取っていくと興味深い。

菊地栄治（2012）『希望をつむぐ高校』岩波書店。

　▶本章での個体能力論批判の先にどのような実践があるのか。唯一の正解はどこにもないけれども学校づくりのキモと関係づけのヒントが埋め込まれている。

引用・参考文献

アップル，M.／門倉正美他訳（1986）『学校幻想とカリキュラム』日本エディタースクール出版。

岡部恒治・戸瀬信之・西村和雄編（1999）『分数ができない大学生』東洋経済新報社。

小澤徳太郎（2006）『スウェーデンに学ぶ「持続可能な社会」』朝日新聞社。

菊地栄治（2015）「高校教育はどう変わったのか？──2004・2015年全国校長・教員調査データの比較分析」日本教育社会学会第67回学会大会発表資料（2015年9月9日）。

菊地栄治（2017）「中学校教育はどう変わったのか？──2004・2015年全国校長・教員調査データの比較分析」日本教育社会学会第69回学会大会発表資料（2017年10月21日）。

木村泰子（2015）『『みんなの学校』が教えてくれたこと』小学館。

志水宏吉（2008）『公立学校の底力』中公新書。

センゲ，ピーター・M.／枝廣淳子他訳（2011）『学習する組織』英治出版。

浜田寿美男（1993）『発達心理学再考のための序説』ミネルヴァ書房。

浜田寿美男（1995）「発達心理学の課題」岡本夏木・浜田寿美男『発達心理学入門』岩波書店。

ピケティ，T.／山形浩生他訳（2014）『21世紀の資本』みすず書房。

フレイレ，パウロ／小沢有作他訳（1979）『被抑圧者の教育学』亜紀書房。

松下佳代編著（2015）『ディープ・アクティブラーニング』勁草書房。

溝上慎一（2014）『アクティブラーニングと教授学習パラダイムの転換』東信堂。

森岡正博（2003）『無痛文明論』トランスビュー。

山内乾史・原清治編著（2010）『論集　日本の学力問題　学力研究の最前線（下巻）』日本図書センター。

第 6 章

教育の自由とカリキュラム

──オランダの場合──

奥村好美

1 「教育の自由」とカリキュラム

（1）オランダにおける「教育の自由」

オランダの学校教育についてどのようなイメージを持っているだろうか。ここでは，最初にオランダの学校教育の特徴を紹介したい。といってもなかなか，こういう学校が一般的なオランダの学校であると明言することは難しい。オランダには，たとえば，年齢が異なる子どもたちでクラスが編成されておりさまざまな人との関わりの中で生きることを学べるような学校，子どもたちが遊ぶような感覚で取り組むことで自然と色々な学習ができるような教材が豊富にある学校，子どもたちの間でケンカなどのもめごとが起こった時に子どもたち自身で解決していくことを通じて民主的な社会で生きることを学べるような学校，自分なりの学習の仕方を学べるような学校，これらの特徴を複数持つような学校など多様な学校が存在する。

どうしてオランダにはこのように多様な学校があるのかというと，「教育の自由」が憲法第23条で保障されているためである（Ministry of Education, Culture and Science〔OCW〕, 2016）。この「教育の自由」は最近始まったものではなく100年以上の歴史を持つ。「教育の自由」の特徴は，①学校設立の自由，②教育理念の自由，③教育組織の自由にまとめられる。一つめの学校設立の自由に関しては，オランダでは誰でも新しい学校を設立することができる。もちろん，実際に学校を設立するためには，人口密度から算出された子どもの必要

人数や，教育を行う時間数などに関する法の要件を満たすとともに，教育の質を一定水準以上に保つことが求められる。ただし，それらの条件を満たせば，私立学校にも公立学校と同等の公的予算が提供されるようになっている。

　二つめの教育理念の自由とは，宗教的理念や教育学的理念を掲げる自由を意味する。宗教的理念を持つ学校としては，カトリックやプロテスタント，ヒンズー教，イスラム教の学校などがある。教育学的理念を持つ学校としては，イエナプラン，ダルトンプラン，モンテッソーリ，シュタイナー，フレネといったオルタナティブ教育の学校などがある。このような学校はオルタナティブ・スクールと呼ばれ，伝統的な従来型の教育（教師が黒板の前に立ち，子どもたちは全員教師がいる教卓に向かって座り，黙って教師の話を聞くような教育）に対する批判意識から生まれた独自性を持つ学校のことである。本章の冒頭であげた学校例の多くはオルタナティブ・スクールの例である。

　三つめの教育組織の自由とは，学校が理念に基づき（法の範囲内で）何をどのように教えるかを決められることを意味する。もちろん，教えられる教科や達成目標，時間数などは定められており，何もかも自由なわけではない。それでも，日本では従来フリー・スクールとして位置付きがちであったオルタナティブ・スクールを公教育の枠組みで運営できる程度には各学校に裁量がゆだねられているといってよいだろう。

　以上のような「教育の自由」に基づき，オランダにはオルタナティブ・スクールを含むさまざまな学校が存在する。オルタナティブ・スクールのような独自性のある学校は，私立学校だけでなく，公立学校として設立される場合もある。また，私立学校でも，宗教的理念と組み合わさり，たとえばカトリック系のイエナプラン・スクールのような形で運営されることもある。公立学校であっても私立学校であっても公的予算は同等に支払われるため，学校に通う側からすればどちらであっても金銭的に大きな違いはない。保護者や子どもは，自宅の近隣にある多様な学校の中から，通いたい学校を選べるようになっている。公立学校と私立学校の違いとしては，公立学校は宗教的に中立であり誰にでも門戸が開かれるのに対して，私立学校は宗教的理念等を有するがゆえに，学校

の指導の基盤となる信念や理念に賛同が得られない場合には，子どもの入学を拒否しうる点があげられよう。

　公立学校と私立学校の内訳としては，現在，初等学校では，公立学校が約3割で，私立学校が約7割である（OCW, 2014）。私立学校の内訳としては，プロテスタントの学校が約3割，カトリックの学校が約3割，その他の私立学校が約1割弱となっている。ただし，ここで述べられているその他の私立学校が，そのままオルタナティブ・スクールを指すわけではない。先述したように，オルタナティブ・スクールは公立学校として設立されるなど，さまざまな形で運営されている。実際には，初等学校全体の約10％程度，子どもの8〜10％程度がオルタナティブ・スクールに通っていると推察されている（リヒテルズ，2004，86-87頁）。

　オランダのオルタナティブ・スクールについては，次の二つの共通性が見られると指摘されている（リヒテルズ，2004，77頁）。一つめは，子ども自身を出発点として，子どもの自発的な好奇心や探究心を刺激し，それぞれの子ども固有の性質や能力に応じてその成長を助けるのが教育であると考えられていることである。二つめは，子どもが置かれている生活環境，また，その延長線上にあるより大きな社会や世界との関わりが重視されていることである。

　本章では，オランダのオルタナティブ・スクールにみられるような，子どもを出発点として子どもが自分らしく成長・成熟することを支え，自分らしく社会や世界において他者と共に生きる力を育む教育を人間教育ととらえたい。こうした教育が，「教育の自由」のもとで公教育の枠組みに位置付いている点にオランダの教育の特徴があるといえよう。

（2）「教育の自由」の歴史的背景

　オランダの「教育の自由」の起源は，19世紀にまでさかのぼる（結城，2009，330-333頁；太田，2009）。オランダの公教育制度は，18世紀末〜19世紀の初頭にかけて創設された。それは，ナポレオン支配下のフランスの影響を強く受けた中央集権的な制度であった。当時，国家が管理する公立学校では宗派的に中

立であることが求められていた。そうした中，自身の信仰に基づく教育を求めて，正統派プロテスタントやカトリック教徒は国家権力と対立していく。これを「学校闘争」と呼ぶ。こうした闘争を経て，1848年の改正憲法で「教育の自由」が明記される。しかしながら，当時の私立学校へは財政補助がなかったことから，私立学校は財政的に厳しい立場に置かれることとなり，本格的な学校闘争が引き続き展開される。最終的に，公立学校と私立学校との財政的な平等が認められたのは，1917年の改正憲法においてであった。このように，オランダの「教育の自由」は，公立学校や教職員の，「国家からの（教育の）自由」というよりも，「親の宗教的教育の自由」にルーツを有する「宗教的私学の自由」という性質を持って誕生してきたと言われている。

　こうした背景を持つ「教育の自由」は，その後世俗化が進む中で，宗教系ではない，先述したオルタナティブ・スクール設立の受け皿ともなっていく。オランダでオルタナティブ・スクールが急増したのは1970年代のことである。その背景には，当時，急速な社会の変動の中で，人々の価値観が多様化していき，人間性の回復を願う機運が高まったことがあるのではないかと考えられている（リヒテルズ，2004，83-91頁）。その後，オルタナティブ・スクールはオランダに定着していく。いわゆるオルタナティブ・スクールではない一般校において，オルタナティブ・スクールの実践を部分的に取り入れているところも多い。どうしても自宅の近くに通いたい学校がない場合には，遠方の学校へ通う交通費を援助してくれる制度もある。

　このように，オランダの「教育の自由」は，「親の（宗教的）教育の自由」にルーツを有する「宗教的私学の自由」という性質を持って誕生したものの，求められる教育が変化していく中で，必ずしも宗教によらない理由で親が教育を選択する自由と，それに対応した教育を実施する自由を提供する基盤となっていると考えられる。これにより，オランダではオルタナティブ・スクールが公教育の枠組みに位置付いているといえよう。

2　オランダのカリキュラムの特徴と動向

（1）オランダのカリキュラム

　オランダと日本の学校教育を見比べた時，大きく異なる点としては，就学開始年齢が早いことと中等教育が複線型になっていることがあげられる。一つめの就学開始年齢については，義務教育自体は，5歳から基本的に16歳までとなっているものの，多くの子どもが4歳から学校へ通い始める。二つめの複線型とは，生徒の進路によって異なる中等教育学校へ通う制度のことをいう。将来希望する職種等に応じて，大学（WO）へ進みたい生徒は6年間の大学準備教育（VWO），高等職業教育（HBO）へ進みたい生徒は5年間の一般中等教育（HAVO），中等職業教育（MBO）へ進みたい生徒は4年間の中等職業準備教育（VMBO）といったように，進路によって進む中等教育校が分かれている。ただし，それら隣接するコースを併設している中等教育校は多くなっており，そこでは最初の2年間選択を遅らせることのできる仕組みもある。また，一度どこかのコースへ入っても，後から他のコースへ移動することができる仕組みもある。たとえば，一般中等教育（HAVO）を選んだとしても，コースを修了してディプロマをとれば，大学準備教育（VWO）の5年生に入り直すことができる。このように，オランダでは中等教育のあり方がコースによって異なる。本章では4歳から12歳までの子どもが通う初等学校を中心に取り上げる。

　カリキュラムの内容については，オランダでは，日本の学習指導要領のような国レベルでの厳密なカリキュラムはない。ただし，初等学校で教えられる教科や初等学校修了時までに必要な知識や技能を示した目標である「中核目標」が定められている。中核目標自体は厳密なものではないが，それを達成するための参考として，目標に至るまでに学ぶ内容と活動が2学年ごとに示されている。このうち活動には，子どもが行うこと，教師が行うこと，具体的な事例の三つが示されている。具体的な事例には動画や音声，ワークシートが掲載されている場合もある。しかしながら，これらは，拘束力を持つものではなく，あ

くまでも，「数年にわたる教育内容を中核目標に沿って分ける際に考えられる
"一つの"記述」（TULE, webpage）とされている。つまり，これらはあくまで
も一つの目安であり，教師の専門性や経験，創造性などに基づいて教育が実施
されることが必要であると考えられている。

　オランダでは，初等学校最終学年で行われる全国学力テストである「中央最
終試験」や，各学年を通じて子どもたちがテストを受けることで子どもの学び
を長期的にモニターしようとする「モニタリングシステム」があり，これらは
「中核目標」に応じて作られている。中央最終試験については，国語と算数・
数学が義務付けられている。学校は，政府の中央最終試験ではなく，大臣が認
めたその他の最終テストを選んでも良い。2018年は中央最終試験を含め六つの
最終テストから選択可能となっている。モニタリングシステムについては，シ
ステムの使用自体が義務付けられており，どのシステムを選ぶかは学校に委ね
られている。これらは，オルタナティブ・スクールであっても，同様に義務付
けられている。

（2）近年のカリキュラム改革の動向

　オランダにおいても，近年，諸外国と同様に，カリキュラム改革が進められ
ている。社会の急激な変化の中で，今後の社会を生き抜く子どもたちに必要な
知識・技能を身につけられるようにするためのカリキュラムの開発がめざされ
ている。オランダにおいては，こうしたカリキュラムの開発が，多様な人々に
対話の道を開きながら進められている。

　カリキュラム改革についての開かれた対話は，2014年11月から始められた
（Onderwijs2032, webpage）。そこには，教師，学校長，学校理事会，保護者，
子ども，教師教育者，科学者，企業家や社会的施設の代表者等といったさまざ
まな人々が参加していた。SNS等も活用され，オンラインでのブレインスト
ーム（#onderwijs2032）には1万6000人以上が参加したとされている。海外の
教育状況や学術的な文献も参照された。これらの結果は，2016年1月に提言
「私たちの教育2032」としてまとめられ，副大臣へ提出された。

　そこで示された内容としては，教科横断的な汎用的スキル（学び方のスキル，創造性，批判的な思考等）の育成や人間形成の強調などがあげられる。内容としては，各国の教育改革の方向性と大きく異なるわけではないものの，オランダでは，多様な人々に開いた形で議論がなされた上でこうしたビジョンが提出されている点に特徴があるといえる。

　その後，こうした成果に基づいて，2017年にカリキュラム改革に関する案が議会に提出された。その結果，計画の調整が求められ，さらなる対話が重ねられた。2018年3月現在，改革は「カリキュラム．今（Curriculum.nu）」という名前で引き継がれている。

　「カリキュラム．今」と呼ばれるカリキュラム開発プロジェクトでは，開発に携わる教員や学校長が募集され，そこから，開発学校および開発チームが結成された。開発チームは，九つの教科（オランダ語，英語／現代外国語，算数・数学，デジタルリテラシー，市民性，運動＆スポーツ，芸術＆文化，人＆社会，人＆自然）ごとに結成された。各チームは初等学校，中等学校の教員および学校長で構成されている。チームは，カリキュラムの専門家やサポート機関から支援を受けながら，開発学校と連携して開発を進めている。この開発の過程でも，3回の協議期間が設けられる予定であり，誰でも各チームの中間報告に対してフィードバックができるようになっている。

　第1回目の協議期間は2018年3月26日から4月25日である。この期間，たとえば算数・数学のチームからは，算数・数学のカリキュラムの方向性に関する途中報告とともに問いが示されている。問いは，一般，子ども，学校，補修教育機関，中等職業教育審議会，その他の中等職業教育に関わる組織，専門家それぞれに対して示されている。たとえば，一般に向けた問いとしては，「このビジョンは，統合的なカリキュラム改革の目標に貢献していますか？」「ビジョンは一貫していますか？」「説明が必要な概念はありますか？　あるとしたら，それはどれですか？」「ビジョンにおいて例が必要なところがありますか？　あるとしたら，それはどこですか？」の四つがあげられている。子どもに向けた問いとしては「あなたは算数・数学で何が大切だと思いますか？」が

あげられている。こうして開発チーム側から問いが出され，相互にやり取りを行いながら，改革は進められている。今後社会で求められる人材を育成するためにトップダウンでカリキュラム改革を実施するのではなく，「教育の自由」を享受する保護者や子どもを含む多様な立場の人々に対話のドアを開きながら，改革が進められていることは特筆に値しよう。

3　人間教育の事例としてのイエナプラン教育の背景と考え方

（1）歴史的背景

　本節および次節では，オランダで代表的なオルタナティブ教育の一つであるイエナプラン教育を取り上げる。イエナプラン教育とは，もともとドイツのイエナ大学の実験校でペーター・ペーターセン（Petersen, P.）が行った教育である。イエナプラン教育を取り上げる理由は，本章の定義とは必ずしも同じではないとしても，ペーターセンが「人間教育」を強く意識していたためである。

　実際，ペーターセンの『小イエナ・プラン』においては，学校で「人間教育（Menschenerziehung）」の実現がめざされるべきことや「ペスタロッチ的意味での一つの『人間学校』」が学校の理念とされるべきことが望まれている（ペーターセン，1984，100頁）。ここで少しペーターセンの「人間教育」について補足しておくと，ペーターセンはとくにペスタロッチ（Pestalozzi, J. H.）から影響を受けており，思想的な親和性が見られることが指摘されている（佐久間，2016）。とくに，ペスタロッチを「実人生の体験を出発点とする現実主義の立場」という意味で自分と同様の立場に立つ先人であるとペーターセンは理解しており，ペスタロッチの「人間学校」とイエナプランには多くの共通性や親和性があるという。それは，異年齢集団といった目に見える特徴だけでなく「能力差，身分・階層差，年齢差，性差などによって，人間は差別化されるものではなく，全ての人間が最初から既に同じ『全人』として必要とされている」という「人間の本質」や「人間本性の根源的な善良さへの信念」を学校の「基盤」とすべきという主張にあらわれているとされている。すべての人が人とし

表6-1　八つのミニマム

| 1．インクルーシブな思考の育成 |
| 2．学校の実際の人間化と民主化 |
| 3．対話と学校に関わるすべての人との対話への歓迎 |
| 4．教育学的な思考と振る舞いの人間学化 |
| 5．学校に関わるすべての人の真正性 |
| 6．生と学びの共同体の共同的で自律的な秩序による自由 |
| 7．批判的思考の育成 |
| 8．創造性の刺激と創造性のための機会の創出 |

（出所）Both, webpage.

て尊重されるべきであるという主張は，イエナプラン教育がオランダで実施されるようになっても大切にされている点であり，おさえておきたい前提である。

　話をオランダに戻すと，イエナプラン教育は，スース・フロイデンタール–ルッター（Freidenthal-Lutter, S.）によってオランダに紹介された（Both, webpage）。彼女は，ペーターセンのイエナプラン教育をそのまま受容したのではなく，さまざまな所から学びつつオランダの文化や当時の時代背景に合うようにして思想を受け継いでいる。具体的には，ペーターセンの思想を慎重に組み取りつつ，表6-1の八つのミニマムを考案したという。

　八つのミニマムには，先にあげたような，すべての人を人として尊重するための学校づくりという視点が貫かれているように思われる。これらはミニマムと呼ばれているように，最低限守ろうとするべき出発点であり，目標でもある。学校の取り組みを縛るようなものではなく，オランダのイエナプラン教育で大切にするべきコンセンサスを作ろうとしたものである。スース・フロイデンタール–ルッターは，（アメリカのジョン・グッドラッド〔Goodlad, J.〕らから影響を受け）オランダのイエナプランは「容認可能なグランドモデル」（ontvankelijk grondmodel）であり，「解釈可能な目標モデル」（interpreteerbaar streefmodel）であると述べている。こうした開かれた性質を持つことによって，イエナプラン教育が形式的に実施されるのを防ぎ，学校の実情に応じて実践していく道が拓かれているといえる。

（2）基本原則とカリキュラムの特徴

　スース・フロイデンタールの八つのミニマムを礎に，その後，ケース・ボット（Both, K.）とケース・フルーフデンヒル（Vreugdenhil, K.）が，イエナプラ

ン教育の20の原則を提案した。20の原則の原案は繰り返し議論，検討され，現在のような形となっている。八つのミニマムと比べて，より具体的なビジョンになったことで，イエナプラン・スクールの学校計画書の中に盛り込まれたり，イエナプラン教育の研修が行われる際に用いられたりして，イエナプラン・スクールの質を保証するために生かされている。

　現在のイエナプラン教育の20の原則は，人について，社会について，学校についてという三つの部分からなる（Nederlandse Jenaplan Vereniging, webpage）。人については，五つの原則が示されており，すべての人は一人一人ユニークでかけがえのないこと，自分らしくアイデンティティを発達させるべきことなどが記されている。こうした原則に基づいて，学校で子どもたちが人として扱われ，将来同じような形で人と関われるように働きかけがなされる。社会についても，五つの原則が示されており，人々は，一人一人のユニークでかけがえのない価値を尊重する社会に向けて取り組まなくてはならないといったことなどが述べられている。学校については，表6-2にあるように，10の原則が示されている。人や社会についての原則をもとに学校教育がどのような形で実施されうるかを具体的な形として示したものとなっている。

　具体的には，イエナプラン・スクールでは，年齢や発達段階が異なる子どもたちによる異年齢学級（原則16）において，学習だけでなく対話や遊び，催しといった活動がリズミカルにあらわれるように時間割を組み（原則15），学ぶ環境を教育学的に整え（原則14），子どもの生活世界や（知覚的な）経験世界を尊重して教育内容を設定し（原則13），子どもの自立的な遊びや学習を重視し（原則17），世界を発見的・探究的に学ぶ場を学習の中心においている（原則18）。さらに，その学びにおける成長を子ども自身も感じられるように評価を位置付ける（原則19）とともに，学校自らもより良い教育を模索し続けていくこと（原則20）が重視されている。

　じつは，近年，オランダのイエナプラン教育は理想的な人間像として七つのエッセンスを掲げている。そこには，起業精神（自分から進んで取り組む態度）や，何かを生み出す力，プレゼンテーションする力などが含まれる（フェルト

表 6-2　イエナプラン教育の20の原則（一部抜粋）

11. 学校はそこに関わる人たちによる相対的に自律的で共同的な組織である。学校は社会によって影響を受け，また学校自身も社会に影響を与える。
12. 学校において，大人たちは，先述した人と社会についての原則を，自分たちが行動するための社会性を育む（教育の）出発点として仕事を行う。
13. 学校において，教育内容は，子どもたちの生活世界や（知覚的な）経験世界から，そして，ここで描かれている人と社会の発達のために，社会において重要な資源とみなされている文化的な物から取り出される。
14. 学校において，教育は，教育学的な状況において，教育学的な手段（middelen）を使って行われる。
15. 学校において，教育は，対話，遊び，仕事（学習），催しという基本活動がリズミカルに交互に行われることで，形作られる。
16. 学校において，子どもたちが互いに学び，互いに気遣うことを促すために，年齢や発達段階が異なる子どもたちのグループが主に作られる。
17. 学校において，自立的な遊びと学習は，教師主導の指導的な学習と交互に行われ，それによって補足される。後者（教師主導の指導的な学習）は明らかにレベルを高めることを目的としている。このすべてにおいて，子どもたちのイニシアチブは重要な役割を果たす。
18. 学校において，ワールドオリエンテーションは，基礎としての経験，発見，探究と共に，中心的な位置を占める。
19. 学校において，子どもの行動の評価や成績の評価は，できる限り，子ども自身の発達の歩みから，そして子どもと共に話す中で，行われる。
20. 学校において，変化や改善は決して終わりのないプロセスとみなされる。このプロセスは，行動と思考との首尾一貫した相互作用によって導かれる。

（出所）リヒテルズ（2006）の訳を参考に，オランダイエナプラン教育協会 webpage より筆者訳。

ハウズ＆ウィンタース，2017）。これらは，近年世界的に育成が求められているような汎用的能力と重なる点が多いように見える。ただし，20の原則を思いおこせば，イエナプラン教育では，もともと人間や社会の望ましいあり方を示した上でそこへ向けた働きかけの場として学校がとらえられていた。社会の要請に従って子どもたちに能力育成をうたうような場とされていたわけではないことを記しておきたい。

4　人間教育の事例としてのイエナプラン教育の実践

（1）イエナプラン教育の時間割

　本節では，イエナプラン教育の基本的な実践の特徴の一部を示す。イエナプラン・スクールでは，教育活動はリズミカルに行われる（Both, 2011）。時間割

では，表6-3のように，対話，遊び，仕事（学習），催しといった四つの基本活動（後述）がリズミカルに組まれている。これにより，緊張や弛緩といった変化がもたらされる。そうした学校での活動はできるだけ結びつき関連付けられて実施されることが求められている。いわゆる通常の学校のように何の関連もないバラバラの教科が順番に教えられることは否定され，人としての活動のリズムが尊重されている。なお，表6-3はあくまでも一例である。

　表6-3をもとに，四つの基本活動を具体的に見ていきたい。まず，対話とは，時間割の中でいえば「サークル」を中心に行われる。これは，教師と子どもたちがともに椅子を丸く並べて座って話し合う時間である。表6-3の中には，週の初めに行われる「オープニング・サークル」，一つの事象を輪になって子どもたちが観察し，意見を出し合ったり，発見したことを述べ合ったりする「観察サークル」等が示されているが，多くのイエナプラン・スクールでは，ほかにも「読みのサークル」など，さまざまなサークルでの対話が行われている。ただし，対話はサークルの形で行われるものだけを指すわけではなく，イエナプラン教育全体を通じて大切にされているものである。

　次に，遊びとは，時間割の中でいえば休憩時間や昼休みの遊びだけを指すわけではない。対話，仕事，催しといった活動の質として位置付けられることもある。このように，四つの基本活動は必ずしも同じ時間分割り当てられるものと考えられているわけではなく，質的な要素としてもとらえられる。

　続いて，仕事とは，いわゆる労働のことではなく，子どもたちの学習を意味する。表6-3の時間では，言葉や算数の学習やブロックアワーと呼ばれる学習の時間，WOと書かれたワールドオリエンテーション（Wereldorientatie：以下，WO）の時間等が仕事にあたる。これらについては，詳しくは次項（2）で後述する。

　最後に，催しには，年中行事だけでなく，子どものお誕生日のお祝いや，学芸会のような出し物などが含まれる。表6-3では，金曜日の最後に「週末の催し」とあるように，一般的に毎週末子どもたちによる出し物などが行われる催しがある。週の終わりに位置付けられているのは，学校と学校外との移行の時

表6-3　リズミカルな時間割の一例

	月曜日	火曜日	水曜日	木曜日	金曜日
8：30-8：45	オープニング・サークル	算数の指導と学習	体育（水泳）	算数の指導と学習	算数の指導と学習
8：45-9：00					
9：00-9：15	読書サークル				
9：15-9：30					
9：30-9：45	読解・文法の学習	WO：探究技能		芸術教育（視聴覚）	芸術教育（ダンス）
9：45-10：00					
10：00-10：15		朗読	朗読	朗読	朗読
10：15-10：30	朗読	休憩時間	休憩時間	休憩時間	休憩時間
10：30-10：45	休憩時間	静かに学習する時間（とくにスペリングと作文）	芸術教育（文章を書く）	催しの準備	報告サークル
10：45-11：00	読解（続き）			体育	
11：00-11：15	算数の指導と学習				ブロックアワー
11：15-11：30					
11：30-11：45			ブロックアワー		
11：45-12：00					
12：00-12：15	昼休み	昼休み		昼休み	昼休み
12：15-12：30					
12：30-12：45					
12：45-13：00					
13：00-13：15	芸術教育（演劇）	観察サークル		芸術教育（音楽）	ブロックアワー
13：15-13：30					
13：30-13：45		芸術教育（造形）			
13：45-14：00	WO			ブロックアワー	
14：00-14：15					週末の催し
14：15-14：30					
14：30-14：45					静かに読書
14：45-15：00					

（出所）Both（2011）p. 112；リヒテルズ（2006）132頁の訳を参考に作成。

であることによるという。

　表6-3では，1週間の時間割を示したが，1日の流れや1年の流れも同様に四つの基本活動がリズミカルに変化することが求められている。なお，ここで詳しく説明する紙幅はないが，イエナプラン・スクールでは，教室空間や学校空間をリビングルームのように設計することが求められている。このようにしてみると，学ぶ内容だけでなく時間や空間の側面でも子どもたちを人として尊重しようとしていることが分かる。

（2）イエナプラン教育の具体例

　本項では，前項の時間割の中で多くの時間が当てられており，イエナプラン教育の特徴をよくあらわしている，ブロックアワー（blokperiode），ワールドオリエンテーション（WO）の二つについて取り上げる。

　まず，ブロックアワーとは，最低60分から最大100分という長い一まとまりの時間であり，子どもたちが自分の責任で学習を計画し，実行し，評価することを学ぶ日常的な時間のことである（Both, 2011, pp. 99-100）。国語や算数の学習に取り組んだり，WO の探究学習をしたりすることもある。

　自分で学習を進めるといっても，新しい知識や技能について学ぶ際には，グループリーダーと呼ばれる教師が指導を行う（リヒテルズ，2006）。指導を行う際には，異年齢学級編成であるため，多くの場合，理解度などに応じつつ同じような年齢の子どもだけを教室前方のテーブルに集め，少人数で新しい知識等を教える形で行われる。教師がその子どもたちに教えている間，他の子どもたちは自分の学習を進めている。ブロックアワーにおいては，こうした少人数での指導形態を実施することで一人一人の発達や習熟度合に応じて学べるようにするとともに，子ども自身が目標を持って学びを作り，振り返るというプロセスの中で，子どもたちが自分らしい学び方を模索できることが大切にされているといえよう。

　次に，WO とは，イエナプランスクールのハートであり，教科の枠を超えて学ばれるものである（Both, 2011, pp. 119-124）。子どもたちは教科で学んだこ

とを WO で活かして学ぶことができる。WO では，関係の中で生きること，また関係について考えることを学ぶ。関係には，人々との関係性だけでなく，たとえば，自然，社会，文化，自分自身，物事の秘密，宗教・非宗教的信念や解釈との関係などがある。

　WO で取り上げられる内容としては，七つの経験領域が提案されている。それは，①めぐる１年，②環境と地形，③作ることと使うこと，④技術，⑤コミュニケーション，⑥共に生きる，⑦私の人生の七つである。これらのテーマに時間軸と空間軸の視点を加えて，子どもたちは学ぶ。その中で，経験的に関わりを学び，新しい物事に向きあい，他者とともに協同し，批判的に考え，（とくに「私の人生」において）意味を探究することが大切にされている。決まりきった学びのプロセスがあるわけではなく，実験をしたり，何かを設計して生み出したり，インタビューをしたり，ケアをしたりするようなさまざまな活動が取り入れられ，発見的・探究的学習やストーリーラインアプローチなどさまざまな原理・方法で学びが進められる。こうした学びを通じて，子どもたちは，学ぶ意味を自覚しつつ，他者や物事との関係の中で生きていくことを学ぶ。

　このように，オランダのイエナプラン教育では，子どもが人として尊重され，自分らしく，また他者とともに協力して学ぶことが重視され，社会や世界で生きていく練習ができるよう意識されている。教育活動全体を通じて人間教育を行おうとしている教育であるととらえられよう。

5　日本への影響と示唆

　これまで取り上げてきたようなオランダのイエナプラン教育については，リヒテルズ直子を中心に日本に積極的に紹介されている。リヒテルズが『オランダの個別教育はなぜ成功したのか──イエナプラン教育に学ぶ』というイエナプラン教育を中心的に取り上げた本を2006年に出版した後，2010年には日本イエナプラン教育協会が設立され，2019年度には長野県に日本で初めてのイエナプラン・スクールが設立された。

　また，今後の日本の教育を考える上でオランダの教育が注目されたり（尾木・リヒテルズ，2009），個別化，協同化，プロジェクト化の融合型の教育としてイエナプラン教育が参照されたりするなど関心も高まっている（苫野，2014）。公立小学校においても，ブロックアワーやサークル対話といった取り組みを行う例もあり（岩瀬・中川，2015），広島県や名古屋市など実際に導入を検討している自治体も報告されている（日本教育新聞，2019年1月28日1面）。これらの様子から，日本においても，人間としての教育への要求が高まっていると考えることができよう。

　ここで，オランダのイエナプラン教育はペーターセンのものをそのまま取り入れたのではなく，オランダに合うよう解釈され，発展してきたものであったことを思い起こしたい。最低限守るべき出発点等は定めながらも，開かれた性質を有していた。このように考えてみれば，イエナプラン教育の目に見える形式，手法だけを切り取って学ぶのではなく，あくまでもコンセプトをもとにより良い教育を模索し続けている点からこそ私たちは学ぶべきであるように思われる。

　また，イエナプラン・スクールはオランダのオルタナティブ・スクールの一つである。オランダには他にもさまざまなオルタナティブ・スクールがあり，多様性が公教育において認められていた。加えて，公教育で共通に保障する部分については，多様な声を拾い，対話を重ね，実践をくぐらせながら，形作っていくプロセスが大切にされていた。オランダのように多様性を認めつつ，対話を通じて一定の共通性を考えていくことが，ひいては，子どもたちの多様性を認め，子どもたちが自分らしくあることを支えながら，社会や世界の中で他者とともに生きることを育む人間教育へつながっていくように思われる。

 さらに学びたい人のための図書

リヒテルズ直子（2004）『オランダの教育──多様性が一人ひとりの子供を育てる』平凡社。

　　▶オランダの教育について，歴史やさまざまなオルタナティブ・スクールなど全

体像を分かりやすく紹介している。

フレーク・フェルトハウズ，ヒュバート・ウィンタース／リヒテルズ直子訳 (2017)『イエナプラン教育——共に生きることを学ぶ学校1〜3』ほんの木（電子書籍版）。

▶オランダでイエナプラン教育を学ぶ学生や教員のための3冊シリーズ本（日本語翻訳）であり，イエナプラン教育を深く学びたい方にお勧めである。

奥村好美（2016）『〈教育の自由〉と学校評価——現代オランダの模索』京都大学学術出版会。

▶教育の自由のもと，多様な学校がある中で，いかに教育の質を保っているかを探った専門書。

引用・参考文献／ウェブページ

岩瀬直樹・中川綾（2015）『みんなのきょうしつ』学事出版。

太田和敬（2009）「オランダ教育制度における自由権と社会権の結合——国民の教育県論の再構築のために」『人間科学研究』文教大学人間科学部，第31号，5-31頁。

尾木直樹・リヒテルズ直子（2009）『いま「開国」の時，ニッポンの教育』ほんの木。

佐久間裕之（2016）『イエナ・プラン研究序説——ドイツにおける異年齢集団の問題を中心として』（平成25〜27年度科学研究費補助金基盤研究(C)）「イエナ・プランにおける異年齢集団の構成法に関する研究」研究成果報告書。

苫野一徳（2014）『教育の力』講談社現代新書。

フレーク・フェルトハウズ，ヒュバート・ウィンタース／リヒテルズ直子訳（2017）『イエナプラン教育——共に生きることを学ぶ学校1　イエナプラン教育ってなに？』『イエナプラン教育——共に生きることを学ぶ学校2　イエナプラン教育をやってみよう！』『イエナプラン教育——共に生きることを学ぶ学校3　イエナプラン教育と共に歩む』ほんの木（電子書籍版）。

ペーター・ペーターセン／三枝孝弘・山崎準二著訳（1984）『学校と授業の変革——小イエナ・プラン』明治図書出版。（『小イエナ・プラン』の初版は1927年，訳出は21/22版（1952年））

結城忠（2009）『教育の自治・分権と学校法制』東信堂。

リヒテルズ直子（2004）『オランダの教育——多様性が一人ひとりの子供を育てる』平凡社。

リヒテルズ直子（2006）『オランダの個別教育はなぜ成功したのか——イエナプラン教育

に学ぶ』平凡社。

日本イエナプラン教育協会 web ページ［http://www.japanjenaplan.org］（2018.3.30確認）

Both, K. (2011) *Jenaplan 21*, Zutphen: NJPV.（初出は1997年）

Both, K., "Over de Basisprincipes: Hoe ze ontstonden, wat hun betekenis is en wat je ermee kunt doen", NJPV webpage［https://jenaplan.nl］.（2018.3.30確認）

Curriculum.nu, webpage［https://curriculum.nu］（2018.3.30確認）

Ministry of Education, Culture and Science (OCW) (2014) *Key Figures 2009-2013 Education,* Culture and Science.

Ministry of Education, Culture and Science (OCW) (2016) *Key Figures Education,* The Hague: Ministry of Education, Culture and Science.

Ministry of Education, Culture and Science (OCW), webpage［https://www.rijksoverheid.nl/ministeries/ministerie-van-onderwijs-cultuur-en-wetenschap］（2018.3.30確認）

Nederlandse Jenaplan Vereniging, webpage［https://www.jenaplan.nl］（2018.3.30確認）

Onderwijs2032, webpage［http://onsonderwijs2032.nl］（2018.3.30確認）

TULE, webpage［http://tule.slo.nl］（2018.3.30確認）

第 7 章

国際的なカリキュラム改革の動きと今後の展望

白井　俊

1　キー・コンピテンシーと各国におけるカリキュラム改革の動き

（1）DeSeCo とキー・コンピテンシー

　どの国においてもカリキュラムは国内的性格の強い事柄であり，20世紀の終わり頃までは国際的な動向を考慮することは，それほど活発ではなかった。その中で，カリキュラムについて先行的に国際比較研究を行っていたのがUNESCO（国連教育科学文化機関）である。しかしそれは独自のカリキュラムが未成熟な途上国をいかに支援しうるかという点にその活動の主眼が置かれていた。

　ところが，とくに21世紀に入る頃から，カリキュラムについても国際的な動向が強く意識されるようになってきた。その背景の一つが，OECD が2000年から開始した生徒の学習到達度調査（PISA）である。従来からさまざまな形での国際的な学力の比較データは存在していたが，それらは，国際数学・理科教育動向調査（TIMSS：Trends in International Mathematics and Science Study）に代表されるように，数学や理科といった限られた教科に関する学力の比較が中心であった。PISA の登場によって読解力，数学的リテラシー，科学的リテラシーという伝統的に主要とされた学問領域について，国際的な比較の方法が示されることとなったのである。PISA の影響は大きく，日本においても2004年12月に PISA2003の調査結果が公表されると，いわゆる PISA ショックと呼ばれる状況が生じ，「ゆとり教育」路線の転換に大きな影響を与えることとな

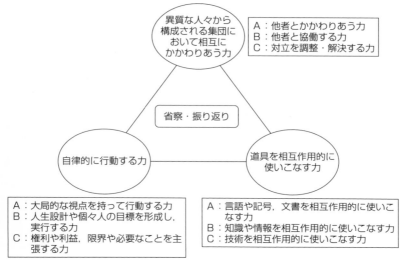

図 7-1　DeSeCo のキー・コンピテンシーの枠組み

(出所)（OECD, 2005）に基づいて筆者作成。

った。こうした PISA ショックは日本だけで起きているものではない。たとえば，2000年に PISA に初参加したドイツも，当初の PISA の結果は惨憺たるものであり，その後の教育政策に大きなインパクトを与えることとなったのである（Waldow, 2009）。このように，PISA は各国のカリキュラム政策に対して大きな影響力を持つようになってきたのである。

　一方で，PISA が国際的な影響力を増すほどに，その理論的背景が厳しく問われるようになってくる。OECD では，PISA の制度設計と並行的に，1997年から DeSeCo（Definition and Selection of Competencies）プロジェクトを実施して，理論的な整理を進めてきた。DeSeCo では，図 7-1 に示すように，子どもたちに求められるキー・コンピテンシーとして，三つのカテゴリーを設けている（Rychen & Salganik, 2003）。

　ここでは，①異質な人々から構成される集団で相互にかかわりあう力，②自律的に行動する力，③道具を相互作用的に使いこなす力，の三つのコンピテンシーの領域を設定するとともに，三つの領域に通底する概念として，省察・振

り返りが設定されている。

　省察・振り返りが中心的概念として設定されているのは，問題が複雑・多様化する現代社会においては，唯一解や二者択一的な考えよりも，一見矛盾・対立するように見える問題をいかに調和させていくかが重視され，さまざまな物事のつながりや相互関係をより統合的に考えることが必要となるという考えが背景にある。すなわち，ここで言う省察・振り返りは，メタ認知的なスキルや創造力等を含む広い概念とされている（Rychen & Salganik, 2003；OECD, 2005）。

　また，DeSeCo が統合的（holistic）なアプローチに立脚していることも重要なポイントである。すなわち，コンピテンシーとは，特定の知識やスキルといった構成要素を獲得するだけでは足りず，状況に応じて，目標を達成するために必要な知識やスキル等を活用することという「統合性」こそが，コンピテンシーの本質であるとされている（Rychen & Salganik, 2003）。この点についての理解を誤り，たとえば，コンピテンシーとはスキルを身に付けることとして理解してしまうと，知識を軽視することにもなりかねない。

　なお，PISA が測定している読解力，数学的リテラシー，科学的リテラシーは，DeSeCo で示された 3 領域のうち，③の道具を相互作用的に使いこなす力についての能力に含まれるものである。PISA 以外にも，TIMSS など多くの調査で測定されている能力が，この③のドメインに含まれる（Rychen & Salganik, 2003）。なお，PISA では毎回革新的分野を設定して，新たな分野における能力の測定を実験的に行ってきており，たとえば，2012年の調査では，創造的問題解決能力と金融リテラシーについて，2015年には共同問題解決能力の測定が行われている。また，2018年の調査では，グローバル・コンピテンスが革新的分野の対象とされているが，今後の PISA 調査の検討においては，後述する OECD Future of Education and Skills 2030（以下，Education 2030）プロジェクトの成果も随時取り入れられていくだろう。

（2）コンピテンシー重視の国際的潮流

　PISA が影響力を拡大するのに伴って，DeSeCo で定義されたキー・コンピ

テンシーが，カリキュラム改革においても参照されるようになった。もっとも早期に，かつ本格的にキー・コンピテンシー概念を取り入れたカリキュラム改革を進めたのが，2008年に大規模な改革を行ったニュージーランドである。その後も，2010年にオーストラリアが汎用的能力（General Capabilities）を重視したカリキュラムに変更したほか，シンガポールも同年，中核的価値（Core Values）を中心としたコンピテンシー重視のカリキュラム（21世紀型コンピテンシー枠組み）に，また2015年には韓国がキー・コンピテンシー（核心力量）を重視したカリキュラムに変更するなど，各国による動きが続いた（OECD，2015；勝野他，2013）。資質・能力の育成を重視した2017年・2018年の日本の学習指導要領改訂も，こうした国際的潮流に沿うものであると言えよう。

　コンピテンシーを重視したカリキュラムは，一般に，「コンピテンシー・ベース」のカリキュラムと称される。その含意するところは，従来の各国のカリキュラムが，学習のインプットである内容（コンテンツ）を重視するものであったのに対して，学習成果であるコンピテンシーに着目することにある。コンテンツの過度な重視は，知識の記憶や再生を重視する教育につながる傾向があり，その見直しの動きは，ある種当然に生じたものであると言える。

　もっとも，コンピテンシー重視のトレンドが，コンテンツの重要性を否定するものでないことには改めて留意が必要である。たとえば，早期からコンピテンシーを重視したイギリスにおいては，教科等の内容を大綱化・簡素化したが，逆に，コンテンツに関する知識が十分身に付いておらず，コンピテンシーの育成にも支障が生じるようになった。イギリスの国家カリキュラム改訂委員会の報告書において，カリキュラムの専門家であるティム・オーツは，「すべての学習はスキルを含んだコンテンツを有しており，コンテンツは通常，特定の具体的なものである。汎用的なスキルや能力は重要であるが，それらを単体として教えることはできない。こうしたスキルや能力はコンテンツを伴った文脈で教えなければならない」と指摘している。オーツの指摘は，コンピテンシーがコンテンツから切り離されて育成されるものではないことの重要性を明言するものである（Department of Education (U. K), 2011）。

（3）Education 2030プロジェクトとその背景

　さて，2003年にDeSeCoの最終報告が出されて以降，各国政府や国際機関，大学やシンクタンク，教師のネットワークなどが，さまざまな形で，「21世紀型スキル」「21世紀型コンピテンシー」など，21世紀において子どもたちが身に付けるべき力についての提言を行うようになった。代表的なものとしては，欧州委員会による「キー・コンピテンシー」や米国の官民共同プロジェクトである「21世紀型スキルに向けたパートナーシップ」による「21世紀型スキルのフレームワーク」などが挙げられる。1990年代後半以降，ICTの飛躍的進歩などの科学技術の発達，移民の増大や地球温暖化の進行などさまざまな変化が生じており，たとえば，今後20年間で47％の仕事が自動化，デジタル化またはアウトソーシングされてしまうという予測も示されている（Frey & Osborne, 2013）が，「21世紀型スキル」等の提言が生まれた背景には，伝統的な教育がこうした社会変化に対応できていないのではないかという危機感があると考えられる。

　その後，AIの発達や移民の急増などの社会的な変化もあり，OECDでは2015年からDeSeCoについての再検討を始めることになった（OECD, 2015）が，その直接の契機としては，2011年に起こった東日本大震災に対するOECDの教育部門による支援策としての「OECD東北スクールプロジェクト」の存在がある。このプロジェクトは，OECDが，実際に東日本大震災の被災地にある学校と共同で，プロジェクト型学習（Project-based Learning：以下，PBL）のプログラムを実施するものであった。未曾有の災害の中，故郷の復興をめざしていく東北スクールの生徒たちの真摯な取り組みは，国内外に感動を与えるとともに，PBLの可能性を広げるものであったが，予測困難な社会を生き抜いていくためには，どのような力が必要なのかが改めて問われることになった（Halasz, 2014）。

　こうした流れを受けて，OECDでは2015年に新たなプロジェクトを立ち上げた。このプロジェクトは，現在の子どもたちが社会に出て活躍をし始める時代にあたる2030年に，どのようなコンピテンシーが必要となるかを検討するも

のとして，名称も"Education 2030"プロジェクトとされた。

　もっとも，DeSeCoで示されたキー・コンピテンシーの枠組みは普遍性が強いものであり，策定から約15年が経過したとはいえ，必ずしも根本的な修正が求められるものではなかった。しかしながら，DeSeCoは研究者を中心にして策定されたことから理論的な性格が強く，行政官や教師にとって使いにくく，生徒や保護者にとっても分かりにくいとも指摘されていた。そこで，Education 2030プロジェクトでは，2030年に必要になると考えられるコンピテンシーを分かり易く定義することに加え，そうしたコンピテンシーを育成するためのカリキュラムや教授法，学校運営等についても併せて検討することとしたのである。また，そのための仕掛けとして，研究者や各国の行政官はもとより，世界的に学校のネットワークを構築することで，学校長や教職員，生徒の参画やフィードバックを得ながらプロジェクトを進めていくこととした。

　また，コンピテンシーに関連する概念の分類法や用語の定義を行うことも，プロジェクトの重要な目標とされた。すなわち，「21世紀型スキル」が注目されさまざまな提言が出される中で，たとえば，「コンピテンシー」と「スキル」が区別なく用いられていたり，両者の包含関係が論者によっては逆転しているなど，用語をめぐる混乱も見られたのであり，こうした用語を適切に整理することも求められたのである。

2　Education 2030プロジェクトにおけるコンピテンシー枠組みの策定

（1）新たなコンピテンシー・モデルの検討枠組み

　Education 2030は，新たなキー・コンピテンシーの枠組みの構築と，カリキュラムや指導法などそれを実現するための方策に関する研究に取り組むことを目的として，第一期が2015年から2018年までの4年間，第二期が2019年から2022年までの4年間の，合計で8年のプロジェクトとして予定されている。第一期においては，新たなコンピテンシーの枠組みを整理しつつ，同時並行的に，各国のニーズが強いカリキュラムに関する分析を行っている。第二期において

は，指導法や評価方法，学校運営等について取り上げる予定である。本章では，第2節でコンピテンシーについて，第3節でカリキュラムに関する分析について取り上げることとしたい。

（2）コンピテンシーの要素の特定と階層化

　プロジェクトの初期段階での議論では，コンピテンシーの要素として，知識，スキル，人格に関する三つの領域が観念されること，また，DeSeCoと同様に，メタ認知的な要素を入れるべきとの指摘が出ていた。これを出発点として，各国行政官や専門家を含めた議論において，当初のアイディアが精緻化されていった。さまざまなコンピテンシーの中から，たとえば，論理的思考力や協働性，共感性といった2030年に向けて必要となる構成要素（コンストラクト）を抽出するため，①定義の明確さ，②2030年の未来との関連性，③他のコンピテンシーとの相互関連性，④影響力，⑤教育可能性，⑥測定可能性の六つを選択の基準として採用することとした（OECD, 2017a）。その上で，ブルーム・タキソノミー等の先行研究においても，認知，精神運動，情意の三つの側面が定義されていることを踏まえ，各コンストラクトが，知識，スキル，態度および価値の領域（ドメイン）に含まれるものと整理した。

　「知識」のドメインについては，伝統的に数学や理科などの学問分野ごとの知識が重視されてきたところである。こうした知識は，新しい知識が創出される基盤となるものであり，今後も重要なものであることは変わらないだろう。しかしながら，現時点での学問分野別知識が絶対なものでもなく，それらは不断の見直しをしなければならないことにも留意しなければならない（Young, 2016）。また，社会が急速に変化していく中で，より重要性が増すのは学問分野の領域を超えた教科横断的知識である。

　加えて，近年重視されるのが「認識論的知識（エピステミックな知識）」と呼ばれる知識である（OECD, 2018）。これは，たとえば，直面している課題について，数学者や歴史学者，科学者であれば，どのように考えるか，ということを知っているということであり，各学問分野の本質や原理原則についての知識

である。たとえば，ニュージーランドにおいては，認識論的知識をカリキュラムの中に組み込むことで，教師が各教科の中の課題を実生活上の課題と関連付けて考えたり，あるいは，各分野の専門家がどのような思考方法を採るかを分かり易く伝えるようにしている。2017年に策定された日本の学習指導要領における「見方・考え方」も，ここでいう認識論的知識に近いものと言えよう。

　次に，「スキル」のドメインには広範な内容が含まれる。ここでは，伝統的に重視されてきた認知的スキルには，メタ認知的スキルも含まれるものと整理している。当初は，DeSeCoで定義された省察・振り返りのように，メタ認知を独立したドメインとしてとらえるべきとの意見もあったが，メタ認知スキルも認知的スキルの一環であることから，このような整理とした。また，社会・情動的スキルや身体・実用的スキルもスキルのドメインに含まれるものとしている。

　「態度および価値観」については，公教育において明示的な教育目標とせず，家庭教育に委ねている国もあるが，とくに，ヨーロッパにおけるテロリズムの続発などの社会的背景もあり，たんに知識やスキルを獲得するだけでなく，それらをどのような方向に用いていくかという側面が重視されている。そのため三つのドメインの一つとして整理されることとなった。こうした態度や価値観については，「知徳体」を教育の目標としてきた日本や中国，韓国などアジア諸国においては伝統的に重視されてきたものであり，当初よりプロジェクトに参画してきた日本からの提案が受け入れられたものである。

　なお，ここで重要なことは，特定のコンストラクトがどのドメインに包含されるかについては，明確な線引きができないことである。その理由としては，各構成要素がしばしば多面的な性格を有することである。たとえば，共感性を認知的スキルや情動的スキルとして位置付ける見解がある一方で，共感性を態度として整理している研究もある。その文脈や定義などによって，どのドメインに含まれるかは変わってくることに留意する必要がある（OECD, 2016）。

（3）2030年に向けたコンピテンシーの特定（OECD ラーニング・コンパス）

　以上のように定義された知識，スキル，態度および価値観の三つのドメイン
は，あくまでもコンピテンシーを分解したものであるが，実際には，さまざま
な課題に対して，これらのドメインを統合的に用いて対処していくことが求め
られる。このことは，DeSeCo で示された統合的（holistic）なコンピテンシー
観においてもすでに明示されているところであり，変わるものではない。

　Education 2030では，2030年という未来において求められる力として，エー
ジェンシーを中心としながら，とくに「変革を起こす力のあるコンピテンシ
ー」として，①新たな価値を創造する力，②対立やジレンマを克服する力，③
責任ある行動をとる力，の三つを特定している。ここで，中心となる考え方で
あるエージェンシーは，「自ら考え，主体的に行動して，責任を持って社会変
革を実現していく力」である（OECD, 2018）。とりわけ，社会が急激に変化し
ていく中では，例えば，既存のルールを変えたり，新しい社会的価値を生み出
すことなどが必要になる。その際，自らの思いだけでなく，一人一人が，他者
や社会との関係性を踏まえながら，責任を持って行動していくことが重要にな
る。

　三つの「変革を起こす力のあるコンピテンシー」のうち「新たな価値を創造
する力」については，イノベーションを起こしていくためには，個々人の思考
や作業だけでなく，他者との協力や協働によって新しい知識を生み出すことの
重要性が前提となる。具体的には，創造力や好奇心，開かれた考え方（Open
mindset）などの要素が必要になると考えられている。

　「対立やジレンマを克服する力」については，とくに重要になるのが，唯一
解でない解を導く力である。たとえば，権利と義務，変革と継続，効率性と丁
寧さなどは，しばしば対立的な概念となるが，これらの間でバランスを取って，
両者を調停し，対立を克服していくことが求められる。また，バランスのとれ
た判断や行動をする際に必要となるのが，自分のことだけでなく，家族やコミ
ュニティをはじめとしたさまざまなニーズや願望を視野に入れた上で判断して
いくということであり，近年，システム思考力などと呼ばれて重視されている。

　最後の「責任ある行動をとる力」は，上述の二つのコンピテンシーの要件となるものである。新たな価値を創造したり，あるいは対立やジレンマを克服していくためには，自分のことだけでなく，他者のことや周辺のさまざまな事情を考慮することが求められる。自分の言動がどのような帰結をもたらすのかを考えることは，自分の過去の経験についての省察や自分の行為を客観的に評価するという道徳的・知的成熟性が求められることになる。そのため，自己調整，問題解決能力，適応性などが求められることになる（OECD, 2018）。

　これらのコンピテンシーは，Anticipation（見通し），Action（行動），Reflection（振り返り）という連続した過程を通じて獲得される。「見通し」を持つためには，認知的スキルを駆使して，たとえば，将来どのようなことが必要になるのか，現時点での行動がどのような影響をもたらすのか，といったことを考えることが必要になる。また，「振り返り」とは，状況を別の視点から見直すことによって，客観的なスタンスをとることである。Education 2030では，これらを総称して，「AAR サイクル」と呼んでいる。なお，我が国の教育実践においては，「見通し」や「振り返り」は指導上の工夫として意識されることが多く，これらをコンピテンシーの一環としてとらえることは必ずしも一般的ではない。この点の両者の違いについては留意が必要である（OECD, 2018）。

　こうした議論を視覚化したものが，図 7-2 であるが，ここで注目すべきが，コンパスの針が向かう先に，ウェルビーイングが示されていることである。ウェルビーイングとは，幸福で快適・安全な状態を示すものである。21世紀に求められるコンピテンシーの発揮が，そもそも何のためのものなのかを改めて考えれば，我々一人一人はもちろん，家族や友人，職場や地域の人々，そして一国だけでなく世界全体のウェルビーイングを高めるためであろう。ここでは個々人のウェルビーイングだけでなく，社会全体のウェルビーイングが目標とされていることに留意したい（OECD, 2018）。

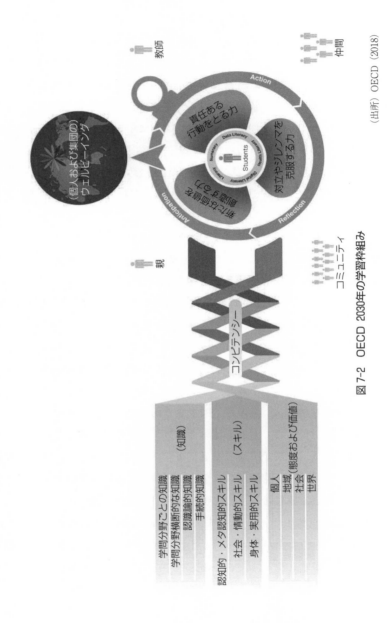

図7-2　OECD 2030年の学習枠組み

（出所）OECD（2018）

3　カリキュラムの国際比較分析

（1）カリキュラムの分析枠組み

　前述のとおり，Education 2030の目標の一つは，DeSeCo のように純粋なコンピテンシー研究で終わらずに，カリキュラムや教授法，学校のマネジメントシステムなど具体的な活用方策を示していくことにある。とりわけ，カリキュラムはプロジェクトの直接的参加者である各国政府の政策や制度に直接関わる事項でもあるため，第一期において，コンピテンシーと並ぶ主要課題として取り上げられてきた。

　その際，教科の構成や内容が異なる各国のカリキュラムを比較する上で問題となるのが，分析枠組みをどのように設定するかという点である。Education 2030では，過去に TIMSS 等で用いられた分析枠組みを参考にしながら，①意図されたカリキュラム，②実施されたカリキュラム，③実現されたカリキュラムの観点から議論を構築することにした。すなわち，我が国の学習指導要領をはじめとした国や地方政府等が策定する規則や文書，ガイドライン（①）だけでなく，実際に学校や教室で教師によって実施されるカリキュラム（②），教師による授業を受けて生徒が身に付けるカリキュラム（③）の区別があると考えられている（Schmidt, 2016）。

　このように多様な側面があるカリキュラムであるが，カリキュラム分析の主たる対象となるのは，①の「意図されたカリキュラム」であり，日本の学習指導要領のように，政府機関等が作成するものである。Education 2030の第一期においては，①に関する分析がその大半を占めることになった。

　TIMSS におけるカリキュラム分析の先行的な研究結果によれば，優れた成績を出している国のカリキュラムには共通する特徴があり，それらは，①一貫性，②厳格性，③焦点化の三つの要素である。Education 2030においても，この TIMSS の分析結果を参照しているが，これらの3要素は，具体的には以下のような内容となる（Schmidt, 2016）。

　「一貫性」とは，教科間での学年を越えたタテの一貫性と，教科間でのヨコの一貫性の両面を含めた，総合的な一貫性のことである。

　「厳格性」とは，カリキュラムに含まれるトピックを，適度に挑戦的なものにすべきということである。基本的な概念から始まって，より高度な内容に至るよう，各学年ごとに厳格性を含ませながら，児童生徒の発達段階に適合するようにデザインすることが必要である。

　「焦点化」とは，教科で教えられるトピックは，なるべく限定されるべきとする考え方である。

　これらの3要素については，次項で紹介するカリキュラムに関する国際的な共通課題を分析する際の，基本的な観点を提供するものとなる。また，これら以外にも，エージェンシーの育成（前述，2節（3）参照），学習内容の選択可能性，各トピックで身に付けたコンピテンシーの転移可能性などについても，カリキュラムのデザインにおいて考慮すべき要素との意見が出されている（OECD, 2018）。

（2）カリキュラムに関する国際的な共通課題

　カリキュラムについて，各国はさまざまな課題を抱えているが，伝統的に，カリキュラムは各国の国内政策としての性格が強く，そうした課題は，これまで必ずしも共有されてこなかった。Education 2030プロジェクトでは，各国が直面しているカリキュラムに関する課題について議論・検討し，そのうち多くの国に共通する課題について，表7-1に示した5点を特定した（OECD, 2018）。

　本章では，執筆時点のプロジェクトの進捗状況に鑑み，また，各国においてもっとも重視されている課題であることから，①のカリキュラム・オーバーロードについて取り上げる。

　前述の優れたカリキュラムに共通する3要素のうち，焦点化（focus）は，まさにこの問題を検討する視座を提供するものである。すなわち，カリキュラムを設計する際に，内容が過多になれば，教員の授業準備や児童生徒の内容理解に支障が生じるのは当然である。しかしながら，伝統的な学問分野である数

表 7-1　カリキュラムに関する共通課題

共通する課題	各課題の内容
①カリキュラム・オーバーロード	カリキュラムに求められる内容が過大になっており，教師や生徒の負担も大きくなっている。
②カリキュラムの効果的な実施	カリキュラム策定者（多くは政府）と実施者（教師）の間での理解の違い等により，意図せざる結果が生じている。教師による十分な理解と，それに対するサポートがない限り，効果的な実施は困難である。
③カリキュラムの質の確保	カリキュラムの質が高いものになっていない。たとえば，多くの事象を浅く触れるだけで，生徒の深い理解につながっていない。
④タイム・ラグ	どれほど先を見据えたカリキュラムであっても，実施までにはある程度の時間がかかるため，実際の社会的変化の方が先行することが多い。
⑤格差・公平性	カリキュラムが格差の是正につながっていない。

（出所）OECD（2018）に基づき筆者作成。

学・算数や理科，国語，社会等に加えて，たとえば，プログラミング教育，国際理解教育，環境教育，防災教育，安全教育，主権者教育，消費者教育，知的財産教育，金融教育など，カリキュラムに求められる事項は，増加の一途をたどっている。問題をより複雑にしているのは，これらの事項が，いずれも重要であること自体は否定できないことである。

　カリキュラム・オーバーロードとは，一般にカリキュラムで扱う内容が過多となっている状態のことであり，Education 2030に参加しているOECD諸国においても，広く認識されている共通課題であるが，この問題の本質は，カリキュラムの「広さ」と「深さ」をいかにして両立するかということにある。

　たとえば，ノルウェー教育研究省が出したカリキュラム改革に関するレポートでは，「深い学び」（Deep learning）を「学問分野内の概念やコンテクストについて理解すること，それによって，新しいアイディアを既知の概念や原則に結び付け，新たなあるいは馴染みのないコンテクストにおいても，課題の解決に用いることが可能になるもの」としている。同レポートにおいても，ノルウェーの従来のカリキュラムの内容は広範に過ぎ，「深い学び」を困難にしているとして，各教科領域のコアとなる要素に焦点を当てるべきとしている（Norweigean Ministry of Education and Research, 2014）。

　また，シンガポールではTLLM（Teach Less, Learn More）イニシアティブとして，カリキュラムの内容を削減する政策を実施しているが，同国教育大臣の説明でも，「TLLMは教師が教えることを少なくするという呼びかけではない。テストや試験のためにではなく，教師がよりよく教え，生徒に関心を持たせ，彼らの人生に対して準備をさせるものであり，だからこそ，TLLMは教育における質の本質に至ろうとしているのである」と述べており，表現は異なるものの，学習量よりも，その質や深さを重視する方向を志向している。

　Education 2030プロジェクトにおける各国調査によれば，カリキュラム・オーバーロードの原因としては，新たなコンテンツやコンピテンシーに対するニーズに加えて教師の柔軟性（の欠如）や保護者や生徒からの要望なども挙げられている（OECD, 2017b）。また，カリキュラムを均一の深さでカバーすることを重視するか，メリハリをつけて，重要なトピックは深く，そうでないトピックは浅く指導するかによっても，生徒の理解に大きな違いが出てくる可能性もある。

（3）コンピテンシーの視点からのカリキュラム分析

　さて，カリキュラム・オーバーロードの問題を解決するために必要な考え方の一つが，各教科や単元・領域が，どのようなコンピテンシーの育成にどの程度寄与しているのかを整理し，国際比較の視点からカリキュラムの内容の見直しを行っていくというアプローチである。

　伝統的な教科についても，領域や単元ごとに細かく分析していけば，コンピテンシーの育成に大きく寄与するものもあれば，そうでないものもあるだろう。たとえば，幾何学は伝統的に数学の重要な部分を占めてきたが，近年，AIなどの重要性が増す中で，確率・統計をより重視すべきとの意見も見られる。各単元・領域の重要性を判断する際に，それぞれが，どのようなコンピテンシーの育成に寄与しているのかを把握し，比較することで，有限な授業の時間を，どの教科，どの単元・領域に配分していくかの重要な手がかりが得られるだろう。各国がめざすコンピテンシーと，それを担保する（と考えられている）各

教科およびその領域・単元との関係が見えてくれば，たとえば，ある国では伝統的に教科の本質と考えられていた領域・単元が，国際的には，まったく本質的部分とみなされていなかったり，コンピテンシー育成への寄与が想定されていないということも考えられる。別の言い方をすれば，コンピテンシーの視点から，カリキュラム全体の再設計を行っていくことにつながるということである。

　現在，OECD ではこうした検討を行っているが，その成果によっては，これまで当然に教えるべきものと考えられてきた領域や単元を見直したり，既存の教科の再編を行っていくことも想定される。カリキュラム・オーバーロードの連鎖を解決し，本当に必要となるコンピテンシーを育成していくために，真に必要な教科や教科の中の単元・領域を構成していくことが必要なのである。そうすることで，本当の意味での「コンピテンシー・ベース」のカリキュラムの設計に近づくことができると言えよう。

 さらに学びたい人のための図書

OECD（2005）"Definition and Selection of Key Competencies Executive Summary"（http://www.oecd.org/pisa/35070367.pdf）.
　▶この分野については日本語の文献が少なく，英語文献になるが，DeSeCo の要点について簡潔にまとまっている。

松下佳代（2010）「新しい能力は教育を変えるか」松下佳代編著『新しい能力概念と教育』ミネルヴァ書房。
　▶コンピテンシーの概念の背景から丁寧に書かれており，DeSeCo やキー・コンピテンシーを客観的に把握する上での基本書。

田熊美保・秋田喜代美（2017）「新しい学力像と評価のあり方」佐藤学ほか編『学びとカリキュラム』（岩波講座　教育　変革への展望 5 ）岩波書店。
　▶ Education 2030 プロジェクトの責任者である田熊美保氏と秋田喜代美先生の共同執筆。主にカリキュラムの観点から，非常にわかりやすく書かれている。

引用・参考文献

勝野頼彦ほか（2013）「諸外国の教育課程と資質・能力——重視する資質・能力に焦点を当てて」（教育課程の編成に関する基礎的研究　報告書6）国立教育政策研究所。

白井俊（2020）『OECD Education 2030プロジェクトが描く教育の未来——エージェンシー，資質・能力とカリキュラム』ミネルヴァ書房。

Department for Education (U.K.) (2011) "The Framework for the National Curriculum. A report by the Expert Panel for the National Curriculum review" (https://www.gov.uk/government/publications/framework-for-the-national-curriculum-a-report-by-the-expert-panel-for-the-national-curriculum-review).

Frey, C. B. & Osborne, M. A. (2013) "The Future of Employment: How susceptible are jobs to computerisation?" (https://www.oxfordmartin.ox.ac.uk/downloads/academic/The_Future_of_Employment.pdf).

Halasz (2014) "The OECD-Tohoku School project (A case of educational change and innovation in Japan)" (https://www.researchgate.net/publication/281348049_The_OECD-Tohoku_School_project_A_case_of_educational_change_and_innovation_in_Japan).

Norweigean Ministry of Education and Research (2014) "Pupil's Learning in the School for Future", Summary of Official Norwegian Report 2014: 7.

OECD (2005) "Definition and Selection of Key Competencies Executive Summary" (http://www.oecd.org/pisa/35070367.pdf).

OECD (2015) *Project Proposal*, EDU/EDPC(2015)7/REV2.

OECD (2017a) "Progress Report of the OECD Learning Framework 2030, EDU/EDPC" (2017) 25 (unpublished).

OECD (2017b) "Draft Discussion Paper on Curriculum Overload", EDU/EDPC (2017) 18 (unpublished).

OECD (2018) "The Future of Education and Skills 2030" (https://www.oecd.org/education/2030-project/about/documents/E2030%20Position%20Paper%20(05.04.2018).pdf).

Rychen, D. S. & Salganik, L. H. (eds.) (2003) *Key Competencies for a successful life and well-functioning society*. Hogrefe & Huber Publishers（立田慶裕監訳（2006）『キー・コンピテンシー——国際標準の学力をめざして』明石書店）.

Schmidt, W. (2016) "Transnational Curriculum Analysis: Twenty years of background analyzing mathematics and science curricula" (https://www.oecd.org/education/2030-project/contact/Transnational_Curriculum_Analysis_Twenty_years_of_back ground_analysing_mathematics_and_science_curricula.pdf).

Waldow, F. (2009) "What PISA Did and Did Not Do: Germany after the PISA-Shock", *European Educational Research Journal*, vol. 8 no. 3.

Young, M. (2016) "Reflection on the Knowledge Domain", (http://www.oecd.org/educa tion/2030-project/about/documents/PRELIMINARY-REFLECTIONS-AND-RE SEARCH-ON-KNOWLEDGE-SKILLS-ATTITUDES-AND-VALUES-NECESSAR Y-FOR-2030.pdf).

第Ⅱ部　カリキュラムづくりの挑戦

第8章

一人一人を生かす特別支援教育カリキュラム

石塚謙二

1 特別な支援が必要な児童生徒

（1）特別な配慮を必要とする児童生徒への指導

　小学校学習指導要領（2017）の総則において，特別支援学校に在籍する児童生徒を除く特別な支援が必要な児童生徒について，「特別な配慮を必要とする児童への指導」として，まとめて述べられている。

　障害のある児童については，「障害のある児童などについては，特別支援学校等の助言又は援助を活用しつつ，個々の児童の障害の状態等に応じた指導内容や指導方法の工夫を組織的かつ計画的に行うものとする」としており，特別支援学校の機能を生かすとともに，組織的な取り組みを求めている。

　また，「障害のある児童などについては，（中略）個別の教育支援計画を作成し活用することに努めるとともに，各教科等の指導に当たって，個々の児童の実態を的確に把握し，個別の指導計画を作成し活用することに努めるものとする」としており，一人一人に効果的な指導の実施を求めている。

　一方，共生社会の実現をめざし，「障害のある幼児児童生徒との交流及び共同学習の機会を設け，共に尊重し合いながら協働して生活していく態度を育むようにすること」としており，従前の記述に「共に尊重し合いながら協働して生活していく態度を育む」を加え，その目的を明確にしている。障害のある児童生徒を尊重するということは，その思いを大切にするとともに，困難さが伴う場合も多いが，彼らの主体性を限りなく重視することであると考える。

　さらには，各教科等の指導において，「障害のある児童などについては，学習活動を行う場合に生じる困難さに応じた指導内容や指導方法の工夫を計画的，組織的に行うこと」としており，通常の学級に在籍する障害のある児童生徒に対して学校として指導の工夫を強く求めている。

　こうした学習指導要領の規定には，これまでに通常の学級に発達障害である可能性のある児童生徒が約6％在籍していることや，「障害者の権利に関する条約」の批准に伴い，障害者に関係する法令が制定されたり，改正されたりしたことなどが大いに影響している。

　学習上の困難さなどのある児童生徒に対しては，教育の目的である人格の完成をめざす際には，人間としての尊厳を確実に保つことを忘れることがないようにしたい。場合によっては，その困難さの原因等が適切に理解されず，効果的な支援が行われないことがある。そのような状況では，自分を律し，かつ社会における役割を明確に意識できるような児童生徒に育成するのは難しくなることから，よりいっそうの豊かな感性と緻密な指導が教師には求められる。

（2）特別な支援が必要な児童生徒の広がり

　今日的には，特別支援学校等に在籍する児童生徒のほか，小学校等の通常の学級に在籍する発達障害のある児童生徒にも適切な支援が必要であるとの認識が重要である。

　そうした状況に応じて，学校教育法第81条においては，「幼稚園，小学校，中学校，義務教育学校，高等学校及び中等教育学校においては，次項各号（著者注釈：特別支援学級の種類を示している）のいずれかに該当する幼児，児童及び生徒その他教育上特別の支援を必要とする幼児，児童及び生徒に対し，文部科学大臣の定めるところにより，障害による学習上又は生活上の困難を克服するための教育を行うものとする」と特別支援学級に在籍する児童生徒以外にも，効果的な指導・支援が必要であることが明確に規定されている。

　特別な支援が必要な児童生徒は，多くの場合，成功体験の少なさなどから，自尊感情の低下が危惧され，実体験に基づく実感や納得，本音が不足し，自分

自身の主人公になるための取り組みに困難さがあることにとくに留意したい。

（3）場を選ばない特別支援教育

　特別な支援が必要な児童生徒に対する指導・支援は，特別なニーズがあれば，それに応じて場を問わず効果的に実施されるべきである。

　特別支援学校におけるカリキュラムでは，個別のニーズに応じて指導内容等を適合させることができる。特別支援学級では，通常の学級のカリキュラムを基本として，必要に応じて特別な指導目標や指導内容を取り扱うことなどができる。通級による指導では，基本的には通常の学級のカリキュラムによる授業を受けている児童生徒が，障害の状態の改善のための特別な内容の指導を受けることができる。つまり，上記の学校等は，通常の学級とは異なる指導内容等を取り入れることなどができるが，通常の学級ではできない。

　通常の学級においては，通常のカリキュラムを前提に，可能な限りどの児童生徒も分かりやすい授業を展開するとともに，障害のある児童生徒も学習の成果が期待できる特別な配慮，つまり「合理的配慮」を的確に提供することなどが要件となり，特別な支援を行わないことは，今日的には，それが差別と見なされることに留意する必要がある。

　この「合理的配慮」の的確な提供を進めて，障害のある児童生徒も，社会を生きる力と，自分自身の固有の世界を生きる力の双方を育てることが重要である。「合理的配慮」は，障害等のある児童生徒が，通常の学級において，教育目標を達成するためには不可欠であると言える。「人間教育」を進める上で，「合理的配慮」を怠れば，その目標の達成は難しくなる。

2　特別支援教育の背景と意義

（1）インクルーシブ教育システム（包容する教育制度）と特別支援教育

　2007（平成19）年，我が国は国連において「障害者の権利に関する条約」に署名をし，2014（平成26）年に同条約が発効している。この条約の教育条項に

は，「インクルーシブ教育システム」の構築と，障害のある児童生徒が障害の
ない児童生徒と共に学習する際には，「合理的配慮」の提供が必要であるとし
ている。

　この条約は，1994年にスペインのサラマンカで，ユネスコ（UNESCO）とス
ペイン政府によって開催された「特別ニーズ教育世界会議」において採択され
た声明に関連が深い。声明では，インクルーシブな方向性を持つ学校こそが，
差別的な態度とたたかい，インクルーシブな社会を建設し，万人のための教育
を達成するためのもっとも効果的な手段であるなどとしている。

　この条約の批准に先立ち，中央教育審議会（2012）は，共生社会と「インク
ルーシブ教育システム」の構築などについて提言している。

　その提言での「インクルーシブ教育システム」の定義等は以下の通りである。

○「インクルーシブ教育システム」とは，人間の多様性の尊重などの強化，障害者
　が精神的及び身体的な能力等を可能な最大限度まで発達させ，自由な社会に効果
　的に参加することを可能とする目的の下，障害のある者と障害のない者が共に学
　ぶ仕組みであり，障害のある者が教育制度一般から排除されないこと，自己の生
　活する地域において初等中等教育の機会が与えられること，個人に必要な合理的
　配慮が提供されること等が必要とされている。
○共生社会の形成に向けて，障害者の権利に関する条約に基づくインクルーシブ教
　育システムの理念が重要であり，その構築のため，特別支援教育を着実に進めて
　いく必要があると考える。
○インクルーシブ教育システムにおいては，同じ場で共に学ぶことを追及するとと
　もに，個別の教育的ニーズのある幼児児童生徒に対して，自立と社会参加を見据
　えて，その時点で教育的ニーズに最も的確に応える指導を提供できる，多様で柔
　軟な仕組みを整備することが重要である。

　インクルーシブ教育システムの思想的な基盤は，「インクルージョン」とい
う考え方である。その「インクルージョン」については，厚生省（1999）は，
「今日的な『つながり』の再構築を図り，全ての人々を孤独や孤立，排除や摩
擦から援護し，健康で文化的な生活の実現につなげるよう，社会の構成員とし

て包み支え合う（ソーシャル・インクルージョン）ための社会福祉を模索する必要がある」と提言しており，孤独や孤立，排除や摩擦から援護し，「包み支え合う」ことを重視した考え方であり，まさに誰も排除しない，すべてを包含することを求めている。

　この「インクルージョン」という考え方をもとに，人々の営みの理想をめざすことは，「人間教育」における「人間的な成長・成熟を目指す教育」と軌を一にすると考える。この考え方をどの教育の場においても重視したい。

　条約の批准に伴い，2004（平成16）年に改正された障害者基本法第16条には，「インクルーシブ教育システム」に関連して，以下の規定が示されている。

（教育）

　第16条　国及び地方公共団体は，障害者が，その年齢及び能力に応じ，かつ，その特性を踏まえた十分な教育が受けられるようにするため，可能な限り障害者である児童及び生徒が障害者でない児童及び生徒と共に教育を受けられるよう配慮しつつ，教育の内容及び方法の改善及び充実を図る等必要な施策を講じなければならない。

　2　（略）

　3　国及び地方公共団体は，障害者である児童及び生徒と障害者でない児童及び生徒との交流及び共同学習を積極的に進めることによつて，その相互理解を促進しなければならない。

　4　（略）

　障害者基本法の改正後，2016（平成28）年には，「障害を理由とする差別の解消の推進に関する法律」が施行され，小学校等にも「合理的配慮」の提供が義務化されており，先述の学習指導要領の規定に大きく影響を与えている。

　学校におけるカリキュラム編成において，今日的には，この「インクルーシブ教育システム」を考慮しなければならない状況であることを理解する必要がある。それは，互いに尊重し合い，共に生きる社会をつくることは，人間としてきわめて重要であり，「人間教育」を進める上で欠くべからざることである。

（2）特別支援教育の理念

　文部科学省（2007）の通知「特別支援教育の推進について」（19文科初第125号）において，特別支援教育の理念が以下のように述べられている。

　　特別支援教育は，障害のある幼児児童生徒の自立や社会参加に向けた主体的な取組を支援するという視点に立ち，幼児児童生徒一人一人の教育的ニーズを把握し，その持てる力を高め，生活や学習上の困難を改善又は克服するため，適切な指導及び必要な支援を行うものである。

　　また，特別支援教育は，これまでの特殊教育の対象の障害だけでなく，知的な遅れのない発達障害も含めて，特別な支援を必要とする幼児児童生徒が在籍する全ての学校において実施されるものである。

　　さらに，特別支援教育は，障害のある幼児児童生徒への教育にとどまらず，障害の有無やその他の個々の違いを認識しつつ様々な人々が生き生きと活躍できる共生社会の形成の基礎となるものであり，我が国の現在及び将来の社会にとって重要な意味を持っている。

　この通知は，2007（平成19）年度から施行された改正学校教育法を踏まえ，特殊教育から特別支援教育への転換の意義を唱えており，特別支援教育とは，通常の学級に在籍する発達障害のある児童生徒等も対象にしていること，そして共生社会の基礎づくりとして意義があるとしている。

　特別支援教育の実施に際しては，障害のある児童生徒が対象であることを深慮し，教師の絶えざる修養と指導の対象に対する愛情ある見守り，そして支援と指導がよりいっそう重視されねばならない。また，文中の「その持てる力を高め」に留意したい。「持てる力」はどのような形で個々の児童生徒に存在するのか，それを見極める力量が必要である。それゆえ，障害のある児童生徒が教師を信頼できるよう尽力するとともに，教師の背中からも学ぶことができるよう教師の人間性の豊かさと研鑽の成果がとくに求められる。

（3）特殊教育から特別支援教育へ

①特殊教育

2006（平成18）年度までは，障害のある児童生徒の教育は，特殊教育とされていた。1947（昭和22）年には，盲学校や聾学校への就学が義務化され，養護学校への就学が義務化されたのは，1979（昭和54）年であった。小・中学校に設置された現在の特別支援学級である特殊学級も普及していた。

1993（平成5）年には，通級による指導が制度化された。通級による指導の対象として，2006（平成18）年には発達障害とされている学習障害者（LD）と注意欠陥多動性障害者（ADHD）が新たに加わっている。

②発達障害のある児童生徒の実態調査

文部科学省（2000）は，当時の盲学校や聾学校，養護学校に在籍する児童生徒の障害の状態がよりいっそう重度化していたり，障害が重複していたりする傾向が顕著であったことなどから，「盲・聾・養護学校の教育の充実と，小中学校の特別な支援を必要とする児童生徒の対応」の方向性を取りまとめている。

同時期に，文部科学省は，「通常の学級に在籍する特別な教育的支援を必要とする児童生徒の全国調査」を実施することとした。我が国初の調査として，公立小学校および公立中学校の通常の学級に在籍する児童生徒約4万人を対象に，現在では発達障害として括られているが，当時の名称でいう，「学習障害」や「注意欠陥多動性障害」，「高機能自閉症」（著者注釈：知的障害のない自閉症）の状態像を示す児童生徒の実態を明らかにした。

文部科学省は調査結果として，知的発達に遅れがないものの，学習面や行動面で著しく困難があると回答した児童生徒の割合が約6.3％であったことを公表した。知的な遅れはないが，特異的な学習上の困難さがあるという事実は，それまで十分には認識されていなかった。新たな認識が必要であることを知らされたと言っても過言ではない。

このことは，児童生徒を画一的にとらえ，教育を行うことの問題性をよりいっそう鮮明にした。「人間教育」を進め，独立した人格へと育てていく際には，個別の配慮がなければ，その目標達成には届きにくい場合も多いことを認識し

なければならないということである。

③特別支援教育の胎動

　発達障害のある児童生徒の実態調査の結果等を踏まえ，中央教育審議会(2003) は，「今後の特別支援教育の在り方について（最終報告）」を取りまとめた。その提言において，とくに留意すべきことは，「障害の程度などに応じ特別の場で指導を行う『特殊教育』から，障害のある児童生徒一人一人の教育的ニーズに応じて適切な教育的支援を行う『特別支援教育』への転換を図る」とされたことである。この答申を受け，文部科学省は，2007（平成19）年に盲学校や聾学校，養護学校を特別支援学校に一本化することや，特別支援学校の小・中学校等への相談・支援機能を法的に位置付けている。

3　特別支援学校の教育

（1）特別支援学校の制度

　学校教育法第72条において，「特別支援学校は，視覚障害者，聴覚障害者，知的障害者，肢体不自由者又は病弱者（身体虚弱者を含む。以下同じ。）に対して，幼稚園，小学校，中学校又は高等学校に準ずる教育を施すとともに，障害による学習上又は生活上の困難を克服し自立を図るために必要な知識技能を授けることを目的とする」と規定されている。

　表8-1は，学校教育法施行令第22条の3に規定されている表である。

　この施行令に関しては，先述の「インクルーシブ教育システム」の構築の一環として，2007（平成19）年に改正され，市町村教育委員会が，障害の状態や教育上必要な支援，その地域における教育体制の整備などの状況を勘案して，表に示す障害の種類や程度に該当する児童生徒であっても，一般の学校において教育を受けられるかどうかを判断できるようになっている。このことは，障害のある児童生徒も通常の学級に在籍することが多くなることも予想され，人格の完成をめざした教育を進める際には，それぞれの学校における創意工夫あるカリキュラム編成が必要となっている。

表8-1　学校教育法施行令による特別支援学校対象児童生徒の障害種と障害の程度

区分	障害の程度
視覚障害者	両眼の視力がおおむね〇・三未満のもの又は視力以外の視機能障害が高度のもののうち，拡大鏡等の使用によつても通常の文字，図形等の視覚による認識が不可能又は著しく困難な程度のもの
聴覚障害者	両耳の聴力レベルがおおむね六〇デシベル以上のもののうち，補聴器等の使用によつても通常の話声を解することが不可能又は著しく困難な程度のもの
知的障害者	一　知的発達の遅滞があり，他人との意思疎通が困難で日常生活を営むのに頻繁に援助を必要とする程度のもの 二　知的発達の遅滞の程度が前号に掲げる程度に達しないもののうち，社会生活への適応が著しく困難なもの
肢体不自由者	一　肢体不自由の状態が補装具の使用によつても歩行，筆記等日常生活における基本的な動作が不可能又は困難な程度のもの 二　肢体不自由の状態が前号に掲げる程度に達しないもののうち，常時の医学的観察指導を必要とする程度のもの
病弱者	一　慢性の呼吸器疾患，腎臓疾患及び神経疾患，悪性新生物その他の疾患の状態が継続して医療又は生活規制を必要とする程度のもの 二　身体虚弱の状態が継続して生活規制を必要とする程度のもの

(出所)　「学校教育法施行令」第22条の３より。

（2）特別支援学校のカリキュラム

①カリキュラムの特徴

　特別支援学校においても，道徳や特別活動などの取り扱いは，基本的に小学校等と同様であるが，各教科の指導については，知的障害のある児童生徒のためのカリキュラムとそれ以外とでは大きく異なる。

　知的障害以外の障害のある児童生徒のための各教科は，基本的には一般の学校と同様であるが，知的障害のある児童生徒のための各教科は，独自性が高く，各教科の目標や内容は一般の学校とは大きく異なる。

　知的障害のある児童生徒に対しては，「特別支援学校幼稚部教育要領　小学部・中学部学習指導要領」（文部科学省，2017f）には，たとえば，中学部の職業・家庭科では，「働くことの意義」として，「働くことに対する意欲や関心を高め，他者と協力して取り組む作業や実習等に関わる学習活動を通して，次の事項を身に付けることができるよう指導する。(ア)働くことの目的などを理解すること。(イ)意欲や見通しをもって取り組み，自分と他者との関係や役割につい

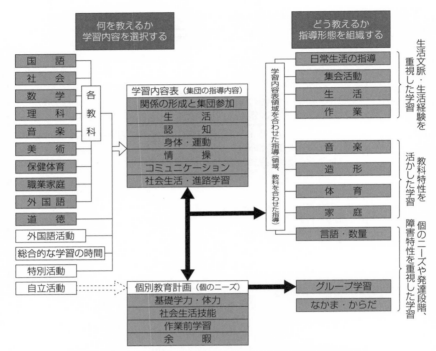

図 8-1　筑波大学附属大塚特別支援学校中学部の教育課程構造図

て考えること。㈮作業や実習等に達成感を得て，進んで取り組むこと」など，知的障害のある児童生徒の学習特性に合わせて，実生活につながる内容等が示されている。

　また，特別支援教育においては，対象者の経験や言語などの状態に応じて，指導方法としては，言葉や概念を媒介とした指導だけでなく，自然との触れ合いや各種の社会的活動への参画などの実体験を通じた学びに大きな意味があり，それは「人間教育」とつながることになる。

　図 8-1 は，知的障害特別支援学校中学部のカリキュラム構造の例である。生徒の実態に合わせ，かつ実生活に生きる力を育むために，各教科等の内容を実際的な指導形態に構成し直して指導を展開しているが，これは教育課程の編成規定に基づいており，小・中学校等とは異なるカリキュラムの編成の方法を採

用していることが特徴である。

②独自の指導領域としての「自立活動」

特別支援学校のカリキュラムの特徴として，もっとも顕著なことは，独自の指導領域である「自立活動」が示されていることである。

「自立活動」の目標は，「個々の児童又は生徒が自立を目指し，障害による学習上又は生活上の困難を主体的に改善・克服するために必要な知識，技能，態度及び習慣を養い，もつて心身の調和的発達の基盤を培う」としており，障害そのものではなく，困難さの改善・克服をめざしていることに留意したい。「自立活動」の内容は，「健康の保持」「心理的な安定」「人間関係の形成」「環境の把握」「身体の動き」「コミュニケーション」の六つが示されている。

それぞれのまとまりごとに，「健康の保持」には「生活のリズムや生活習慣の形成に関すること」，「心理的な安定」には「状況の理解と変化への対応に関すること」，「人間関係の形成」には「他者の意図や感情の理解に関すること」，「環境の把握」には「感覚や認知の特性についての理解と対応に関すること」，「身体の動き」には「日常生活に必要な基本動作に関すること」，「コミュニケーション」には「コミュニケーション手段の選択と活用に関すること」などが項目として示されている。

実際の指導に際しては，上記の六つのまとまりの中から，個々の児童生徒が必要とする項目を選定し，それらを相互に関連付け，具体的な指導内容を設定し，個別の指導計画により指導を行うことになる。

③カリキュラム編成の特例

特別支援学校においては，知的障害のある児童生徒のための各教科や「自立活動」が設定されているほか，児童生徒の障害の状態に応じて，カリキュラム編成において特別な指導内容等に変更ができる。

それらは，「各教科等の授業時数を児童生徒に合わせること」「各教科などの目標及び内容の一部を取り扱わないこと」「各教科の目標及び内容を，その学年の前の各学年の目標及び内容に替えること」「中学部の各教科の目標及び内容を，それぞれの教科に相当する小学部の教科の目標及び内容に替えること」

「知的障害のある児童生徒などには，各教科，道徳，外国語活動，特別活動，自立活動を合わせて指導すること」「各教科，外国語活動あるいは総合的な学習の時間の全部，又は道徳あるいは特別活動の一部を自立活動に替えること」などである。

　④特別支援学校のカリキュラムに必要な専門性

　特別支援学校においては，一般の学校とは異なる指導目標や指導内容を取り扱い，それらを一人一人の児童生徒に適合させ，指導方法を最適化することが求められる。それらの根幹は個々の教育的ニーズを踏まえたカリキュラムであり，障害のある児童生徒一人一人の人間として力量を高め，主体性の重視をめざす際には，自立活動の指導や知的障害のある児童生徒に応じた指導などを効果的に進める必要がある。そのためには的確な実態把握に基づいた指導とその評価に関する専門性が不可欠であることを認識したい。

（3）特別支援学校の相談・支援機能

　2007（平成19）年の学校教育法の改正時に，同法第74条として，「特別支援学校においては，（中略）幼稚園，小学校，中学校，義務教育学校，高等学校又は中等教育学校の要請に応じて，第81条第1項に規定する幼児，児童又は生徒（著者注釈：特別支援学級とそれ以外の発達障害のある児童生徒等）の教育に関し必要な助言又は援助を行うよう努めるものとする」と規定された。

　この規定により，特別支援学校が有することになった機能は，一般に「センター的機能」と呼ばれ，小学校等の学習指導要領においては，この機能の活用が規定されている。この「センター的機能」の実際の取り組みとしては，中央教育審議会（2005）は，①小・中学校等の教員への支援，②特別支援教育等に関する相談・情報提供，③障害のある児童生徒等への指導・支援，④福祉，医療，労働関係機関等との連絡・調整，⑤小・中学校等の教員に対する研修協力，⑥障害のある児童生徒等への施設設備等の提供などをあげている。

（4）特別支援学校に必要な教員免許

　障害のある児童生徒に対する指導においては，一般の教育に必要な専門性に加えて，障害特性の理解や，それに応じた指導方法の工夫や配慮などのための専門性が必要であることは言うまでもない。

　そのため，「教育職員免許法」においては，特別支援学校に教員として勤務する場合は，特別支援学校教員免許を保有することが要件として規定されている。しかしながら，この法律の附則において，「幼稚園，小学校，中学校又は高等学校の教諭の免許状を有する者は，当分の間，（中略）特別支援学校の相当する各部の主幹教諭，指導教諭，教諭又は講師となることができる」とされている。

　通常の学級においても，障害に関する専門性が求められることから，大学の教員養成課程では，すべての学生に特別支援教育に関する単位の取得が義務付けられたが，効果的な教員研修に加え，教員の的確な指導を支える専門性を担保する制度についても検討し，障害のある児童生徒もより深い配慮のもと，その人間としての力量を高められるようにすることが重要と考えられる。

　また，障害のある児童生徒であっても，真の主体性の育成に力を入れることが大切であることから，そのための指導の専門性の向上も強く求められよう。それは，可能の限り社会的な場でも自分の判断と責任を理解し，主体的に生きていくことができるように育てられる専門性である。

4　小・中学校における特別支援教育

（1）特別支援学級

　特別支援学級では，特別のカリキュラム編成が可能であり，基本的には，在籍する児童生徒の障害の状態等に応じて，特別支援学校のカリキュラムを参考にして編成することが望ましいが，「自立活動」の指導は義務化されている。

　特別支援学級対象の障害の種類については，学校教育法第81条第2項において，「小学校，中学校，義務教育学校，高等学校及び中等教育学校には，次の

表 8-2　広島県神石高原町立油木

平成 28 年度　年間指導計画（知

◎言語活動を充実させる活動…思考力・判断力・表現力を育む観点

・話を集中して聞き，自分の考えをもつ。　・ノートなどにていねいに字を書く。

・自分の考えについて話形を使って，順序よく発表する。　・大きさや形，色などを明確にして表現する。

	4 月	5 月	6 月	7 月	8 月
生活単元学習【175】	○進級おめでとう会をしよう○春探しにでかけよう○楽しい遠足にしよう	○端午の節句を祝おう○ひまわり劇場で楽しませよう	○梅雨の過ごし方○バスに乗って出かけよう○暑さに負けない体をつくろう	○七夕まつりをしよう○夏休みの計画を立てよう○ 1 学期のまとめ	
	夏野菜を育てよう（栽培活動）				
日常生活の指導【175】	朝の会，朝の準備　帰りの会，帰りの準備　連絡帳を書く　読書係活動，当番活動（給食・清掃・日直）　縦割班活動　集団行動着替え，給食（準備・配膳・食べ方・後片付け），歯磨き，排泄，手洗い，うがい，整理整頓，あいさつ，言葉づかい，きまり，礼儀作法，時間を守る運動，準備体操，集団遊び，遊具遊び				
国語【175】	・おおきなこえでいってみよう・おはなしできるかな	・どんなきもちかな・やってみよう	・なまえなーんだ	・あつめてみよう	
	音読（ことばあそび，詩，				
算数【140】	・ともだち・なかまあつめ	・くみあわせ・ゆうぐであそぼう	・10 までのかず・うんどうかい・カードづくり	・なんばんめ・プール	
音楽【70】	・はるのうた・ふれてあそんで	・えかきうた・せんせいとやりとり・おんがくでおはなし	・みみをすまそう・だがっきにちょうせん・なつをかんじて	・みんなでおとまり・にっぽんのしらべにのって	
図工【70】	・ぞうけいあそび・クレヨンあそび・こうさくあそび	・ぞうけいあそび・クレヨンあそび・こうさくあそび	・ぞうけいあそび・クレヨンあそび・こうさくあそび・えのぐあそび	・ぞうけいあそび・クレヨンあそび・こうさくあそび	
体育【101】	・体つくりの運動・走・跳の運動	・走・跳の運動・ゲーム	・ゲーム・器械運動	・器械運動・水遊び	
保健【4】					
総合的な学習の時間【35】	・油木の自然をさぐろう				
学級活動【35】	・係をきめよう・1 年生となかよく・健康診断	・気持ちのよいあいさつ・交通安全のきまり・体力テストに向けて	・楽しい学級・歯を大切に・お楽しみ会をしよう・水泳の心得	・給食のマナー・きれいな学校に・夏休みの生活	
外国語活動【35】	・自己紹介しよう	・○○をかってる？（動物）	・○○をもってる？（文房具）	・まとめ	
行事【49】	・就任式・始業式・入学式・身体測定	・交通安全教室・プール掃除・お迎え遠足	・避難訓練	・防犯教室・終業式	・全校登校日

小学校特別支援学級年間指導計画
的障害特別支援学級　第4学年）

9月	10月	11月	12月	1月	2月	3月
○運動会をがんばろう ○お月見会をしよう ○ひまわり展覧会を開こう	○秋探しにでかけよう ○ひまわりランドであそぼ	○街にでかけよう（買いもの） ○ひまわりフェスティバル	○カレンダーをつくろう ○クリスマスパーティーをひらこう ○2学期のまとめ	○1年生とのゲーム大会をしよう ○冬探しにでかけよう	○節分を楽しもう ○バスに乗って出かけよう ○寒さに負けない体をつくろう	○ひなまつりをしよう ○卒業生に気持ちを伝えよう ○1年間のまとめ
冬野菜を育てよう（栽培活動）　　　　→						
・くわしくはなそう	・おなじとちがう	・ひらがな	・ひらがな	・かいてみよう	・かいてみよう	・かいてみよう
文学的文章, 説明的文章）　　　　　　　　　　　　　　　　　　　　　　　　　　　　→						
・かずくらべ ・ゆうえんち ・あわせましょう	・わけましょう ・しゃぼんだま	・おおきい, ちいさい ・おおい, すくない ・ながい, みじかい	・たかい, ひくい ・せいくらべ ・おもい, かるい ・ひろい, せまい	・かたはめ ・いろいろなかたち ・うえ, した ・なか, そと	・まえ, うしろ ・あさ, ひる, よる ・きのう, きょう	・あしたはおやすみ ・かいもの ・いろいろなおかね
・うんどうかい ・せいかつのなかで	・あきをかんじて ・ひょうげんしてみよう	・りずむであそぼう ・ひびきあいをたのしもう	・ふゆのうた	・けんばんはーもにかにちょうせん	・ようすをおもいうかべて ・みんなでつながろう	・にっぽんのうた ・こっか
・ぞうけいあそび ・クレヨンあそび ・こうさくあそび	・えのぐあそび ・ぞうけいあそび ・クレヨンあそび ・こうさくあそび	・ぞうけいあそび ・クレヨンあそび ・こうさくあそび	・ぞうけいあそび ・クレヨンあそび ・こうさくあそび	・ぞうけいあそび ・クレヨンあそび ・こうさくあそび	・ぞうけいあそび ・クレヨンあそび ・こうさくあそび ・えのぐあそび	・ぞうけいあそび (1年のまとめ)
・体つくりの運動 ・表現運動	・表現運動 ・走・跳の運動 ・ゲーム	・ゲーム ・器械運動 ・走・跳の運動	・走・跳の運動 ・ゲーム	・体つくりの運動 ・表現運動	・表現運動 ・器械運動 ・ゲーム	・ゲーム
			・そだちゆくからだとわたし			
・1/2 成人式をひらこう				・安全な油木のくらしをさぐろう		
・係をきめよう ・運動会に向けて ・学級の問題	・学校をきれいに ・体力つくり ・視力について ・給食について	・楽しい学級 ・本をたくさん読もう ・学級のきまり ・ストーブのきまり	・来年に向けて ・2学期をふりかえって ・冬休みの生活	・係をきめよう ・体力つくり ・風邪の予防	・楽しい学級 ・整理整頓 ・お楽しみ会をしよう	・6年生との思い出 ・学校をきれいに
・気分はどう?	・気分はどう?	・何を着てるの?	・何を着てるの? ・まとめ	・わたしの家族	・わたしの家族	・まとめ
・運動会総学習 ・運動会準備 ・運動会 ・社会見学		・避難訓練	・防犯教室 ・終業式	・始業式 ・避難訓練		・卒業をお祝いする会 ・卒業式総練習 ・卒業式準備 ・卒業式 ・修了式・離退任式

各号のいずれかに該当する児童及び生徒のために，特別支援学級を置くことができる。／一　知的障害者／二　肢体不自由者／三　身体虚弱者／四　弱視者／五　難聴者／六　その他障害のある者で，特別支援学級において教育を行うことが適当なもの」とされており，2007（平成19）年の同法の改正時に特別支援学級という名称が用いられている。

「六　その他障害のある者で，特別支援学級において教育を行うことが適当なもの」については，文部科学省通知（2009，2013）により「言語障害」と「自閉症・情緒障害」とされている。

表8-2は，知的障害特別支援学級における年間指導計画例である。対象の児童の学習特性に合わせて，生活単元学習や日常生活の指導などの各教科等の内容を合わせた指導形態を中心にカリキュラムを構成していることが特徴である。

（2）通級による指導

通級による指導とは，比較的障害の軽い児童生徒が多くの時間を通常の学級で通常のカリキュラムによる指導を受け，一部の時間を通級指導教室等と呼ばれる特別の場所で，「自立活動」を参考とし，たとえば，的確な発音やソーシャルスキルなどに関する指導を受けることを指している。

通級による指導の対象は，学校教育法施行規則第140条において，「一　言語障害者／二　自閉症者／三　情緒障害者／四　弱視者／五　難聴者／六　学習障害者／七　注意欠陥多動性障害者／八　その他障害のある者で，この条の規定により特別の教育課程による教育を行うことが適当なもの」とされている。

（3）通常の学級における特別支援教育

①どの児童生徒にも分かりやすい授業づくり

通常の学級では，特別なカリキュラム編成はできないが，障害のある児童生徒も学習の成果が確認できるように，効果的な指導・支援を実施したい。

そのため最初の取り組みとしては，特別な支援とは見なされないかもしれないが，特別支援学校等における教育の考え方や指導方法を参考にするなどして，

どの児童生徒も分かりやすく，学習の成果が確認できるように授業改善をすることが考えられる。

桂（2016）は，分かりやすい授業づくりに関連して，ユニバーサルデザイン化された授業を重視し，その定義を「学力の優劣や発達障害の有無に関わらず，すべての子どもが楽しく学び合い『わかるできる』ように，工夫配慮された通常学級における授業のデザイン」としており，どの子も落ちこぼさない姿勢を表している。

また，奈須（2016）は，「子どもの視点から見た場合，伝統的な授業の多くは，なぜ今この学習活動を行う必要があるのかに関して，極めて明示性が低い。それでも，多くの子どもは何とかその文脈的な意味を推し量り，学習を成立させていくが，特別支援を必要とする子どもや，努力したものの失敗した子どもは，精一杯の頑張りもむなしく，結果的に学習を成立させられない」と述べており，特別な支援が必要な児童生徒を念頭に置きながら，明示性の高い授業実践が重要と考えられる。

教育の原点は，基本的には，一人一人の児童生徒の状態に合わせて，指導目標や指導内容，指導方法を設定して教育を実施し，一人一人の人間としての力量を高めることであるとすれば，特別支援教育は，その考えにきわめて近いはずである。可能の限りその考え方を取り入れ，集団指導においても，一人一人が大切にされ，どの児童生徒も分かりやすい授業の実施が望まれる。

②「合理的配慮」の提供

分かりやすい授業づくりに続く取り組みは，障害のある児童生徒一人一人に対する「合理的配慮」の提供であり，それは，学習活動や教具等の代替も含め，全体的な指導だけでは学習の成果が認められない場合に必要である。

文部科学省（2012）は，「学校における『合理的配慮』の観点」をとりまとめ，次のように定義している。

「合理的配慮」とは，「障害のある子どもが，他の子どもと平等に『教育を受ける権利』を享有・行使することを確保するために，学校の設置者及び学校が必要かつ適当な変更・調整を行うことであり，障害のある子どもに対し，その状況に応じて，

学校教育を受ける場合に個別に必要とされるもの」であり，「学校の設置者及び学校に対して，体制面，財政面において，均衡を失した又は過度の負担を課さないもの」。

「合理的配慮」の提供に際しては，提供される側の児童生徒が違和感なくそれを受け入れられるように，とくに教師と児童生徒との互恵的な人間関係によって信頼感のある取り組みが必要であり，「人間教育」の方向性を十分に確認することが重要である。

「合理的配慮」の例
1．共通
バリアフリー・ユニバーサルデザインの観点を踏まえた障害の状態に応じた適切な施設整備
障害の状態に応じた身体活動スペースや遊具・運動器具等の確保
障害の状態に応じた専門性を有する教員等の配置
移動や日常生活の介助及び学習面を支援する人材の配置
障害の状態を踏まえた指導の方法等について指導・助言する理学療法士，作業療法士，言語聴覚士及び心理学の専門家等の確保
点字，手話，デジタル教材等のコミュニケーション手段の確保
一人一人の状態に応じた教材等の確保（デジタル教材，ICT 機器等の利用）
障害の状態に応じた教科における配慮（例えば，視覚障害の図工・美術，聴覚障害の音楽，肢体不自由の体育等）
2．視覚障害
教室での拡大読書器や書見台の利用，十分な光源の確保と調整（弱視）
音声信号，点字ブロック等の安全設備の敷設（学校内・通学路とも）
障害物を取り除いた安全な環境の整備（例えば，廊下に物を置かないなど）
教科書，教材，図書等の拡大版及び点字版の確保
3．聴覚障害
FM 式補聴器などの補聴環境の整備
教材用ビデオ等への字幕挿入

4．知的障害

生活能力や職業能力を育むための生活訓練室や日常生活用具，作業室等の確保

漢字の読みなどに対する補完的な対応

5．肢体不自由

医療的ケアが必要な児童生徒がいる場合の部屋や設備の確保

医療的支援体制（医療機関との連携，指導医，看護師の配置等）の整備

車いす・ストレッチャー等を使用できる施設設備の確保

障害の状態に応じた給食の提供

6．病弱・身体虚弱

個別学習や情緒安定のための小部屋等の確保

車いす・ストレッチャー等を使用できる施設設備の確保

入院，定期受診等により授業に参加できなかった期間の学習内容の補完

学校で医療的ケアを必要とする子どものための看護師の配置

障害の状態に応じた給食の提供

7．言語障害

スピーチについての配慮（構音障害等により発音が不明瞭な場合）

8．情緒障害

個別学習や情緒安定のための小部屋等の確保

対人関係の状態に対する配慮（選択性かん黙や自信喪失などにより人前では話せない場合など）

9．LD，ADHD，自閉症等の発達障害

個別指導のためのコンピュータ，デジタル教材，小部屋等の確保

クールダウンするための小部屋等の確保

口頭による指導だけでなく，板書，メモ等による情報掲示

（文部科学省資料より）

 さらに学びたい人のための図書

柘植雅義・石橋由紀子・吉利宗久（2017）『共生社会の時代の特別支援教育第 1 巻 新しい特別支援教育——インクルーシブ教育の今とこれから』ぎょうせい。

▶今日的な特別支援教育とインクルーシブ教育の課題をそれぞれの教育の場の特
性等を，管理職などの責務を含めて論じており，具体的な実践例も豊富である。

**川合紀宗・若松昭彦・牟田口辰己編著（2016）『特別支援教育総論——インクルー
シブ時代の理論と実践』北大路書房。**

▶特別支援教育の仕組みや通常の学級での重要な取り組みを詳細に解説しており，
教員に必要なインクルーシブ教育を展開する上での資質や力量にも言及してい
る。

引用・参考文献

桂聖（2016）「日本授業 UD 学会のグランドデザイン」『日本授業 UD 学会機関誌　授業
UD 研究』プレ号。

厚生省（1999）「社会的な援護を要する人々に対する社会福祉のあり方に関する検討会報
告書」。

中央教育審議会（2003）「今後の特別支援教育の在り方について（最終報告）」（平成15年
3月）。

中央教育審議会（2005）「特別支援教育を推進するための制度の在り方について（答申）」
（平成17年12月8日）。

中央教育審議会初等中等教育分科会（2012）「共生社会の形成に向けたインクルーシブ教
育システムの構築のための特別支援教育の推進（報告）」（平成24年7月23日）。

奈須裕人（2016）「子どもの事実への定位がもたらした，授業づくりに関する思考枠組み
の問い直しと拡張」『日本授業 UD 学会機関誌　授業 UD 研究』第1号。

文部科学省（2000）「21世紀の特殊教育の在り方について（最終報告）」。

文部科学省（2002）「通常の学級に在籍する特別な教育的支援を必要とする児童生徒に関
する全国実態調査」。

文部科学省（2007）「特別支援教育の推進について（通知）」。

文部科学省（2009）「『情緒障害者』を対象とする特別支援学級の名称について（通知）」。

文部科学省（2012）「合理的配慮等環境整備検討ワーキンググループ報告」（平成24年2月
13日）。

文部科学省（2013）「障害のある児童生徒等に対する早期からの一貫した支援について
（通知）」。

文部科学省（2017a）「小学校学習指導要領」。

文部科学省（2017b）「中学校学習指導要領」。

文部科学省（2017c）「小学校学習指導要領解説編」。

文部科学省（2017d）「中学校学習指導要領解説編」。

文部科学省（2017e）「特別支援学校学習指導要領」。

文部科学省（2017f）「特別支援学校幼稚部教育要領　小学部・中学部学習指導要領」。

筑波大学附属特別支援学校 HP〔http://www.otsuka-s.tsukuba.ac.jp/〕

広島県神石高原町立油木小学校 HP〔http://www.jinsekigun.jp/ja/school/yukisho/〕

第**9**章

生きる力を育てる特別活動のカリキュラムづくり

林　尚示

1　特別活動で育てる生きる力

（1）文部科学省による生きる力

　現在，文部科学省では「知識及び技能」「思考力・判断力・表現力等」「学びに向かう力・人間性等」を新学習指導要領で児童生徒に育成する資質・能力としている。この資質・能力につながるこれまでの学習指導要領の基本的な考え方は生きる力の育成である。生きる力については知・徳・体のバランスのとれた力としている。知は確かな学力，徳は豊かな人間性（豊かな心），体は健康・体力（健やかな体）のことである。児童生徒が変化の激しいこれからの社会を生きるためには，学校で教師によって，知・徳・体をバランスよく育てることが大切であるとされている。生きる力の構造を図示すると次のようになる（図9-1）。

　生きる力は文部科学省の学習指導要領英訳では「zest for life」としている。「zest for life」とは「人生の喜び」といった意味にもとれる名詞句である。「zest for life」は研究論文やその他日常的には頻出のものではないが，健康・体力に関する研究や美術教育などで使用例がある（Lisbeth Fagerström, 2010「ポジティブなライフオリエンテーション——高齢者の内なる健康資源」『スカンジナビア・ジャーナル・オブ・ケアリング・サイエンス』。Caterina Preda, 2017「ルーマニアにおけるオルタナティブ・アート：美的抵抗」『現代独裁政治の下での芸術と政治』など）。日本の資質・能力概念の特徴である豊かな人間性や健康・体力

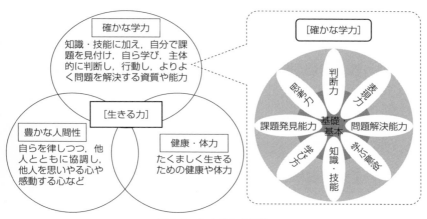

図 9-1　生きる力の構造

（出所）中央教育審議会（2003）

を強調する点で，生きる力という平易な表現は適切であった。そのため，20年以上の長期にわたり教育界で活用され続けてきたのである。

　生きる力は，1996年に当時の文部省の中央教育審議会が答申した内容に含まれていた。具体的には，『21世紀を展望した我が国の教育の在り方について第一次答申』（中央教育審議会，1996）の中で，これからの学校教育のめざす方向として生きる力を育成するという基本的な観点を重視することが示されている。

　生きる力を構成する「確かな学力」「豊かな人間性」「健康・体力」について，それぞれ理解を深めていこう。生きる力の「確かな学力」とは，次世代を担う児童生徒にとって必要な基礎的・基本的な「知識及び技能」と，「学ぶ意欲」や「思考力・判断力・表現力等」を含めた幅広い学力のことである。この「確かな学力」は，大学や企業からのニーズも反映されている。さらに，全国的・国際的な学力調査でも日本の生徒の学ぶ意欲についての課題が指摘されている（文部科学省，2012）。数学を例にすると，具体的に次のような結果も示された（図 9-2）。

　「学ぶ意欲」の意欲（モチベーション）とは進んで何かをしようと思うことや，その心の働きである。「学ぶ意欲」は学習意欲ともいわれる。学習意欲の維持

○数学の授業が楽しみである

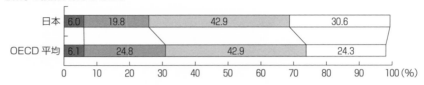

○科学について知識を得ることは楽しい

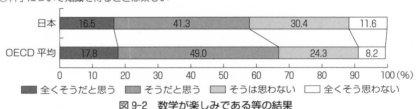

■ 全くそうだと思う　■ そうだと思う　□ そうは思わない　□ 全くそう思わない

図 9-2　数学が楽しみである等の結果

（注）合計割合が100％にならない項目は無回答の生徒がいるためである。

（出所）文部科学省（2012）

は児童生徒の一時的な学習成果の高低よりも，高等学校や大学への進学や進級に向けて長期的な影響を及ぼす。そのため，児童生徒の学習への意欲（モチベーション）の維持向上を図るために，外発的な動機付けや内発的な動機付けの側面から，さらなる工夫が必要であろう。具体的には，教師からの承認など外発的動機付けの場面を増やしたり，心から楽しいと思える教育活動を増やしたりといった工夫が考えられる。特別活動は具体的な活動を伴うため，教師からの承認の場面を設定しやすく，非日常を演出する児童会活動・生徒会活動，クラブ活動，学校行事などを活用すると，児童生徒が心から楽しいと思える教育活動の設定にも寄与できる。

　次に，生きる力の「豊かな人間性」とは，図 9-1 のように自律，協調，思いやる心，感動を中心とした概念である。この中でとくに「協調」は利害の対立した者同士がおだやかに問題を解決しようとすることであるので，OECD の学習到達度調査（PISA）では，「協同問題解決能力」（Collaborative Problem-Solving Skills）と対応する概念であろう。なお，PISA2015の「協同問題解決能力」については，日本はシンガポールに次いで 2 位の好成績を残している。ま

た，この調査では各国で男子生徒よりも女子生徒の方が「協同問題解決能力」が優れていることも明らかになっている。

　さらに，生きる力の「健康・体力」とは，ヨーロッパやアメリカではこれまで主要なコンピテンシーとしては取り扱われてこなかったものである。一方で日本，中国，韓国などの東アジアでは「知・徳・体」あるいは「徳・知・体」などの表現で教育目標として重視してきたものである。そのため，生きる力の構成内容としての「健康・体力」は世界共通ではなく地域性のある資質・能力である。日本の学校教育では，たとえば健康診断や体力テストをとおして「健康・体力」は測定されている。学校保健安全法施行規則では就学時健康診断などについて詳細に定められている。そして，体力テストについては，スポーツ庁から出される「全国体力・運動能力，運動習慣等調査報告書」によって集計結果が公表されている。

　なお，1996年の中央教育審議会の答申を受けて，生きる力の育成のために作られた教育課程上の領域が「総合的な学習の時間」である。現代を変化の激しい「知識基盤社会」の時代ととらえたうえで，「総合的な学習の時間」は，課題発見，主体的判断，問題解決などのために重要な役割を果たすことが期待され，誕生した。そのため，誕生の意図を生かして，「思考力・判断力・表現力等」の資質・能力を育成するために適切に運営されなければならない。特別活動と「総合的な学習の時間」の関連も深く，特別活動の学校行事と同様の成果が期待できる場合においては「総合的な学習の時間」での活動でもって各行事の実施に替えることが認められている（小学校学習指導要領総則第 2 の 3 (2)）。そのため，学校行事の内容と相乗り型のカリキュラムづくりが制度上も可能となっている。

（2）OECD のコンピテンシーからみた生きる力

　OECD のコンピテンシーからみると文部科学省の生きる力育成の教育施策は同じ方向をめざしているように見える。OECD は1997年から「コンピテンシーの定義と選択」（DeSeCo）のプログラムを開始し，2003年に最終報告を出

図 9-3　OECD のグローバル・コンピテンス

（出所）Schleicher（2018）

した。その後，PISA 調査と並行してコンピテンシーの再検討が進められている。文部科学省の生きる力と共通するのは，学力を「知識」（Knowledge）のみと考えずに，「スキル」（Skills），「態度」（Attitudes），「価値」（Values）を含むものとしてとらえていることである。文部科学省では生きる力と称している資質・能力を OECD の PISA 調査では，グローバル・コンピテンスと呼んでいる。ともに変化の激しい現代を乗り切るための力であり，OECD は一連の施策のゴールについて2030年を一つの目安として考えている。グローバル・コンピテンスの具体的な内容は図 9-3 のようになる。

　なお，OECD によるコンピテンシー再検討のモデル図は現在のところ定期的に更新されており，毎回デザインは大幅に変わる。しかし，「知識」（Knowledge），「スキル」（Skills），「態度」（Attitudes），「価値」（Values）でコ

ンピテンシーを定義しようとする OECD の方向性はこの数年一貫している。「知識」が文部科学省の生きる力の「確かな学力」に，「スキル」は文部科学省の「確かな学力」「健康・体力」の両方に，「態度」と「価値」は文部科学省の「豊かな人間性」に対応するように見える。

　OECD のコンピテンシー再検討は「教育とスキルの未来：Education 2030」(The Future of Education and Skills: Education 2030) という事業の一環である。この事業は二つのプロジェクトを設定している。先行している一つめのプロジェクトは「ストランド 1 ：2030年に関連する概念的学習フレームワークの開発」である。このプロジェクトの内容がコンピテンシーの再検討である。そして，二つめのプロジェクトは「ストランド 2 ：国際的なカリキュラム分析」の内容である。このプロジェクトはカリキュラムの国際比較分析である。これらの取り組みからは，現在，OECD 加盟国が資質・能力の基準を共有し，PISA 調査などで各国の教育政策の成果を評価する時代になってきていることが分かる。

　これらの世界規模での教育の流れを踏まえて，東京学芸大学では，次世代教育研究推進機構（NGE：Next-Generation Education project）を立ち上げて「日本における次世代対応型教育モデルの研究開発」プロジェクトに取り組んできた。このプロジェクトは，日本の教育で育成されている資質・能力と OECD の「教育とスキルの未来：Education 2030」で提案される21世紀型コンピテンシーとの関係を検討している。このように，現代は2030年を目途として児童生徒のよりよい自己実現に向けて教育の目標とするコンピテンシーについて世界規模で合意形成しようとしている。文部科学省の生きる力も，OECD を構成する他国と同じ方向のコンピテンシーをめざしているととらえることができる。

2　特別活動の指導内容と指導方法

（1）学級活動・ホームルーム活動と生きる力

　特別活動は日本の学校教育を特徴付ける教育課程上の領域である。特別活動

図9-4　特別活動の内容の構造

（出所）筆者作成。

の歴史は，1947年にクラブ活動の起源となる「自由研究」が学習指導要領で新設され，その後，「教科以外の活動」「特別教育活動」「学校行事等」「各教科以外の教育活動」などの名称を経て現在に至っている。特別活動は，過去においても現在においても，日本的な課題解決型学習（Project-Based Learning：PBL）であることに意義がある。

　まずは特別活動全体について説明をしたい。特別活動は学級活動・ホームルーム活動，児童会活動・生徒会活動，クラブ活動，学校行事の四つの内容で構成されている。学年段階としては，小学校第1学年から高等学校第3学年までの12年間とされる。図にすると図9-4のようになる。

　この中で，学級活動・ホームルーム活動は学習指導要領で具体的な授業時数の指定があり，原則として毎週実施される。そのため，特別活動全体の中での要（かなめ）の時間とされる。学級活動・ホームルーム活動は年間35時間，週1時間実施されるため，それ以外の各活動・学校行事と連携した指導が計画しやすい。そのため，学級活動・ホームルーム活動は特別活動における生きる力育成のためにもコアとなる時間である。

　次に，特別活動における生きる力について検討を深めよう。特別活動も他の教育活動と同様に文部科学省が提示する資質・能力である「知識及び技能」「思考力，判断力，表現力等」「学びに向かう力，人間性等」の育成をめざして

いる。教育課程を構成する教科等が共通の資質・能力の育成をめざす中で，特別活動の特徴は，資質・能力の育成のための独自の視点の設定にある。特別活動における資質・能力育成のための視点は，「人間関係形成」「社会参画」「自己実現」の三つである。

　この3視点から，学級活動・ホームルーム活動については，図9-5のような学習過程のイメージが示されている。

　図は児童生徒が学習するためのプロセスであるが，教師の教育活動という側面からみると，図は指導方法のプロセスでもある。三つの資質・能力を三つの視点から育成するための具体的なプロセスは，①問題の発見・確認，②解決方法の話合い，③解決方法の決定，④決めたことの実践，⑤振り返りとなっている。そして，このプロセスが題材や単元といった学習内容ごとに循環していくモデルである。

（2）児童会活動・生徒会活動と生きる力

　児童会活動・生徒会活動でも，学級活動・ホームルーム活動と同様に，「人間関係形成」「社会参画」「自己実現」の視点から，児童生徒の生きる力を高めるために資質・能力の育成をしていくこととなる。学習過程のイメージを比較すると，5段階であることは学級活動・ホームルーム活動と共通するものの，第1段階に「議題の設定」が含まれていることが児童会活動・生徒会活動の学習過程の特徴である（図9-6）。とくに生徒総会で「学校の取組に関する計画の設定および報告等，議題の提示」という活動内容があり，「目標を設定する力」という自己実現につながる資質・能力が例示されている。生きる力は多様な力の集合体であるが，児童会活動・生徒会活動では，自己実現の視点などから目標を設定することを通して生きる力を高めようとしている。

（3）クラブ活動と生きる力

　クラブ活動で生きる力を高めるための学習過程のイメージも，話合い，計画決定，振り返りの段階は学級活動・ホームルーム活動や児童会活動・生徒会活

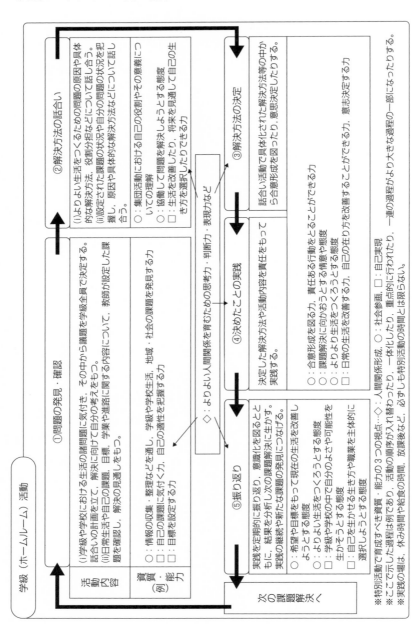

図 9-5　学級活動・ホームルーム活動の学習過程イメージ

（出所）教育課程企画特別部会（2017）

※特別活動で育成すべき資質・能力の三つの視点……○：人間関係形成、◇：社会参画、□：自己実現
※ここで示した過程は一例であり、活動の順序が入れ替わったり、一体化したり、重点的に行われたり、一連の過程がより大きな過程の一部になったりする。
※実践の場は、休み時間や給食の時間、放課後など、必ずしも特別活動の時間とは限らない。

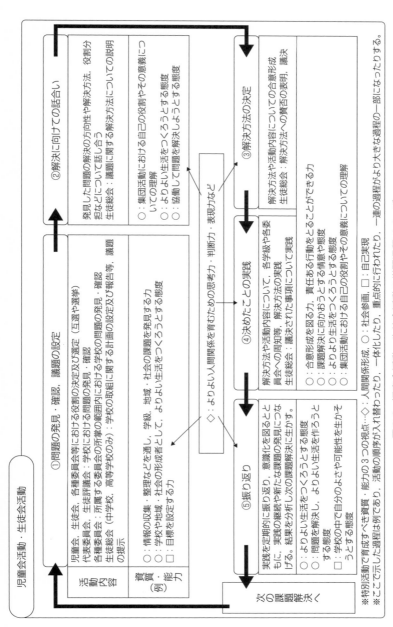

図 9-6　児童会活動・生徒会活動の学習過程イメージ

（出所）教育課程企画特別部会（2017）

169

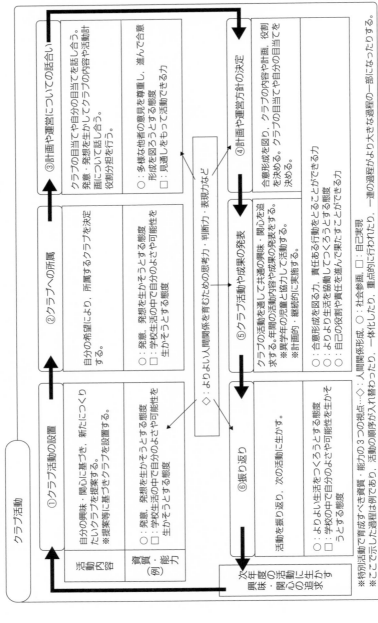

図 9-7　クラブ活動の学習過程イメージ

（出所）教育課程企画特別部会（2017）

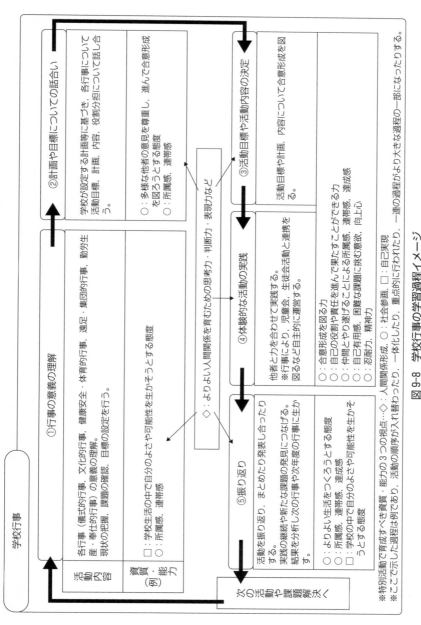

図 9-8　学校行事の学習過程イメージ

（出所）教育課程企画特別部会（2017）

※特別活動で育成すべき資質・能力の 3 つの視点…◇：人間関係形成，〇：社会参画，□：自己実現
※ここで示した過程は例であり、活動の順序が入れ替わったり、一体化したり、重点的に行われたり、一連の過程がより大きな過程の一部になったりする。

動の学習過程と類似している。その一方で，①クラブ活動の設置，②クラブへの所属，⑤クラブの活動や成果の発表の段階には独自の特徴がある（図9-7）。よりよい人間関係を育むための「思考力・判断力・表現力等」の資質・能力はすべての学習過程に作用する。そして，①クラブ活動の設置や，②クラブへの所属の段階では，「社会参画」の視点や「自己実現」の視点から資質・能力の育成がめざされ，⑤クラブ活動や成果の発表の段階では「自己実現」の視点から資質・能力の育成がめざされる。クラブ活動においても，5段階の学習過程のイメージを基としたカリキュラムづくりが行われることとなる。

（4）学校行事と生きる力

　学校行事で生きる力を高めるための学習過程のイメージについても，話合い，計画決定，実践，振り返りの段階は学級活動・ホームルーム活動や児童会活動・生徒会活動と類似している。その一方で，①行事の意義の理解の段階には独自の特徴がある（図9-8）。①行事の意義の理解の段階では，「人間関係形成」の視点，「社会参画」の視点，「自己実現」の視点から，各行事（儀式的行事，文化的行事，健康安全・体育的行事，遠足・集団行事，勤労生産・奉仕的行事）の意義の理解を図る活動内容と現状の把握，課題の確認，目標の設定が行われる。この①行事の意義の理解の段階は生きる力を構成する「確かな学力」「豊かな人間性」「健康・体力」の中では「確かな学力」に区分される内容である。学校行事の「確かな学力」は，端的には，各行事の意義を理解し，現状を把握し，課題を確認し，目標設定を行うことであると考えてカリキュラムづくりをするとよい。

3　特別活動のカリキュラムづくり

（1）学級活動・ホームルーム活動のカリキュラムづくり

　本節でのカリキュラムづくりとは英訳すれば「カリキュラム開発」（Curriculum development）と同義である。カリキュラム開発はカリキュラムを

表9-1　学級活動・ホームルーム活動の内容の違いと特徴

	(1)学級（ホームルーム）や学校における生活づくりへの参画	(2)日常の生活や学習への適応と自己の成長及び健康安全	(3)一人一人のキャリア形成と自己実現
小学校	児童と生徒，学級活動とホームルーム活動の使い分けはなされているが，内容に大きな相違はない。	基本的な生活習慣の形成。	現在や将来に希望や目標をもって生きる意欲や態度の形成。
中学校		思春期の不安や悩みの解決，性的な発達への対応	社会生活，職業生活との接続を踏まえた主体的な学習態度の形成。
高等学校		国際理解と国際交流の推進。	学校生活と社会的・職業的自立の意義の理解。
特徴	学級会型	生徒指導型	キャリア教育型

（出所）文部科学省学習指導要領をもとに筆者作成。

改善するプロセスでもある。

　カリキュラムの語源はラテン語で「走る」（running），「コース」（course），「キャリア」（career），「高速馬車」（fast chariot）などといった意味であり，スコットランドの大学では1630年代からカリキュラムという語が使用されている。特別活動のカリキュラムづくりについて，各活動・学校行事に区分して紹介していく。まず，学級活動とホームルーム活動であるが，これらは表9-1に示した三つの内容で構成されている。

　三つの内容はそれぞれ共通点もあるものの学校段階による相違点もある。そして，指導方法の特徴もあり，それぞれに学級会を実施する指導，生徒指導を実施する指導，キャリア教育を実施する指導時間として特徴的な運営が図られる。

（2）児童会活動・生徒会活動のカリキュラムづくり

　小学校の児童会活動や中学校と高等学校の生徒会活動も学習指導要領に定められた教育活動であり，全体計画や年間指導計画を作成して計画的に活動を指導するものである。この全体計画の作成や年間指導計画の作成がカリキュラムづくりである。中学校生徒会活動を例にすると，内容には，(1)生徒会の組織づくりと生徒会活動の計画や運営，(2)学校行事への協力，(3)ボランティア活動な

平成○○年度　生徒朝会の年間計画

1　指導の狙い
　○　生徒会の全会員が定期的に一堂に会する機会をもつことにより，生徒会活動についての
　　関心と理解を深め，生徒会の一員としての自覚を高める。
　○　学校生活の充実・向上を目指す取組に，ほかの生徒と協力しながら積極的に関わろうと
　　する自主的・実践的な態度を育てる。
2　年間の活動計画（場所：体育館ほか　　　時間：8時○分～8時○分〔20分間〕）

月	活動の内容	活動の主体
4	前期生徒会の運営や計画について	生徒会役員会
5	あいさつ運動の実施について	生活委員会
	地区別中学校総合体育大会壮行会	生徒会役員会
6	虫歯予防運動と歯の磨き方について	保健委員会
7	エコキャップ運動の実施について	生徒会役員会 ボランティア委員会
9	運動会の実施について	運動会実行委員会
	読書週間と読書感想文コンクールについて	図書委員会
10	後期生徒会の運営や計画について	生徒会役員会
	文化祭の実施について	文化祭実行委員会
11	エコキャップ運動の成果報告	生徒会役員会 ボランティア委員会
12	校庭の落ち葉清掃	美化委員会
1	インフルエンザ予防のための取組について	保健委員会
2	3年生へのメッセージ	生徒会役員会 1・2年学年委員会
3	在校生に贈る言葉	3年学年委員会

3　生徒朝会の活動例
　・生徒会活動についての報告や連絡，発表
　・各種の委員会からの報告や連絡，発表
　・各種の委員会による実演や講習
　・一斉奉仕活動
　・部活動についての報告や連絡，発表
　・学年委員会からの報告や連絡，発表

図9-9　「生徒朝会」の年間計画
（出所）国立教育政策研究所教育課程研究センター（2011）46頁を一部改変。

どの社会参画の三つがある。

　中学校では生徒会活動の一環として「生徒朝会」を行う学校も多い。ここでは，児童会活動・生徒会活動のカリキュラムづくりの例として，国立教育政策研究所が示している例を図 9-9 に紹介する。まず，「指導の狙い」を作成する。そして年間の活動計画では，(1)生徒会の組織づくりと生徒会活動の計画や運営として 4 月と10月に運営や計画を検討する。(2)学校行事への協力として 9 月に運動会，10月に文化祭， 3 月に卒業式での在校生に贈る言葉などを検討する。(3)ボランティア活動として 7 月と11月にエコキャップ運動，12月に校庭の落ち葉清掃などを行う。これらの活動について，「生徒朝会」では報告や連絡などを行う計画となっている。このように，生徒会活動の成果を確かなものにするためには，ねらいと計画を重視した年間をとおした長期的なカリキュラムづくりが大切となる。

（3）クラブ活動のカリキュラムづくり

　学習指導要領に規定されたクラブ活動は小学校でのみ実施される活動である。中学校や高等学校では，課外の部活動は実施されるが学習指導の一環としてのクラブ活動は実施されていない。クラブ活動は，異年齢の児童同士で協力し，個性の伸長を図ることなどが特徴である。そして，小学校の中でも第 1 学年から第 6 学年までの全学年で実施するものではなく，主として第 4 学年以上の学年で実施される。

　内容は，(1)クラブの組織づくりとクラブ活動の計画や運営，(2)クラブを楽しむ活動，(3)クラブの成果の発表，の三つで構成される。このうち，とくに成果の発表は特徴的な活動である。それぞれのクラブでの活動の成果をクラブの成員が協力して全校の児童や地域の人々に発表する活動である。クラブの成果の発表は「クラブ活動発表会」などの名称で実施される。

　日本と海外でクラブ活動にも違いがある。日本の小学校第 6 学年の段階を例とすると，日本では，多くの小学校にあるクラブ活動は運動系でバドミントン，卓球，バスケットボール，ドッジボール，サッカー，陸上，昔遊び，ダンス，

そして文化系で調理料理，手芸，工作関係，科学的活動，囲碁将棋，パソコン関係，漫画イラスト，音楽である（林編，2016，150頁）。それに対してアメリカの場合，たとえばカリフォルニア州のカービースクール（Kirby School，6-12学年，ウェスタン・アソシエーション・スクール〔CAIS〕および独立系学校協会〔NAIS〕のメンバー校）では，日本と似たものとしては，ゲームクラブ，環境クラブ，チェスクラブなどがある。日本にあまりなじみがないが，ジュニア・アメリカ（Junior Statesmen of America：JSA，民主的社会を学ぶ），ゲイ・ストレート・アライアンス（Gay-Straight-Alliance：GSA，LGBTQ の問題を学ぶ），数学サークル（Accelerated Math Circle〔高校〕，数学コンテストに参加），倫理ボウル（Ethics Bowl，現代倫理問題を議論）などもある（Kirby School, 2018）。

　日本とアメリカとでは学校制度の違いもあり，クラブ活動について共通する部分と相違点とがある。共通点としては，人間関係の形成，個性の伸長，自主的，実践的な態度などが育成できる点である。相違点としては，日本の方がクラブの改廃はなされにくく同様のクラブが継続するのに対して，アメリカでは社会とのつながりを重視して改廃されたり，外部団体との連携が図られやすいことである。

（4）学校行事のカリキュラムづくり

　学校行事には，儀式的行事，文化的行事，健康安全・体育的行事，旅行（遠足）・集団宿泊的行事，勤労生産・奉仕的行事の五つがある。旅行（遠足）・集団宿泊的行事については，小学校では遠足・集団宿泊的行事，中学校と高等学校では旅行・集団宿泊的行事と区別して使用される。学校行事のカリキュラムづくりとしては，全体計画，年間指導計画，各行事の実施計画などを作成するとよい。年間指導計画については，小学校第5学年を例とすると，次のようなものがある（図9-10）。

　儀式的行事の入学式や卒業式，文化的行事の芸術鑑賞会や学芸会，健康安全・体育的行事の健康診断や運動会やなわとび大会，遠足・集団宿泊的行事の遠足や自然教室，勤労生産・奉仕的行事の地域清掃活動や収穫祭や福祉施設訪

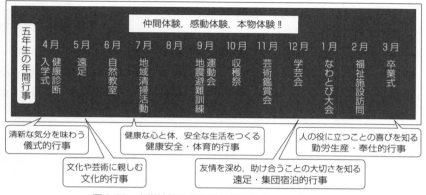

図 9-10　小学校第 5 学年学校行事年間スケジュール

（注）　1．どの学年においても 5 種類全ての学校行事を行えるように計画します。
　　　　2．これは，ある学校の例です。学校行事においては，各教科等で身に付けた力が役立っ
　　　　　ていることを，児童に実感できるようにすることが大切です。
　　　　　（出所）国立教育政策研究所教育課程研究センター（2013）17頁より。

問がバランスよく配置されている。図 9-10 の例であれば学校行事全体で「仲
間体験，感動体験，本物体験!!」をめざし，児童に各教科等で身に付けた力が
役立っていることを実感させるようにカリキュラムをつくっていく。その際，
5 種類の各行事の相違を活かし，儀式的行事では「清新な気分を味わう」，文
化的行事では「文化や芸術に親しむ」，健康安全・体育的行事では「健康な心
と体，安全な生活をつくる」，遠足・集団宿泊的行事では「友情を深め，助け
合うことの大切さを知る」，勤労生産・奉仕的行事では「人の役に立つことの
喜びを知る」といった特徴に留意してカリキュラムづくりを行う。

4　特別活動を中心とした生きる力を育てる
カリキュラム・マネジメント

（1）生きる力と特別活動

　生きる力の育成は学習指導要領の基本的な考え方であり教育課程を構成する
全領域で指導されるものである。この生きる力は「確かな学力」「豊かな人間

性」「健康・体力」に区分されており，特別活動での指導内容とも重複が大きいことが分かっている。そのため，特別活動を，生きる力の育成のための教育課程の基盤的位置付けとすると学校教育が教科分列型ではなく一貫性のあるものとして運営できるのではないだろうか。各教科でみるとそれぞれの児童生徒の意欲に差はあるものの，教科等の学習の発展の場として特別活動の学校行事などを活用すると，児童生徒の学習意欲の維持を図ることができる。また，OECD の提唱するグローバル・コンピテンスを育成するために各教科等の学習成果を有機的に結合させるためにも，日本的な課題解決型学習（PBL）である特別活動が活用できる。「人間関係形成」「社会参画」「自己実現」といった視点から資質・能力の育成をめざす特別活動は，まさに21世紀を生きる児童生徒に生きる力を育成する基盤的な学習活動である。

（2）特別活動とカリキュラム・マネジメント

　これまで，特別活動は，学習指導要領の規定はあるものの教科書がなく指導の充実度は各教師にゆだねられがちであったため，具体的な活動と指導効果にばらつきが大きかった。一方で，現在，各学校では学校教育の目的や目標の達成をめざし，児童生徒の心身の発達や地域の実情等を踏まえて学習指導要領に基づく教育課程を編成し，実施，評価，改善していくカリキュラム・マネジメントが従来にも増して重視されている。しかし，学習指導要領は全国共通の教育課程の基準であっても，児童生徒の心身の発達や地域の実情等がまったく同じ学校は一つもない。特別活動は学級単位の活動から全校での活動までの幅があり，教室で実施される活動から地域社会や場合によっては修学旅行先として海外や国内の遠隔地で実施されるなど，活動学年，活動場所等について学校単位で自由に計画できるものである。

　また，特別活動は児童会活動・生徒会活動，クラブ活動，学校行事など全校の教職員が協力して指導に当たるものが多く，カリキュラム・マネジメントの中核として活用できる時間である。特別活動の学級活動・ホームルーム活動などは各教科等の学習を成り立たせる基盤ともなり，学校行事などは各教科等の

学習の発展的な発表の場として活用できる時間でもある。

 さらに学びたい人のための図書

林尚示編著（2019）『教師のための教育学シリーズ9　特別活動──改訂版：総合的な学習（探究）の時間とともに』学文社。

▶教員養成の段階での特別活動の指導法の修得を主たる目的として作成された教科書。

林尚示（2014）『学校の「いじめ」への対応とその予防方法──「生徒指導」と「特別活動」の視点から』培風館。

▶特別活動の指導と生徒指導を通して学校の「いじめ」に関する問題を解決する方略について論じている。

林尚示編著（2012）『教職シリーズ5　特別活動』培風館。

▶学級活動，ホームルーム活動，児童会活動，生徒会活動，クラブ活動，学校行事に加えて部活動の指導方法についても言及している。

引用・参考文献

Kirby School（2018）"Clubs and Activities"「学生生活／クラブ＆アクティビティ」［https://kirby.org/student-life/clubs-activities］（2018.2.23確認）。

教育課程企画特別部会（2017）「幼稚園，小学校，中学校，高等学校及び特別支援学校の学習指導要領等の改善及び必要な方策等について（答申）」別添資料（3/3）［http://www. mext. go. jp/component/b_menu/shingi/toushin/__icsFiles/afieldfile/2017/01/20/1380902_3_3_1.pdf］（2018.2.25確認）。

国立教育政策研究所教育課程研究センター（2011）「評価規準の作成，評価方法等の工夫改善のための参考資料（中学校 特別活動）」［https://www.nier.go.jp/kaihatsu/hyouka/chuu/09_chu_tokukatu.pdf］（2018.2.23確認）。

国立教育政策研究所教育課程研究センター（2013）「楽しく豊かな学級・学校生活をつくる特別活動（小学校編）」（教員向けパンフレット）［http://www.nier.go.jp/kaihatsu/pdf/tokkatsu_e_leafc.pdf］（2018.2.25確認）。

中央教育審議会（1996）「21世紀を展望した我が国の教育の在り方について　第一次答申」［http://mext.go.jp/b_menu/shingi/old_chukyo_index/toushin/1309579.htm］（2019.12.4確認）。

中央教育審議会（2003）「初等中等教育における当面の教育課程及び指導の充実・改善方策について（答申）」〔http://www.mext.go.jp/b_menu/shingi/chukyo/chukyo0/toushin/03100701.htm〕（2018.3.7確認）。

林尚示編著（2016）『教師のための教育学シリーズ9　特別活動——理論と方法』学文社。

文部科学省（2012）「PISA（OECD生徒の学習到達度調査）の概要」http://www.mext.go.jp/b_menu/shingi/chukyo/chukyo3/047/siryo/__icsFiles/afieldfile/2012/12/07/1328509_03.pdf（2018.1.25確認）。

Schleicher, A.（2018）'Preparing Our Youth for an Inclusive and Sustainable World: The OECD PISA global competence framework'〔https://www.oecd.org/education/Global-competency-for-an-inclusive-world.pdf〕（2019.12.4確認）

第 10 章

内面世界の育成を図る授業づくりの歩み
——静岡大学附属浜松中学校の実践——

杉浦治之

1　研究の歩みと「内面世界の拡大」に向けての構想

　静岡大学教育学部附属浜松中学校（以下，浜松中）では，(1)「学習目標の明確化」，(2)「子どもが創る授業」モデルの開発，(3)「内面世界の拡大」を図る手だての組織化を中心に，次のように研究と実践を重ねてきた。

　I期1974年〜「形成的評価の研究」－「学習目標の明確化」による授業過程の工夫

　II期1981年〜「自己学習能力の育成」－「子どもが創る授業」づくりを通して

　III期1989年〜「自己実現をめざす生徒の育成」－「内面世界の拡大」を通して

　「学習目標の明確化」をテーマとした研究は，日俣周二氏（当時，国立教育研究所指導普及部長）の指導をもとに，B. ブルーム（Bloom, B.）による「完全習得学習」の理論を基盤として1974年に始まった。

　そして，1979年から梶田叡一氏（当時，日本女子大学助教授）の指導をもとに，「子どもが創る授業」，すなわち，子どもの側に立つ学習の成立をめざして実践研究を積み上げ，1981年には「自己学習能力の育成」をテーマとして研究を継続した。

　次に，子どもの内面世界を拡大する手だてを組織化し，健全な「自己概念」を育む方向へと発展していったのである。また，1991年から「個のよさ」に着目し，これを伸ばす教科の枠をこえた「セミナー学習」を創案してきた。

　まず「学力保障」においては目標達成が明確に子どもに意識化されることが求められる。その前提は，(1)教師側が学習目標を体系的かつ明確に設定してい

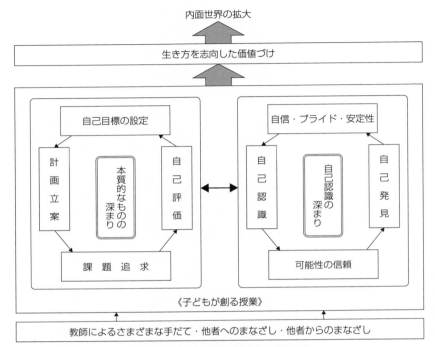

図10-1　「内面世界の拡大」の構想図

（出所）梶田・静岡大学教育学部附属浜松中学校（1992）

ることである。

　さらに「成長保障」が学習の中に組み込まれていくためには，次のことが求められよう。

　(2)学習の各段階，各場面で，学習の意義が理解される。

　(3)学習目標を受け，子ども側からも自己目標が設定される。

　(4)多様な学習活動により，追究，学び合いがなされる。

　(5)評価活動により学習を問い直し，自己改善に結びつく。

　(6)自分の内面世界の中での個性に目が向けられる。

　(7)応用・発展のある学習が用意され，学びが深められる。

　このように選択や判断，自己決定や自己統制，自己評価を子どもに求めるの

が，「子どもが創る授業」であり，「セミナー学習」である。この過程で，教科の「本質的なもの」の理解が深まり，同時にこの学ぶ行為の主体である「私」に着目させていくことで「自己認識」を深められる。

　この一連の過程は，子どもの「内面世界の拡大」を図ることであり，この中で行動のよりどころとなるその子なりの価値観が育っていき，「自己発見」「自信・プライド・安定性」「可能性の信頼」に支えられるようになることを期待している。

　図 10-1 は，この「内面世界の拡大」の構想図である。

2　生き方に向かうための学習目標の明確化

　学習目標を体系的かつ明確にすることは「学力保障」の前提だが，ここでの学力のとらえ方は「成長保障」につながってくる。浜松中では，B. ブルームの「教育目標分類学」（タキソノミー）をもとに，学習能力を横軸にとり，学習内容を縦軸にとって，二次元の表（マットリックス）のます目（セル）に，子どもの具体的な行動として記述し，学習目標の明確化を図ってきた。

　しかも，学習目標を「～が分かる」「～ができる」と知識や技能の達成的な一側面だけを表面的にとらえるのではなく，「～している」と到達に向かっているかどうかまでをとらえようとした。

　さらに，今ここだけの学習にとどまらず，「この学習の意味は自分にとってなんであったのか」と，その子なりの価値づけがなされていくことを願って，学習目標を明確化したのである。

（1）「ねがい」と「ねらい」を込めた学習目標

　年度当初や大きな単元の初めの，いわゆる「授業開き」は，教科の「学ぶ意義」や単元・領域の「本質的な意義」の理解を促し，学習を内面世界に根ざすよう動機付けを図る機会である。

　この手だての一つは，まず教師自身が教科の「本質的なもの」とは何かを考

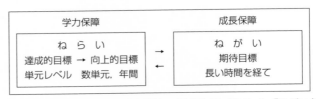

図 10-2　静岡大学附属浜松中学校における「ねらい」と「ねがい」

え，生涯にわたって伸びていってほしいと願う方向，「期待目標」をおさえることである。

　そして，年度当初や単元やユニットのガイダンス等，機会をとらえて教師が意義の理解を深めていくように働きかけることである。これは，子どもが学習内容に関わって自分の内面世界を見つめるためのきっかけとなる。

　したがって，教師は「学習後にどんな姿を子どもに期待するのか」「教科を通してどんな人間になっていってほしいか」といった「ねがい」を明らかにし，これを平易に語るべき材料を用意して授業に臨んだ。

　たとえば，次は理科教師の考える「期待目標」である。自然科学の追究とともに，科学哲学を持つことを期待している。

　　自然を積極的に探求して，自然の統合的・統一的な理解のもとに，自然を愛し，
　　自然を畏敬する心をもち，自然界における人間の在り方を考え，人間として責任あ
　　る行動をとることができる

　また，達成の度合いが明確で一義的な規定を行うことが可能な「達成的目標」の先に，「向上的目標」を考えて類別している（図 10-2）。

　これは，学年とかいくつかのユニットとかの指導を通して，ある方向に向かって向上していく，その表れを期待したものである。

　向上目標はこのような性格を持つため，当面の指導の結果として目に見える一義的な行動として表れることは少ない。その評価では，学習を通してある段階に達したときに示されるであろう態度や行動の徴候（シンプトム）を「〜している」と用意し，向上目標の到達状況を見届けることにした。

　学習以前に，「何を学ばせるのか」，「何ができればいいのか」に加え「どの

表 10-1　学習目標分析総括表（国語科例）

能力＼内容	認　　知				技　　能	
	A　言葉に対する感性的・理性的認識				B　知的操作技能	
	A1．事象把握（印象把握）→（概略把握）	A2．関係認識（形象の相関）→（関係の判断）	A3．総合認識→	A4．メタ認識→	B1．適　用→	B2．活　用
	文字や文学的言語・論理的言語に対して大づかみする能力	文字や文学的言語・論理的言語に対して，関係をとらえ，意味づけをする能力	文字や文学的言語・論理的言語に対して，多角的・総合的にイメージづくりや概念づくりをする能力	文字や文学的言語・論理的言語に対して，自分の目でとらえたイメージや概念を客観的な目でとらえ直す能力	技能を正しく確実に使用したり，操作したりする能力	技能を応用的・関連的に使用する，思考と深く関わった能力

〔認識の基礎・基本過程〕　　→　　〔認識の深化・拡充過程〕

（出所）梶田・静岡大学教育学部附属浜松中学校（1992）

ような姿を期待するか」を考えたとき，「いつ，何で，どのように学ばせていこうか」と長期的な展望に立って学びがデザインされていくだろう。

（2）学習能力の階層化

　学習能力は，各教科共通に「認知・技能・情意」の三つの領域に分類し，領域ごとの学習能力を教科の特質に応じ，階層化することができる。

　これまでも，テストで問題を作成しようとしたとき，教師は問題によって配点の重みを変えたり，「易」から「難」へと問題の順番を考えたりしてきたことと思う。つまり，理解や技能を能力としてとらえ，低次から高次に至るように能力には階層性があることは暗黙知だったであろう。

　例えば国語の場合は認知の学習能力を，認識の基礎・基本過程から深化・拡充過程へ続く階層性を持つものと想定している。

　表 10-1 は，浜松中の国語科「学習目標分析総括表」をモデルとしてこれを示すものである。

　目標分析の作業により，低次な能力から高次の能力へと導いたり，あるときは高次の学習活動をぶつけて課題化させ，順次解決させていこうとしたりと，自在に授業過程を構想できる。そして，「目標分析表」が明確にされていくほ

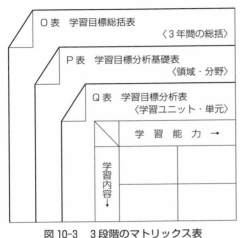

図10-3　3段階のマトリックス表
(出所) 人間教育研究協議会 (1993)

ど，その達成のための手段が産み出されるというように，この作業は「子どもが創る授業」など，授業構想をする前提となる。

また，この学習能力の分析が，後述する「自己洞察」で，子どもが自分を見つめる視点の一つとなっていく。

（3）中学校教育を見通す目標分析

学習目標の分析作業では，「期待目標」を受ける中で，教科の中学校教育でめざす全体像を，図10-3のようにO表→P表→Q表の3段階に体系化することで明らかにしてきた。

第一の段階の「学習目標総括表」（O表）は，教科の期待目標を受け，中学校3か年の願いとねらいをまとめている。

国語科では，そこで教えるべき学習内容を，①言語要素，②聞く・話す，③伝達作文，④虚構作文，⑤非文学的文章の読解，⑥文学的文章の鑑賞，⑦韻文の鑑賞，⑧古典の鑑賞の分野，と縦軸に設定した。

第二の段階の「学習目標分析基礎表」（P表）は，第一の段階をもとに，領域・分野別に学習目標を系列化して，教科カリキュラムの様相を持たせている。

たとえば，「理解学習材」の「文学的文章の鑑賞」分野では，「言語的要素」「構成的要素」「主題的要素」に分類された内容と学習能力を結んで目標を定めている。

第三の段階の「学習目標分析表」（Q表）は，先の二段階を踏まえて，学習ユニット（単元）における学習目標を，より詳細・具体化している。たとえば，単元「少年の日の思い出」（光村教材1年）での「構成的要素」では，「人物設定」といった表の筋，「視点」といった裏の筋から読み進めて，トータルのイ

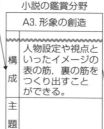

図 10-4　「認知」の各段階の学習目標例（国語科）

メージの筋をつくり出すことで，ねらいを焦点化している。

　図 10-4 の国語科の例のように，３段階に分析・体系化することで，体系に沿いつつ人間的な成長へとつなげていくことができると考えられる。

　この「目標分析表」をもとにした授業実践により，再び次の分析作業へとフィードバックされ，より精度の高い目標分析がなされていく。この繰り返しにより，教師の経験知が蓄積され，教師の力量形成にもつながっていく。

（4）情意の深まりについて

　子どもが学習活動を展開する中で，「おもしろそうだ」「やってみよう」から始まって，「あっ，分かった」「なるほど……そうなんだなあ」という実感や納得を伴う分かり方をさせたい。しかも，「じゃ，今の私，これでいいんだな」「こんなふうになりたいなあ」と，本音として，自分の生き方へと響いていくことを期待したい。たんなる認知をこえて「～することの大事さ」「～することの意味」など，子どもの価値判断を伴った意志・意欲・感情といった内面世界に働きかけることである。

　これを「学び」の過程でみると，興味・関心に支えられて取り組み，「本質的なもの」を求めて自己統制し，自分のものの見方・考え方・感じ方が深まっ

表10-2　3段階の情意の目標分析（国語科例）

	情意の目標分類	目標・能力に対する説明	顕在化する場面・シンプトム
前提としての情意	C1．興味・関心 認知技能に対してその土台や基盤をなすもの	「ことば」は認識・伝達というはたらきがあり，人間を人間たらしめたり，自分を自分たらしめたりしているなど「本質的なもの」への気づきから，学習や言語活動に関わっていこうとする意欲 　また，教材の持つ「ことば」の「本質的なもの」に触れたおもしろさに気づき，進んで学習に参加しようとする態度	○単元開き ○試行学習 ○一斉学習 ・単元の学習の意味・意義をガイダンスにより直感的にとらえている。 ・学習材に興味・関心をもって話し合っている。
過程としての情意	C2．追究意欲 認知・技能を獲得していく上で不可欠となる姿勢やエネルギー	「自己評価」や「自己洞察」など自己を見つめることで，自己統制しながら自己の言語活動を対象化して進め，自分なりに新しい解決を図ろうとする意欲 　いくつかの学習ユニットを通して，独自の言語活動から自分を高めていこうとする課題発見，追究への推進力となるものであり，包括的・総合的な向上目標である。	○目標設定・課題設定 　学習計画立案 ○自己学習・相互啓発活動 ○評価活動 ・自己洞察によって自分と自己との学習の関わりを見つめ，自己を伸ばすための目標・学習計画を設定している。
成果としての情意	C3．価値付け 認知や技能を獲得した後で形成される高次な態度	「ことば」の本質的な機能や特質を実感し，その「本質的なもの」が現在のみならず将来の自分や自分の言語活動と結びついていくことを自覚し，自己の生き方を求めていこうとする態度 　自己の可能性の発見など自己認識の深まりとしても顕在化する向上的な目標である。	○総括的評価 ○価値啓発活動 ○「願う自己像」記述 ・「ことば」で世界を切り開き，自分づくりに役立てていこうとしているなど自由記述している。

（出所）梶田・静岡大学教育学部附属浜松中学校（1992）

ていくことである。この繰り返しにより，自分なりの価値付けがなされていき，生き方を求める，志向性を伴った表れが期待できる。

　表10-2は，国語科における情意面からの確認と「子どもが創る授業」で顕在化する場面とそのシンプトムである。

　このように，「情意」は，他の目標群の基盤をなす目標であるが，「前提としての情意」「過程としての情意」「成果としての情意」の三つの要素に類型化して分析することができる。

　(1)前提としての情意は，そのユニットの学習内容に関わるものであるので達

表 10-3　情意能力の分析Q表　国語科「小説の鑑賞」（中学1年　「小さな出来事」〈魯迅〉）例

情　意		
達　成　目　標	向　上　目　標	
興味・関心	追　究　意　欲	価　値　付　け
視点人物「わたし」に共感して，ないがしろにしていたはずの「車夫」のとった行動に，驚いたり，疑問を持ったりすることができる。	作者（魯迅）の描きたい主題や描き方に注目して，その良さを深く読み取ろうとしている。	自分の姿や生き方と対比させて，小説家が描く，それぞれ背景の中で生きる人間の真実を主体的に掘り下げようとしている。
	・「わたし」の「卑小さ」が浮き彫りになる小説のクライマックス（頂点）を中心に，小説の組み立てやその良さを探ろうとしている。 ・視点人物「わたし」から見た中心人物の「車夫」の行動と私の気持ちの変化を読み取っていこうとしている。	・この小説のように，時代の中で生きる個別の人間のそれぞれを描き，人間は時代や社会に影響を受けて生きていることに気づいている。 ・魯迅のように，伝えたい意志を持って巧みに文章表現することで，多くの読み手の心や行動に時代を超えて影響を与えていることに気づいている。

（出所）筆者作成。

　成目標とし，「興味・関心」とした。

(2)過程としての情意は，「自分にとってどうか」とか「自分らしさ」を求めていくための推進力である。

(3)成果としての情意は，その結果として形成され，「価値観」を形成していく方向性を示す高次な態度である。

(2)(3)の二つはいくつかのユニットを通して到達させたい向上目標とし，国語科ではそれぞれを「追究意欲」「価値付け」とした。

　表10-3は国語科でのQ表レベル「小説の鑑賞学習『小さな出来事』」での，「情意」の「学習目標分析表」例である。

　このように情意面を考えていくうえでは，教師がプレイヤーとしてだけでなく，長期的展望を持ったデザイナーとしての視点から授業設計を試みる必要性が生じる。

3　「子どもが創る授業」とその手だて

　浜松中では「自己学習能力」を次のように定義し，この育成をねらう学習過程の基本モデルを「子どもが創る授業」として創案した。

　「学習の意義や価値を理解して，自らの目標や課題を設定し，その目標や課題を自らの方法によって追求したり，解決したりすることができる力があり，それらに向けて，自ら進んで取り組む意欲や意志，さらに，客観的に自己を認識し，自らを改善していこうとする態度，習慣の総体」

　この過程はその子なりのものの見方・考え方・感じ方が価値付けされ，生き方を志向していくという，子どもの内面世界を拡大していく場である。

（1）「子どもが創る授業」とは

　「子どもが創る授業」は，「目標→計画→実践→評価」のサイクルを基本にした子どもの側に立つ学習である。

　「試行学習」により，教師のねがい，ねらいを受けて，子どもがやろうとすることを決め「自己目標」として設定する。そして，教師の指導プランの提示を受け，子ども一人一人が，学習方法や学習内容を選択をする。こうして作った自分の学習計画に沿って，単元全体の学習活動を自己統制しながら追求し，これを自己評価する，これが基本的な過程である。

　図10-5に，「子どもが創る授業」の基本モデルを示し，それぞれの段階の手だてについて説明する。

　浜松中では，この「子どもの創る授業」の各手だてが，生徒に十分に理解されていくように「ガイドブック」を作成し，学習を支援することにした。そこでは，「手引き」となるように実践上の問題を配慮し，次のことに留意した。

　⑴「よい自己目標」の条件や，その設定の手順を示した。

　⑵具体的な学習設計がイメージできるように「先輩に学ぶ」の項をおこし，
　　実践例を示した。

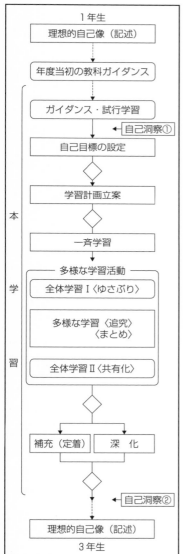

① **ガイダンス**

　年度当初のガイダンスでは，「ガイドブック」などを使いながら教師が教科を学ぶ意義を語りかける。単元やユニットのガイダンスでは，ここで学ぶ意義やこの教材で学ぶ意味の理解を意図して，語りかける。子どもにとっては，手だてのねらいや方法を理解して見通しを持つ場面である。

② **試行学習**

　これから学習させようとする単元や学習ユニットの「本質的なもの」に迫る教材の一部，あるいは，それにかわる教材を提示し，これからの学習に先駆けて子どもに取り組ませる学習である。

　教師は，子どもたちの準備態勢・動きの特徴・特性を動的に把握する。それらに基づいて，指導計画の段階で学習目標を修正したり，ウエートづけを再検討したり，教材や資料の提示を工夫したりするなどの対処をするためである。

　また，子どもは，単元・教材のねらいの理解を深め，学習内容や方法の見通しを持つことができる。また，「自己洞察①」により，この学習での自分を見つめ，主体的に取り組んで学習の質を深めていこうとする意欲を引き出す場である。

③ **自己目標の設定**

　「試行学習」を通して気づいた学ぶ意義やねらいの理解，「自己洞察①」により，学習内容や方法を見通し，単元やユニットの自己目標が設定される。

④ **自己学習プランの設計**

　自己目標へ到達するために，各ステップでの学習目標や学習内容，学習方法，学習の手順，必要な資料などを見通した学習計画を立案する。

⑤ **一斉学習**

　このあとの「多様な学習活動」における自己学習場面での追究を成立させるために，必要最小限度の「達成目標」への到達をねらって行う教師主導型の一斉授業である。

⑥ **多様な学習活動**

　子ども一人一人の特性を考慮し，主体的に課題追究活動に取り組ませることをねらった一連の学習活動のことである。

　ア　**全体学習Ⅰ**

　　子どもがいろいろな発想を出し合い，各自の方向を作り出す場面である。これには，共通課題の設定の段階と個別課題の設定の段階がある。

　イ　**多様な学習**

　　各自の特性を生かしながら，個別課題の解決をめざして追究活動に取り組む学習である。

　ウ　**全体学習Ⅱ**

　　各自の個別課題の追究結果に基づいて，共通課題の解決に向けて「まとめと共有化」を図る学習である。

　エ　**形成的評価**

　　学習目標への到達をめざし，学習活動の途上で，その到達度や，つまずきの箇所，つまずき状況を把握して，その後の学習，および指導に手だてを考えるための評価のことである。子どもの側からは，自分の目標への到達状況が確認でき，反省や次の学習への見通しを持つことができる。同時に，課題達成の自信や喜びを得る機能を持っている。

　オ　**深化学習・補充学習**

　　形成的評価によって，子どもを学習目標に到達したグループと到達できなかったグループとに分けることができる。到達グループは，学習内容を中心にいっそう幅広く深め，発展させるような深化学習に取り組む。未到達グループは，つまずきを類型化し，それに応じて準備されたいくつかの学習コースの中から，最適なコースの補充学習に取り組む。

⑦ **自己評価**

　単元あるいは学習ユニット末の自己評価は観点別学習状況自己評価表と自由記述からなる。この評価も，その後の学習および指導の手だてを考えるという，形成的評価機能を持つ。

図 10-5　「子どもが創る授業」モデル

（出所）梶田・静岡大学教育学部附属浜松中学校（1992）

(3)自己洞察に関連した典型的な教材，資料を載せることにした。

(4)生徒に容易に理解されるために，学習の意義や教科の学習理念などの記述を平明にした。

　子どもの学習状況を記録した資料は，次回子どもがイメージをつくるための支援材料となる。どの学校でも蓄積したいものである。

（2）内面世界を深める手だて

　評価では，教師側の授業改善に生かされるものだけでなく，目標達成が明確に子どもに意識化され，さらに自己認識が深まってくることが重要である。

　一般に評価方法は，標準学力テスト，教師作成テスト，質問紙法，面接法，観察記録法，レポート法，制作物法に大別できる。浜松中では，「子どもが創る授業」の基本モデルに，生徒が内面に着目するための視点を与えた「自己洞察」，「相互洞察」を各場面で試み，「自己認識の深まり」のサイクルが動くことをねらっている。

　学習開始時の「ガイダンス・試行学習」を受けた「自己洞察①」で，自己の内面世界を見つめさせる。これは自己発見の手がかりとなるとともに，課題追求の中で自分の可能性を伸ばしたいという意欲を引き出すためのものである。

　そこで，「自己洞察①」の視点は，表10-4のようなもので試みた。

　これを受けて設定した「自己目標」が，その後の学習活動にも意識されることにより，「本質的なもの」と自己との関わりを考えて学習活動が営まれる。

　表10-5は，数学科の「自己洞察①」の例である。

　そして，学習活動終了時に「自己洞察②」，「自由記述」は，自分の学びを振り返ることである。そこで，「本質的なもの」に対する自分自身の変容が明らかにされ，自分との関わりを考えることで価値が自覚化されていくことが期待できる。

　また，自己洞察を深めるためには，他者に目を向けることも参考となる。人が他者を見るときは，自分の中の鏡に他者を映し出し，その人について判断することが多い。級友の内面世界を洞察することによって，自分の内面世界を深

表10-4　自己洞察①の視点（国語科例）

・学習能力	ユニットの学習でねらうものに対する自分の前提能力はどうか
・特　性	各教科の学習の傾向性であり，国語科では主題的に切り込むタイプか，構成的な面から切り込むタイプなのか，言語的要素から切り込むタイプなのか
・達成動機	そのユニットに関わる過去の学習経験や生活経験を掘り起こし，そのときの自分の考え，あるいは，今現在はどう思っているのかを見つめるための視点
・自他対処傾向	学習時に，自分自身の意見・考えや技能を，他者や課題に対して率直に表出するとともに，自己や他者の意見や考え，技能，自然，社会，文化を柔軟に受け入れることのできる程度を見つめるための視点

（出所）筆者作成。

表10-5　〔数学科〕中学3年「円」での自己洞察①（洞察の視点と生徒の洞察例）

(1)　学習能力 ・図形の中の関係ありそうな数量（辺の長さや角の大きさ）を見つけ出す力 ・いくつかの間にある関係を考察する力	(1)　前よりも図形の中の関係ある数量やいくつかのものの間にある関係を表す力がついてきたと思います。というよりもいろいろな具体例を理解してきたので原理や法則を適用する力がついたのだと思います。 　まだ円についての知識や性質を説明することなどはできないけど，今までの習った図形を利用すればできると思います。
・一つのことをいろいろな角度から考えたり，今までのことを関連付けようようとする態度 ・筋道の通った考え方をしようとする態度	けっこういろんな角度からとらえることはできていると思うけど一つ見通しが立つとそれに固執してしまうという感じだから切り替えをつけて物事を考えたいと思います。筋道が通った考えはいちおうしようとしているつもりです。
(2)　特性 ・課題を解決するときの効率的な課題解決の切り込み口（論理的，直感的，その他）	(2)　前から直観的タイプだったけど，その直観的というのは結局論理などを下敷きにしているということか，もしくは論理的といった方がいいかもしれないと思うことが多くなったから，その他の混じりあったタイプにしておきたいと思います。
(3)　達成動機 ・このユニットに関わり，日常生活で経験したことで，この学習に生かせそうなもの	(3)　日常生活では，試行学習でやったようなことを自然に認識していたと思う。そのようなことがもっとあるだろうから考えたいと思います。
(4)　対人の傾向性 ・学習時に自らの意見や考えを率直に他者に伝えたり，他者の意見を受け入れたりすることができる程度	(4)　友人と話しあったりするのが多いと思う。とくにぜんぜんじゃなく少しだけ考えが違う人とお互いに認め合うというかそれぞれの観点について話しあったりすることが多いと思う。分かってもあまり発表しないのでそういうところは直していきたいと思う。

（出所）梶田・静岡大学教育学部附属浜松中学校（1992）

表 10-6　相互洞察の例（他者へのまなざし）

「相互洞察」コメントカード 氏名（　A　） 対象者（　B　）	
次のような点で気がついたことを書こう。 ・授業への取り組み ・発想，考え方 ・特性 ・課題解決の良さ，深さ	その表れのもとになったのは何か考えよう。
①課題解決をする時にいくつも図を書いていた。いろいろな定理を応用しようとしていた。きちんとわかれていて分かりやすい図だった。 ②自分の考えを積極的に発表していた。 ③課題解決が一つ終わった後にまた他の証明を考えていた。 ④つねに数学的に考えて考えの筋道が通っていたし，筋道を通そうと努力していたように思う。	①一つの図形をたくさん書いて課題解決しようとしていたが，それは一つのことをいろいろな角度から考える力が優れているためだと思う。また，今までの知識を適用しようと努力している姿勢が見られ，またきちんと適用できていたところも良い点だと思う。 ②対人の傾向性で見るときっと違う考えの人を説得させることを得意としていると思う。 ③これも①と同様にいろいろな視点から考察していく力があるのだと思う。 ④この人はきっと基本的な数学に対する取り組みができているのだと思うし，自分の特性を生かしていると思う。

表 10-7　自己洞察の例（他者からのまなざし）

「自己洞察②」

　このユニットの学習前には自分が論理的か直観的か分からなかったのだが，私はきちんと一つ一つの考え方をまとめながらやるというよりも思いつきで進めていく方なので直観的だと思った。自分では円についていろいろな角度から見ていたつもりだが，私が対象とした人は私よりも一つのことを幾通りもの考えで証明しており，大へん感心してしまった。だけど，他者からのまなざしでは筋道を通した考え方ができていると指摘されたので，これからはそういう点も伸ばしていきたいと思う。今までのことを関連させたりいくつかの具体例から見ていくことはそんなに意識してなかったが，自分の証明を見るかぎりできていたと思う。また，相互啓発活動のおかげで新たな視点からもまとめられたし，対人の傾向性について今まで自分と少し違う人と話しあっていたが，まったく違う考えの人と話しあうことによって見方をかえ，視野を広げることができていい，ということにも気づいた。

「自由記述」

　円について学習するのはまったく初めてではなかったけど，このユニットで数々の定理をさまざまな角度から見て証明していくとき，円というのはなんだか不思議だと感じずにはいられませんでした。円の性質というのはすごく完成された完璧だという感じがするけど，その一方で円ほど未知な部分を含んでいる図形はないように思いました。まだまだいっぱい性質を含んでいるようで，なんだか気が遠くなりそうです。それと同時にさまざまな角度から物事をとらえることはすごく大切だと思いました。また相互啓発活動の時には他の人の考えを聞くことによって，もっと視野が広がったし，他の人の考えを見て感心したりもしましたが，バラバラだと思っていたそれらも結局は一つのものをいろいろな角度で見た側面だということに気がつきました。このユニットを通して，数学的な考え方をすることができるようになった気がします。

（出所）表 10-6，表 10-7 ともに，静岡大学教育学部附属浜松中学校（1989）

く見つめること（他者へのまなざし）ができる。さらに級友に自分を客観的に見てもらうこと（他者からのまなざし）で，自己認識を深め，内面世界を拡大しようとするものである。

　このことを，生徒同士で行う場合を「相互洞察」，教師と行う場合を「学習相談」と呼んで実践してきた。表 10-6 は，数学科の生徒Aが生徒Bを「相互洞察」したコメントカード例である。また，表 10-7 は，学習を振り返った「自己洞察②」の例である。

　これら三つの手だてが有効に「内面世界の拡大」に働いたかどうかは，(1)目標への到達，(2)「自己洞察の成立」，(3)「自己洞察の深まり」の視点で評価している。

　「自己洞察の成立」は，「自己洞察①」と「自己洞察②」，「自由記述」を比べ，独自性や固有性のある表れが生じるほかに，記述や教師の観察した学習活動における表れとで一貫性があるかどうかで評価した。

　「自己洞察の深まり」は，学習活動の最後の「自己洞察②」「自由記述」で，ア「可能性への信頼」，イ「新しい自己発見」，ウ「自信・プライド・安定性」が表れたかどうかで見届けている。

　また，「自己洞察②」場面での「自由記述」は，時間をおいての振り返りであり，対象化した自己だけでなく，実感・納得，さらに本音としての「私」そのものからの発露を期待している。

4　生き方に向かうセミナー学習

　自己の考えや行動のよりどころとなるものの見方，考え方，感じ方，すなわち価値観が内面に形成され，将来に対して志向性を持った自己概念が形成されていくことを期待したい。

　そこで，「子どもが創る授業」の各教科の中で培われつつあるそれぞれの価値観，さらに，ここでの自己概念が全体としてその子なりに再構築される場が必要だと考えた。しかも，それが社会的な自己概念と関わって健全な自己概念

となっていくことを願い，「セミナー学習」を創案してきた。

　これについては，文部科学省の研究開発校として「総合的な学習の時間」を検討する材料を提供してきた。

（1）「セミナー学習」のねらい

　浜松中での「セミナー学習」の目標は，次のようなものである。

　　生涯展望の上に立ち，自分なりの追究活動を通して自分のよさを発揮するとともに，他者の評価を受け入れたり，他者のよさを認めたりして自己認識を深め，「自己の考えや行動のよりどころとなるものの見方，考え方，感じ方」を形成することができる。

　中学校卒業までを見通し，子どもたち一人一人が，意義の理解が深まり，自分の内面に価値観が生じる学びがあることが前提である。

　ここから，①必然性をもって導きだされた自分の追究課題が設定される。そして，学校全体で指導教官を定め，課題に応じてチューターとして教師を振り分ける。子どもは教師の支援を得て，②計画を立て，自分のよさを発揮するようにして，③粘り強く追究する。それにより自分で獲得した成果を，④発表し合い，互いのよさを認め合う。そして，⑤この学び全体を振り返って自己洞察をする，このプロセスを基本とした。

　これは，現在では多くの学校で取り組まれている「課題研究」に相当するだろう。研究論文の基本的な要素である，「動機」「研究方法」「研究成果」「考察」のまとめ，そして実際の「追究」，「参考資料の明示」などを体験的に学ぶことである。

　しかし，第一に重要な点は，方法論はともあれ日頃の学びの中から，自分を見つめ，その子なりに意味付けされて課題を産み出したり，課題を選択したりすることである。

　表10-8は，中学3年生の社会科教師のもとでの事例である。

　この「セミナー学習」に先だって，浜松中では，「価値啓発活動」や「理想的自己像の記述」を提案してきた。

表 10-8　「セミナー学習」社会科教師のもとでの事例

視　点		視点からの私について（具体例）
自己学習能力	学習能力	私は好きなものについては徹底的に調べる方である。代わりに嫌いなものについては見向きもしないが，好きなものについては粘り強く取り組む。また，私は論理的に意見を述べるのが上手でないが大好きである。
	学習の傾向性	私は資料を読むことが大好きで，暇さえあれば読んだりしている。社会科が好きになったのは，いろいろな資料からものごとを考えることを知ったからである。したがって，資料をできるだけいろいろ読み，その中から抜粋してまとめていく学習が一番向いているのはないだろうか。また人の話を聞くことも聞いてもらうことも取り入れたい。
	価値方向性	私は，あくまでも自分の世界を大切にしたいし，そういう生き方は素晴らしいと思う。しかし，自分勝手に生きたり，人を傷つけたりすることはしたくない。なぜならば，私は社会の中に生きているからだ。個人主義者というとわがままに生きることと勘違いされがちだが，私は他の人の生き方を尊重する個人主義者になりたい。また，そんな自分がどのように社会に貢献すべきか学びたい。
自己目標		セミナー学習を通して，自分が一人でどこまで考え，どのくらい結果を出せるかを試すことによって自分の長所，短所を知る。また，自分の特性として，資料を数多く読んで，その中から要点を抜粋する力を伸ばす。最終的には，自分の今後の生き方・考え方をつくりあげるような研究がしたい。
個別課題		「日本とアメリカ」……「新人類」（と呼ばれる人）の生き方・考え方を比較する。子どもにとっての理想的な国家とは，自由とは何かを考え，まとめる。 ①教育について（システム，方針について） ②日常生活について（一般的な傾向……遊びを中心にして） ③社会問題について（ニュースを通して，まだは報道特集を見て）
設定理由		私は「永住したい国は？」と聞かれたら，真っ先に，アメリカと答えるほどアメリカが好きだ。もちろん，日本も安心して住めるという点では好きだが，アメリカの自由を求めてきた精神と「個人の自由」を守るという姿勢に強くひかれる。しかし，「自由」ということも非常に難しいことで，今のアメリカもすべて素晴らしいとは言えないような気がする。いろいろと洋式化してきても，やはりアメリカと違う日本とアメリカを比べることにより「自由」とはなにか，子どもたちにとってどういう国家が素晴らしいのか知りたいからである。

（出所）静岡大学教育学部附属浜松中学校（1989）

　「価値啓発活動」は，教科学習において，1 年間の中で，いくつかの単元，ユニットを選び，この学習の連続を経た上で，ここから子どもが課題を見つけて取り組むという，一教科の学びが統合されるような発展的かつゴールフリーの学習である。

　また，「理想的自己像」の記述は，1 年入学時にガイダンスを踏まえた上で行うもので，自由記述によるものである。今の自分のイメージを考えさせなが

表10-9　「セミナー学習」の自己評価

評価の視点		評価の具体例	
ア	自分のよさを生かした取り組みができたか。	a	自分なりに感動したことがあるか。
		b	自分のよさを生かし，満足できる体験ができたか。
		c	実感に基づいた追究活動ができたか。
イ	他の人の評価が生かせたか。	a	先生や友だちに進んで評価や助言を求め，工夫を取り入れたか。
		b	先生や友だちの評価や助言を生かして，より深く自分を知ることがきたか。
ウ	他の人のよさを認めることができたか。	a	誠意を持って，友だちへの評価や助言ができたか。
		b	友だちの作品や活動のよさを発見できたか。
エ	自分なりのものの見方・感じ方・考え方をより深めることができたか。	a	新たな発見・考え方・感じ方を見つけることができたか。
		b	自分なりのものの見方・感じ方・考え方のよさを発見し，自信を持つことができたか。

（出所）静岡大学教育学部附属浜松中学校（1989）

ら願いとしての自分の将来の姿を描く機会である。そして，この記録を残し，時間を３年生の学習終末時までおいて振り返り，自由記述させる中で，自己発見や可能性の信頼といった自己認識の深まりにつなげようとするものである。

（2）「セミナー学習」での評価

　「セミナー学習」のねらいに対応させて評価の視点を設定し，学習の節目ごとに自己評価をさせ，教師評価を行ってきた。また，自己評価の際には，必ず「自己洞察」での三つの視点を踏まえて自由記述させてきた。表10-9に示したものは，自己評価の視点である。

　浜松中では，「セミナー学習」を当初２，３年生の２年間で70時間程度を実践した。１年の段階では，「子どもが創る授業」が展開され始めた段階であり，長期にわたる目標・計画・実践を自主的に進めることは難しい。また，２年時段階では，課題の選択という形でも実践してきた。

　「セミナー学習」などでは，「課題論文」として「動機」「研究方法」「研究成果」「考察」という追究の基本過程を実践することが重要である。そして，このような教科を超えた，吹き抜け型の学習では，追究結果の巧拙よりも，この

体験がその子に経験化されていったのか，その子の変容，健全な自己概念の形成に寄与しているかどうかを大切にしたいものである。

　浜松中の実践研究も年次ごとの実践により手だてに手が加えられ再組織化している。各学校においては，さらに修正を加えてよりよく実践され，日々の授業が生徒の全人的な成長につなげられていくことを願うものである。

 さらに学びたい人のための図書

梶田叡一（2010）『教育評価　第 2 版補訂 2 版』有斐閣双書。
- ▶「真の教育的な評価」について学びたい人のために，体系的・総合的にまとめられている基本テキスト。

中島章夫・浅田匡編著（2003）『中等教育ルネッサンス──生徒が育つ・教師が育つ学校づくり』学事出版。
- ▶中等教育における学校改革の実践とその課題解決にむけた提言がまとめられている。

引用・参考文献

梶田叡一・静岡大学教育学部附属浜松中学校（1981）『子どもが生きる確かな授業』第一法規出版。

梶田叡一・静岡大学教育学部附属浜松中学校（1984）『自己学習能力の育成──授業設計と展望』明治図書出版。

梶田叡一・静岡大学教育学部附属浜松中学校（1992）『自己の生き方を探る授業の創造──価値観の形成とセミナー学習の提唱』明治図書出版。

静岡大学教育学部附属浜松中学校（1976a）「学習目標の明確化と学習構造の転換」『静岡大学教育学部附属浜松中学校研究紀要』。

静岡大学教育学部付属浜松中学校編（1976b）『学習目標の明確化と学習構造の転換』明治図書出版。

静岡大学教育学部附属浜松中学校（1989）「自己実現をめざす生徒の育成──内面世界の拡大を通して」『静岡大学教育学部附属浜松中学校研究紀要』。

静岡大学教育学部附属浜松中学校（1992）「自己実現をめざす生徒の育成──『人間のすばらしさ』への気づきを通して」『静岡大学教育学部附属浜松中学校研究紀要』。

人間教育研究協議会（1993）『学力観の転換』（教育フォーラム第12号）金子書房。

第 **11** 章

ローカルカリキュラムの作成
——京都市独自の実践研究——

砂田信夫

---

1 「京都市スタンダード」とは

（1）「京都市スタンダード」等の位置付け

　京都市教育委員会（以下，「京都市教委」）は，市立学校の教育水準を一定以上に担保するため，法令並びに学習指導要領，「京都市立小（中）学校教育課程編成要領及び移行措置要領」（次項（2）参照。以下，「市教育課程編成要領」）に則り，独自に「京都市小（中）学校教育課程　指導計画及び評価計画」（以下，「市スタンダード」）を作成してきた（図11-1）。

（2）「市教育課程編成要領」の概要

　「市教育課程編成要領」（2017年11月改訂）の「まえがき」には，「この度，京都市立小（中）学校の校長会及び教育研究会のご協力の下，（中略）改訂しました。（中略）各学校においては，新小（中）学校学習指導要領に基づく教育課程について一層研究と理解を深めるとともに，市編成要領を基準として，教育活動の質を向上させ，学習効果の最大化を図るカリキュラム・マネジメントの下，適切な教育課程を編成していただきますようお願いします」とあり，「市教育課程編成要領」の持つ基準性を明示している。

　その構成は，「第1章　京都市立小（中）学校教育課程編成の基本方針」，「第2章　各学校における教育課程の編成及び実施」からなる。

　第1章では，各校は，「一人一人の子どもを徹底的に大切にする」という本

〈国・文部科学省〉

教育基本法	第16条第2項 国は，全国的な教育の機会均等と教育水準の維持向上を図るため，教育に関する施策を総合的に策定し，実施しなければならない。
学校教育法	第3条 学校を設置しようとする者は，学校の種類に応じ，文部科学大臣の定める設備，編制その他に関する設置基準に従い，これを設置しなければならない。
学習指導要領	学校教育について一定の水準を確保するために，学校教育法等の法令に基づいて文部科学大臣が定める教育課程の基準
地方教育行政の組織及び運営に関する法律	第21条第5号及び第33条第1項 教育委員会は，学校の教育課程に関する事務を管理，執行し，学校教育法，学習指導要領等の法令に違反しない限度において教育課程について必要な教育委員会規則[1]を定める。

1　「京都市立小学校，中学校及び幼稚園の管理運営に関する規則」が該当。

〈市町村〉

京都市立小学校，中学校及び幼稚園の管理運営に関する規則	第6条 校長は，毎年度，学習指導要領（幼稚園教育要領を含む。）及び教育委員会が別に定める基準[2]に基づき，教育課程を編成するものとする。

2　「市教育課程編成要領」「市スタンダード」が該当。

市教育課程編成要領	管理運営規則「教育委員会が別に定める基準」のうち，最も基本となる，京都市の基本方針，教育課程の内容，構成，授業時数，編成・実施上の配慮事項等を示している。
市スタンダード	各校が指導計画を作成する上で指標となるよう，各教科・領域について，具体的な指導目標，指導内容，指導方法，配当時間及び留意事項等を，教育課程全体との関わりの中で具体的に示すと同時に，指導と評価の一体化の観点から「目標に準拠した評価」による観点別学習状況の評価の基準を示している。

〈各学校〉

教育課程	校長が，教育課程に関する法令及び教育委員会が別に定める基準に従い，各教科・領域等について，教育の内容を学年に応じ，授業時数との関連において総合的に組織した学校の教育計画

図 11-1　「市スタンダード」等の位置付け

（出所）2017年11月，京都市教委の説明会資料（一部，筆者要約）。

市教育理念や以下の基本方針を踏まえ，教育内容・方法等を組織的・計画的に編成するもの，としている（＊印は筆者要約）。

○市民ぐるみ・地域ぐるみの教育による「社会に開かれた教育課程」の推進

（＊本市が先導的に取り組んできた「開かれた学校づくり」の成果を発展させること，としている。）

○確かな学力・豊かな心・健やかな体の育成と「主体的・対話的で深い学び」

（＊本市が，毎年度当初に喫緊の教育課題を踏まえて示す「学校指導の重点」に留意すること，としている。）

○学びと育ちの連続性を共有する小中一貫教育等の推進

（＊これまでの小中一貫教育推進の成果を発展させること，としている。）

○3学期制の下での1年間を見通した学習指導等の推進

（＊10年以上続けてきた2学期制を改め，家庭や長期休業期間の学習活動の充実・向上をめざすこと，としている。）

　また，第2章第1節では，京都市立学校・園の管理運営に関する規則に定めるとおり，校長が教育課程編成の責任者として編成すること，同第2節には，教育課程の編成や改善の手順は，各学校がその実態に即して，創意工夫を重ねながら具体的な手順を考えること，としている。

（3）「市スタンダード」の概要

　市立学校の教師が授業を行う際の基本となり，京都市教育の骨格となるのが「市スタンダード」である。教師により指導内容に大きな格差が生じないよう，日々の授業を進めるための具体的な基準を明らかにしている。

　京都市では，1950年代半ばから，教科等の教師の自主的な研究組織である教育研究団体（以下，「研究会」）と教育委員会が力を合わせて「市スタンダード」を作成し，すべての教師が活用してきた。具体的には，学習指導要領の改訂とそれに伴う教科書の採択替えがあった場合は，（「市教育課程編成要領」の改訂とともに）「市スタンダード」を全面改訂している。また，教科書の採択替えだ

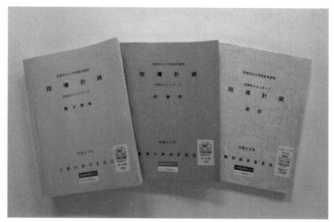

図11-2　市スタンダード
（出所）カリキュラム開発支援センター。

けの場合は，必要な教科の必要な箇所のみを改訂している。

　内容的には，年間計画，単元計画の掲載はもとより，教科書の全単元・全題材を１コマごとの授業計画で網羅するとともに，必要に応じて，各学校や各研究会の優れた実践事例，「（学習指導要領を超える）発展的な内容」なども積極的に盛り込まれている。これにしたがって授業をすれば，どの教師も一定レベル以上の授業ができ，さらに各自がそれに創意工夫を加えることによって指導の充実を図れるというものである。

　教科書の採択替えに伴う2015（平成27）年度版の改訂・作成作業（小学校の例）では，京都市教委は，12教科等（国語，社会，算数，理科，生活，音楽，図画工作，家庭，体育，道徳，外国語活動，特別活動）で総数約360名の教師を「市スタンダード」作成委員に委嘱している。どの小学校にも，１校あたり平均２〜３人の作成委員がいる割合である。また作成期間は，教科書採択後の９月から翌年１月までである。

　「市スタンダード」は，道徳も含め教科ごと（教科別版），学年ごと（学年別版）に冊子化されている（図11-2）。すべて合わせると5000ページにも達するという膨大なものである。完成した冊子は，京都市教委主催の説明会後，新年

度を目途に各学校に複数冊配布されている。

（4）公教育を守る——厳しいイデオロギー対立の中で

　戦後，1950年代半ば以降の厳しいイデオロギー対立の中で，学校教育の面ま で特定のイデオロギーを持ち込もうとする動きがあり，全国的にも社会問題化 するまでになっていた。とりわけ対立の激しかった京都では，地域や保護者か ら，「一方的な教え方をしている。子どもを守ってほしい」といった声が上が ることも少なからずあり，真摯に取り組む教師の実践まで無になりかねない危 機に直面していた。

　教育の自由の名のもとで，「教えるべきことを教えず，教える必要のないこ とを教える」授業は許されない。「市スタンダード」は，恣意的な指導を許さ ず，すべての教師が一定レベル以上の授業ができることをめざし，公教育を守 る。そんな必要性の中から生まれてきた面もあった。

　今，熱意あふれる多くの教師が「市スタンダード」をもとに授業を工夫し， 教材開発に力を尽くしている。若手教師は「市スタンダード」にそんな経緯が あったことは知らない。

2　「市スタンダード」の実際

（1）「市スタンダード」の特色

　児童生徒の主体的な学びを引き出し，学習内容の定着を図るため，以下の6 点を重視している（以下，2015年度版を例にして記述，＊印は筆者要約）。

　① 「学習のねらい（本時の目標）」を設定

　　（＊教師がねらいを持って確かな授業を実践できるようになることをめざしてい

　　る。）

　② 「学習のねらい」を具体化するための方策を提示

　　（＊「学習課題（めあて）」と「まとめ（ふりかえり）」を明確に対応させて，板

　　書とノート指導につなげる方策を提示して，「学習のねらい」を具体化できるよ

うにしている。）

③　「指導の手引き（指導上の留意点)」の作成（次項（2）参照）

（＊教師が授業を構築する際に，指導の基本となることがらを押さえたものになるとともに，研修等でも生かせるようになると考えている。）

④　教科等の関連を重視して指導できるように配慮

（＊具体的には，各教科の関連，道徳との関連，環境教育との関連，環境教育との関連，伝統や文化との関連，学校図書館や公共図書館，公共施設との関連があげられている。）

⑤　校種間の連携を重視

（＊学びの連続性をめざして，今後の幼小接続，小中一貫教育の基礎になることを期待している。）

⑥　校務支援システム（Ｃ4th）との関連を強化

（＊「Ｃ4th」とは教育ネットワークシステムのことで，学校における校務や学習指導など教師の日常業務を効率化することができる。学校と教育委員会を結ぶことも可能。これにより，週案作成の時から，「学習のねらい」を明確にした授業を意識し，「市スタンダード」がより活用されるようになる。）

（2）「市スタンダード」の構成

つぎに，小学校社会科（第6学年）を例に挙げて「市スタンダード」の構成を示しておく。

社　会　科（第6学年）

第1　指導の手引き
1　主体的な学びによる学習意欲の向上
(1)　|『めあて』をもって学習|
　　児童が毎時間，学習のねらいに即した「めあて」をもって学習することで，主体的に学習に取り組めるようにする。また，「めあて」を実現するための毎時間の学習問題を□の中に明示した。
(2)　|主体的に取り組む活動の充実（地域教材の取り扱いなど)|
　　第6学年においても地域の特性を生かした指導計画を作成することは大きな意義がある。しかし，第6学年は，我が国の歴史・政治について理解を深めることが目標である。単に地域社会の学習にとどまることのないように，地域教材の位置付けを工夫する必要がある。

歴史の学習では，通史的な学習にならないようにし，代表的な人物の働きや文化遺産を積極的に取り上げ，児童が興味をもって学習に取り組めるようにする。コミュニティ・ティーチャーの活用も有効であるが，コミュニティ・ティーチャーとは，学習の意義や内容，方法について十分に連絡調整する必要がある。

(3) 協働的な学習の重視

社会科の目標に公民的資質の基礎を養うことがあげられる。この資質を高めるためには，社会の様子を学び，ものごとを多面的にとらえたり，社会にとって正しいことは何かを考えたりすることが必要である。そのためには，学級で話し合うなどの協働的な学習が必要である。一人一人の発言が学級で認められ学び合う学習が進められることで理解が高まり，多面的に考えたり，公正に判断したりする能力も養われる。そのことは，学級という大きな集団だけでなくペアまたは３，４人のグループにおいても同様である。話し合うテーマなどを決め，話し合う意味を明確にし深め合う学習を行い，司会等を決めるなどの学習形態の工夫をするなどにより協働的な学習を充実させる。そのことによって一人一人の学習意欲も向上が期待できる。

(4) 学習過程

学習過程は，「であう」「つかむ」「調べる」「まとめる」を基本型とした。これに，「いかす」「ふかめる」なども加え，問題解決的な学習が充実するように過程を工夫した。「いかす」では，「自分たちのかかわり」などを考える中で，社会の形成に参画する資質や能力の基礎を培うことを意識した学習となっている。

(5) 発展的な学習

教科書上で「ひろげる」で掲載されている発展的な学習については，指導計画では取り上げていない。児童の実態や興味・関心に応じて弾力的に扱ってもよいが，すべての児童が一律に学習する必要はない。

(6) 補助教材

補助教材については，「学校における補助教材の適正な取り扱いについて」（文部科学省の通達）にそって取り扱われる必要がある。

2　基礎・基本の充実
(1) 活用につなげる

基礎的・基本的な知識や技能の習得を図るとともに，身に付けた知識や技能を活用する活動を重視した授業を展開するよう配慮する。また，社会科で習得した知識や技能を他教科で活用したり，他教科で習得した知識や技能を社会科で活用したりするなどして，生活にも生かすことができるようにする。

(2) 観察・資料活用の技能の習得

教科書にある「まなび方コーナー」などを利用し，観察・資料活用の技能を高めることが大切である。地図や年表，各種の資料（教科書の文章を含む）を効果的に活用した学習を取り入れる。また，見学やインタビューを行うにあたって，方法やマナーについて指導する必要がある。教科用図書の地図は常に携帯し活用するとともに，地球儀にもふれる機会を保証したい。

(3) 《つかませたい内容》と用語・語句

毎時間末に《つかませたい内容》と用語・語句を明示した。各時間の学習問題を解決することで学ぶべき学習内容を用語・語句を使って表している。

3　思考力・判断力・表現力の育成
(1) 言語活動の充実

入手した情報を的確に記録する学習や，それらを比較・関連・総合しながら再構成する

学習，考えたことを自分の言葉でまとめ伝え合うことによりお互いの考えを深めていく学習など言語活動の充実を図る。表現活動として新聞づくり，リーフレットづくりなど多様な活動が設定できるが，既に学んだことを書きまとめることを目的とする活動や発表会用の活動にならないように留意する。

(2) 学習問題　学習問題に対するこたえの設定

　　学習問題は，追究意欲を高め，思考力・判断力・表現力を育成するのに必要である。何について考え，話し合い，表現するかが明確になるものとして示したい。学習問題は，単元を通してのものと各時間のものを設定し，「〜だろうか」のような疑問文の形で表す。単元の学習問題は1つ設定してあり，それに対する答えを「学習問題に対するこたえ」として明示している。各時間の学習問題に対するこたえについても前もって指導者が設定しておくことが必要である。単元計画の中で示している「学習問題に対するこたえ」については，一つの例であり，この「こたえ」を教え込むものではない。

(3) 見通しや振り返りの重視

　　何についてそしてどのように調べ・考えるのか見通しをもって学習できるように《予想と計画》を単元を通しての学習問題のあとに設定している。予想し計画することは比較・関連・総合して考えるもととなる。振り返りについては，指導計画の中には明記していないが，単元の終わりに考えたこと，思ったことを振り返り表現することは，社会に対するものの見方・考え方を培い，社会的事象への態度を育てるのに役立つのでぜひ設定していきたい。

(4) ICT 機器の活用

　　児童がインターネットで情報を得たり，ICT 機器を利用して画像・映像を活用したりすることや，相互に情報を交換する手段としても，ICT 機器を活用することは重要である。インターネットによる情報収集については，情報の信憑性，情報モラルについての指導とともに，情報の要旨を読み取り，自分の言葉でまとめることの大切さを教えることが必要である。

4．汎用性のある力を育成するための関連的な指導

(1) 複数の領域間の関連

　　指導計画の作成に当たっては，ある領域で指導した内容や方法を他領域の指導場面で活用するなどして，複数の領域間の指導の関連を図るようにする。

(2) 他教科との関連

　　生きる力を育むため，社会科で身に付けた能力や学習内容を他教科等の学習で活用したり，他教科等で身に付けた能力や学習内容を社会科の学習で活用したりする学習活動を計画し，子ども自身が他教科との関連を意識できるようにする。

(3) 道徳の時間との関連

　　道徳の時間との関連を考慮しながら，社会科の学習内容に応じて適切な指導を進めるようにする。

(4) 環境教育との関連

　　本指導計画の中から，環境教育に特にかかわりのある学習について，各単元の最後のページに「環境スタンダード」として，「環境教育上のねらい」「関連する単元」「環境教育上の留意点」を記述した。実際の指導に当たっては，別冊「環境モデル都市・京都における小中学校環境教育―京都市環境スタンダード・ガイドライン」を参考にして，具体的な展開等を工夫して進めていくようにする。

(5) 生き方探究（キャリア）教育との関連

　　将来の社会的・職業的自立を念頭において児童の成長や発達を支援・促進しようとする

生き方探究（キャリア）教育の視点に立った指導を工夫する。
- (6) 人権教育との関連
　　　社会科の教科目標をふまえ，人権に関わる指導を進めるために，特に，重点的に取り扱うところとして【人権教育に関わって】と表記した。特に重点的に扱うところとして⑩，㊐，男女，㊑を示した。⑩は，同和問題に関わる指導について，㊐は，外国人教育に関わる指導，男女は，男女平等教育に関わる指導について，㊑は，「人権に対する認識を育てる指導」に表記された指導についてを表している。指導にあたっては，「人権に対する認識を育てる指導」，「小学校社会科学習における同和問題にかかわる単元の指導」を参照されたい。
- (7) 学校図書館や公共図書館との関連
　　　学校図書館や公共図書館を積極的に活用し，資料の収集・活用・整理などを行うとともに児童自身がこれらの施設の利用方法にも慣れ，活用できるようにしたい。
- (8) 伝統や文化との関連
　　　地域の文化財や伝統を活用し，地域社会への所属に対する自覚をもつとともに，地域社会に対する誇りと愛情をもとうとする態度が育つように進めたい。
5　「第5　単元の指導と評価の計画」について
- (1) 評価規準について
　　　「単元の評価規準」は，観点別学習状況の評価規準を具体的に記述した。これに基づき，各学校では児童の主体的な学習活動を具体化するとともに，指導と評価を一体とした確かな授業の実現を図るようにする。（「評価規準の作成，評価方法等の工夫改善のための参考資料【小学校　社会】」平成23年11月文部科学省　国立教育政策研究所も参考にされたい。）
- (2) 評価の重点について
　　　「評価の重点」における「関」「思」「技」「知」は，それぞれ「社会的事象への関心・意欲・態度」「社会的な思考・判断・表現」「観察・資料活用の技能」「社会的事象についての知識・理解」を表す。「関」は，「社会的事象への関心・意欲・態度」を表すが，「態度」の評価については，【関②】の形でおおむね単元の終わりで評価するようにしている。評価の視点の表記は，「〜を考えようとしている。」としている。
- (3) 「指導に生かす」「記録に残す」評価
　　　毎時間の評価は「指導に生かす」評価であり，児童の理解を助け，指導の改善に役立てるものである。その中でも，すべての児童から評価資料が集まり，同じ評価場面の設定を行える時に「記録に残す」評価を行う。「評価の視点」は，上記のことを意識して設定し，評価の重点化を図っている。「評価の視点」は，おおむね満足できる状況を示すものである。

※その他，指導の詳細については，「小学校学習指導要領解説　社会編」（文部科学省）を参照されたい。
第2　社会科の目標、評価の観点及びその趣旨（略）
第3　内容のまとまりごとの評価規準（略）
第4　単元一覧表（略）
第5　単元構想図，単元の指導と評価の計画（次項（3）参照）

（3）「市スタンダード」の内容（例：小学校社会科　第6学年）

つづいて，単元の指導と評価の計画について，一例を記載しておく。

単元	10　世界に歩み出した日本　　　　　　　　　　（7時間）10月上旬～10月中旬					
目標	大日本帝国憲法の発布，日清・日露の戦争，条約改正，科学の発展などについて各種の資料を活用して調べ理解し，我が国の国力が充実し国際的地位が向上したことを考え，表現する。					
単元の評価規準	・社会的事象への関心・意欲・態度	①不平等条約の改正について関心をもち，意欲的に調べている。				
	・社会的な思考・判断・表現	①日清・日露の戦争，条約改正，科学の発展などについて，学習問題や予想，学習計画を考え，表現している。 ②調べたことをもとに人物の考えを予想したり業績を考えたりして，根拠を示して説明している。				
	・観察・資料活用の技能	①地図や年表，想像図などの資料を活用して，日清・日露の戦争，条約改正，科学の発展などについて，必要な情報を集め，読み取っている。 ②調べたことを地図や年表，図表や作品などに整理してまとめている。				
	・社会的事象についての知識・理解	①日清・日露の戦争において勝利したこと，幕末に結ばれた不平等条約の改正，科学の発展への貢献などの様子を理解している。 ②我が国の国力の充実と国際的地位の向上が図られたことを理解している。				

過程	学習のねらい	○学習内容　・学習活動 ＊留意点　◇児童の反応	評価の重点				評価の視点 （評価の方法）
			関	思	技	知	
であう・つかむ	①明治時代の産業について調べ，日本の近代化について関心をもち，学習問題をつくり，予想や計画を立てられるようにする。 【関①】【思①】 この時代にはどのようなことが起こり，日本が発展していったのか考え，学習問題をつくろう。	「発展していく日本」（1時間） ・明治時代の産業について調べ，日本の近代化について考えよう。 ◇会社や工場が急激に増えている。 ◇紡績業がさかんになった。 ◇殖産興業政策がうまくいったのだろうか。 ◇輸出や輸入額もずいぶん増えている。 ◇欧米諸国は，日本を歓迎していないようだ。 ◇日本は世界の中でどのような立場になったんだろう。 ＊明治時代の産業に目を向け，産業をさかんにした人々や日本の近代化について考えられるようにする。	○				・日本の産業の発展や外国とのかかわりに関心をもち，進んで調べている。 （行動観察・ノート）

		＊P115のまなび方コーナーのグラフから工業の発展の様子や生産品目の推移を読み取らせ，この頃の産業に目を向けるとともに，この時代の主なできごとや鹿鳴館の絵，P115の絵などとかかわらせて，時代の変化に気付くようにする。 ○《つかませたい内容》と用語・語句 日本は，明治時代に入って産業が発達した。世界の国々との関係や人々のくらしに変化があったようだ。 紡績工業，殖産産業，欧米諸国，鹿鳴館 学習問題：日本の立場は，世界の中で，どのように変わっていったのだろうか。また，国民生活にはどのような変化が起こったのだろうか。			
		《予想と計画》 ◇産業が盛んになり，国民の暮らしは豊かになっていったと思う。 ◇日本は，欧米諸国の仲間入りを目指したが，うまくいかなかったんじゃないかな。 ◇外国との関係はどのように変わったのか調べよう。 ◇人々の暮らしの様子を調べよう。	○		・産業の発展や欧米諸国に追いつこうとしている日本の様子を知り，学習問題をつくり，予想や計画を立てている。 （発言・ノート）
調べる	②不平等条約によって，日本はどのような影響を受けたのか考え，条約改正に向けた取組を調べられるようにする。【技①】 不平等条約によって，日本はどのような影響を受け，どのような努力をしたのだろうか。	「条約改正をめざして」（1時間） ・不平等条約によって，日本はどのような影響を受けたのか考えよう。 ◇輸入品にかける税金を自由に決められなく，日本の産業は大きな打撃を受けた。 ◇外国人が日本国内で罪をおかしても日本の法律でさばくことができないので日本人に不利な裁判があった。 ◇ノルマントン号事件に見られるように裁判も公平でない。国民が怒るのは当然だ。 ＊ノルマントン号事件の挿絵などをもとに具体的に考え，不平等条約			

の内容については，教科書の説明
に加えて教師が補足説明する。
＊具体的な物流の例を示して，条約
の不平等さに気付かせるようにす
る。
・条約改正のために，政府はどのよ
うな努力をしたのか調べよう。
◇何度も交渉してもなかなか条約改
正できなかったんだ。
◇陸奥宗光がこのころもっとも力が
強かったイギリスと交渉して，領
事裁判権をなくすことに成功した。
【地図活用例】
ノルマントン号事件が起きた和歌
山県沖を地図帳で調べる。
○《つかませたい内容》と用語・語
句

幕末に幕府が結んだ不平等条約に
よって不利益を受け，条約改正の
声が高まった。外務大臣陸奥宗光
らは交渉を重ね，領事裁判権をな
くすことに成功した。しかし，関
税自主権の回復は先送りされた。

関税自主権，領事裁判権，条約改
正，ノルマントン号事件，陸奥宗
光

○

・不平等条約が日
本にもたらして
いた不利益や条
約改正に取り組
んだ陸奥宗光の
願いや働きを，
資料や本文から
読み取っている。
（ワークシー
ト・ノート）

＊市内めぐり等を通して，岡崎公会
堂跡にある「全国水平社創立の
地」記念碑を見に行くことも考え
られる。
【人権学習に関わって㋑】
水平社運動は，人間としての生き
る権利を求める運動であったこと
をとらえるようにする。また，水
平社宣言は，人間尊重の精神に支
えられた差別のない社会を目指す
人権宣言であることに気付くよう
にする。また，水平社の運動も，
民衆の運動の一環であったことを
おさえる。
○《つかませたい内容》と用語・語
句

		就職や結婚などで差別され，苦しめられてきた人々は，人間としての生きる権利を求め全国水平社を結成し，根強く残る差別の撤廃を目指して運動を起こした。 全国水平社，水平社宣言，全国水平社創立大会，西光万吉，岡崎公会堂				
まとめる	⑦学習問題について調べてきたことをまとめることができるようにする。【知②】 学習問題：日本の立場は，世界の中で，どのように変わっていったのだろうか。また，国民生活にはどのような変化が起こったのだろうか。	「まとめる」（1時間） ・学習問題について調べてきたことを，人物カードに整理してまとめよう。 ＊その人物を取り上げた際に調べたことを基に，確認するようにする。 ・学習を通して考えたことを，ノートにまとめよう。 ＊日本の立場は，世界の中でどのように変わってきたのかという視点でまとめるようにする。 ○《学習問題に対するこたえ》 二つの戦争，条約改正や産業・科学の発展により，日本の国力は充実し，国際的地位が向上した。また，国内では，生活の中に民主主義が広まった。			○	・日本の国力の充実や国際的な地位の向上，それらにともなう社会の変化と人物の働きを関連付けて理解している。 （ノート）

【他教科との関連】
・国語科6年 P157「伝記を読んで，自分の生き方について考えよう」で伝記の読み方が示されている。野口英世などの伝記を読むことにつなげたい。

（4）波及効果を生む

「市スタンダード」の作成は，以下のような波及効果を生んでいる。

①当事者意識が高まる

多くの教師が「市スタンダード」の改訂・作成作業（以下，「作業」）に参画し（前節（3）参照），指導主事や教育研究団体（研究会）のベテラン教師たちから，直接，教育課程編成の手順や評価，改善の方法等々を学ぶことができる。

もとより，教育課程編成の主体は各学校である。この参画が契機となり，自校の教育課程（学校の教育計画，具体的な指導計画など）の編成に対する当事者

意識が高まり，日々の授業など学校の教育活動の質の向上を積極的に図っていこうとする姿勢が生まれている。

②「チーム学校」として動く

この作業経験は，さらに校内で他の教師に伝達され，自校の教育課程の編成を「チーム学校」として，知恵を出しあい全教職員の手で適切に行われている。

たとえば，「京都市スタンダード」を基にして，教師が作成する「週指導計画（小学校）」「単元別指導計画（中学校）」がある。すべての教師が指導計画を作成し，事前に校長・教頭らに提出。授業内容を各教師の裁量のみに任せたり，指導力に格差を生じさせたりせず，教師の自主性・創造性を生かすため，校長・教頭のほか，ベテラン教師らの指導・助言も受けて授業に臨んでいる。

また，「若手・中堅教員実践道場」の取り組み（後述，第4節（2）参照）にも，「チーム学校」としての動きが見られる。

③学びの連続性を生む

小学校版「市スタンダード」の作業では幼稚園・中学校の教師が，また中学校版には小学校の教師が，それぞれ作成委員として参画している。隣接する校園種の教師から専門的なアドバイスを受けるのは，「市スタンダード」の一貫性を求めてのことである。学びの連続性を大切にする意識が高まっている。

④若手教師が育つ

作業には，（意図的に）若手教師を可能な限り多く参画させている。このことにより，カリキュラム・マネジメントに関わる若手教師の力量が高まり，将来的に，各学校のカリキュラム・マネジメントの充実につながるものと期待している。

3　「市スタンダード」の作成を支える①
──「カリキュラム開発支援センター」を開設する──

（1）京都市総合教育センターによる二つの支援

全国の教育センターには，教員研修の実施などのほか，カリキュラム開発や

先導的な研究の実施，教師が必要とする図書や資料等の照会や提供などを行うことにより，教師の創意工夫を支援する機能が求められている。また，教材研究や授業研究，教師同士の相互評価といった取り組みは，教師の資質の不断の向上にとってきわめて重要であり，教育センターがこのような取り組みを支援することが求められる。

　京都市総合教育センター（1986年建設。以下，「市教育センター」）は，「教職員は学校現場で育つ」の方針のもと，①学校のニーズを踏まえた多様な研修を支援すること，②教師がともに学び高めあうような組織による研修を支援することを重視し，研修体制の構築と事業の推進を進めている。

　①②の支援は，いずれも「市スタンダード」の作成を支え，その質をより高める上で重要な役割を果たしている。①の支援例として，次の第3節（2）（3）で「カリキュラム開発支援センター」（愛称「カリセン」）の取り組みを，また②の支援例として，第4節で「教育研究団体」（以下，「研究会」）の活性化などOJT推進の取り組みを紹介する。

（2）「カリキュラム開発支援センター」の概要

　「教職員は学校現場で育つ」の方針のもと，市教育センターのなすべきことは，教師の自主的・自発的な研修意欲を受け止められる条件整備である。

　市教育センターは2003（平成15）年度より，その3階に新たに「カリキュラム開発支援センター」（以下，「カリセン」）を開設した。あえて「開発支援」と称したのは，研修の主体は学校であることを明確にするためであって，市教育センターの人的・物的な蓄積をより自主的・自発的に活用されることを願ったものである。

　平日は夜9時（毎週木曜日は午後5時15分）まで，土曜日は夜5時まで開室している。また，5名の指導主事（内，首席指導主事3名）と校長経験をもつ（嘱託）専門主事ら11名を配置して，学校での業務を終えてから訪れた教師の相談にも応えられる体制を取っている。月平均約450名の利用があり，積極的な活用が進んでいる。

図 11-3　教材開発室 I で授業構想を練る

（出所）カリセン。

（3）三つの場として

「カリセン」は，多様な教育情報を収集・発信するとともに，カリキュラムコンサルタント業務の拠点としての役割を果たすために，主に以下の三つの場を提供している。

　①よりよい授業をつくる場として

「カリセン」の「情報資料室」は，教育関連図書を約 2 万1000冊，全国の教育機関や京都市立学校・園などの教育関係資料を約 2 万9000点，収蔵している。

　また，「教材開発室 I 」（図 11-3）は，京都市立学校・園の優れた研究授業や公開授業の学習指導案（図 11-4）を約 2 万2000点，「同　 II 」は，「ビデオライブラリー」と名付けた研究授業や研修会・講演会を収めた DVD・VTR を約1500本，収蔵している。利用者は，「（幼・小・中・高・特別支援別）学習指導案目録」や「ビデオライブラリー目録」から必要な学習指導案などを参照することができる。学校外で教材研究を進める場として，個人はもとより，学年や研究会など，グループ単位で幅広く利活用されている。

　②教材を工夫して作成する場として

　前出の「教材開発室 I 」には，豊富な教育資料を活用して，教材や指導資料

図 11-4　学習指導案の目録

（出所）カリセン。

などを作成できる環境が整えられている。パソコンや多機能複合カラープリンター，大判プリンター（BO 版まで印刷できる）などの機器を活用して，その場で必要な教材や指導資料などを工夫して作成できる。

　③必要な情報を手軽に得る場として

　京都市教委では，「光京都ネット」を設置して，すべての市立学校・園と教育機関を結んでいる。市教育センターのホームページとは別に，「京都市総合教材ポータルサイト」も開設し，閲覧から活用へ，さらには，各学校が必要とする教育情報を直ちに得られるように，と充実を図っている。

4　「市スタンダード」の作成を支える②
——組織による研修活動を奨励し，助成する——

（1）教育研究団体の活性化

　「市スタンダード」は，各学校や研究会の優れた実践事例等を積極的に取り入れ，作成されている。（第 1 節（3）参照）「市スタンダード」を作成する原動力は，まさに熱心に教育実践を牽引している学校現場の教師であり，「市ス

タンダード」の質を担保するには，編成・作成作業に参画する教師の力量アップが不可欠となる。

　京都市では，1948（昭和23）年ごろからいち早く教科等の研究会が組織され，熱心な授業実践が始まっていた。現在も，同じ志を持つ教師らが自主的に組織する127の教科・領域等の研究会が活動している。各研究会は，「市スタンダード」の作成のみならず，本市の教育活動，教育改革の推進に大きく貢献している。

　市教育センターは，研究会と委託契約を締結して研究事業費の助成を行うとともに，より質の高い研究・研修活動を積極的に奨励，支援している。また研究会も，京都市教委との共催研修会や研究会主催の研修会・研究発表会を盛んに実施している。

（2）「若手・中堅教員実践道場」の取り組み

　市教育センターは，「校園長の明確な学校経営方針の下，ミドルリーダーを核としたOJTの推進による全ての教職員の資質・指導力向上」（2017年度教職員研修計画）を基本方針として，「若手・中堅教員実践道場（2008年度～）」（以下，「実践道場」）に取り組んでいる。

　「大量退職・大量採用期を迎え，教職員の世代交代が進み，若手教員が急速に増加する中，学校現場での幅広い人材育成の環境や機会づくりを図るため（中略）若手教員（採用1～5年目）と中堅教員（採用6～14年目）が共に学び合い，切磋琢磨しながら，お互いに資質や力量の向上を図る自主的・自発的活動を支援する『実践道場』を実施している。（中略）若手教員の育成に資するだけでなく，中堅教員も若手教員を指導することで自らの力量を向上することができる（後略）」などとしている（市教育センターの資料より）。

　具体的には，市教育センターが，5～10名程度の自主的な勉強会グループによる「実践道場」として，教師同士の学びあい高めあう活動を推進するとともに，グループの要請に基づき退職後も各分野で活躍されている研究会のOB・OG等の人材や指導主事を，ゲストアドバイザーとして派遣している。また，

資料作成等に係る必要経費についても助成している。ちなみに，市立学校・園の約82％が，この取り組みを活用している（2017年度）。

　さらに，こうした「実践道場」の取り組みを拡大して，研究会内の若手教師と中堅教師による学び合い活動を「研究会版　若手・中堅実践道場」（2012年度〜）と位置付け，研究会活動活性化の一環として奨励，支援している。

（3）「市スタンダード」の評価と改善

　教育課程の改善・編成には，児童生徒の学力実態を把握すること（評価）が不可欠である。

　京都市教委は，毎年（1964〔昭和39〕年，「全国学力テスト」が中止された後も，一貫して），全市の全学年児童生徒を対象とした「研究会テスト」（後に「学力定着調査」と名称変更。以下，「調査」）を実施してきた。もとより「調査」の実施自体が目的ではなく，一人一人の児童生徒の学力向上につなげることこそが重要である，との考えからである。

　「調査」は，京都市教委と研究会の連携のもと，多くの時間を割き，問題作成から結果分析まで実施してきたものである。全市平均のデータを基にして，「調査」結果の概要や各教科の指導課題・改善点等々を報告冊子にまとめ，その後，報告会を実施してきた。京都市教委は，この「調査」結果を「市教育課程編成要領」や「市スタンダード」の改善と編成に役立ててきた。

　また，各学校は，児童生徒一人一人の学力の到達状況と指導上の課題を，教科ごとに明らかにした上で，教育指導の充実や学習状況の改善，家庭への働きかけに役立てている。さらに，自校の各学年・教科の平均点を全市平均データと比較・検討することで，自校の教育課程（学校の教育計画，それを具体化した指導計画）などの改善と編成に役立てられている。

　なお，この「調査」は今も，小学校は「ジョイントプログラム」（年間1〜2回実施），中学校は「学習確認プログラム」（年間1〜4回実施）と名称を変更して，京都市教委と研究会の連携のもと継続実施されている。

さらに学びたい人のための図書

**PHP 研究所編（2007）『教育再生への挑戦──市民の共汗で進める京都市の軌跡』
PHP 研究所。**

▶京都市の教育には全国初の試みがたくさんある。全国から教育関係者の視察が
絶えないという。現場取材をとおして，多角的にその秘密を探ろうとしている。

**水原克敏（2010）『学習指導要領は国民形成の設計書──その能力観と人間像の歴
史的変遷』東北大学出版会。**

▶学校の在り方を大きく方向づけている「教育課程の基準」，すなわち学習指導
要領等を分析し，そこにどのような国民像がえがかれているかを分析し，明ら
かにしようとしている。

**安彦忠彦（2014）『「コンピテンシー・ベース」を超える授業づくり──人格形成を
見すえた能力育成をめざして』図書文化。**

▶これからの子どもたちに育成すべき資質・能力の枠組みを議論した文部科学省
の検討会の座長である筆者が，人材育成にとどまらず，主体的な人格形成をめ
ざす授業の在り方と教師への期待を語っている。

引用・参考文献

京都市教育委員会（2015）『京都市立小学校教育課程　指導計画──京都市スタンダード』
　　京都市教育委員会。

京都市教育委員会（2017a）『平成29年度　教職員研修計画』京都市教育委員会。

京都市教育委員会（2017b）『教育課程編成要領及び移行措置要領』京都市教育委員会。

京都市総合教育センター（2017）『開館30周年記念　30年間の歩み──一人一人の子ども
　　を徹底的に大切にする』京都市総合教育センター。

中央教育審議会（2008）「幼稚園，小学校，中学校，高等学校及び特別支援学校の学習指
　　導要領等の改善について（答申9-(3)）」。

PHP 研究所編（2007）『教育再生への挑戦──市民 共汗で進める京都市の軌跡』PHP 研
　　究所。

文部科学省（2017）『小学校学習指導要領』文部科学省。

第12章

北条小学校における「北条プラン」とカリキュラム管理

澤邉　潤

1　歴史からみる千葉県館山市立北条小学校

（1）戦後以降の北条小学校

　北条小学校は，独自の教育計画である「北条プラン」の開発・改善を繰り返し，1949（昭和24）年から定期的な全国公開研究会を継続する公立小学校である。「北条プラン」の系譜は，戦後直後の教育現場における「カリキュラム運動」まで遡る。水内（1971）によれば，カリキュラム運動は大きく二つに分けられる。一つは，コア・カリキュラム型である。地域性や児童の興味・自発性への考慮などが強調され，社会科発足の動きと並行して全国各地で広がりをみせた。もう一つは，地域教育計画型である。対社会とのコンテクストの中で，学校教育のあり方を構想し，教育目的と教材編成の間に「生活」を介在させることで社会科学的方法によるカリキュラム編成が意図されている。学校独自の地域・社会に密着したカリキュラム運動は1950年代には隆盛期を迎え，多くの小学校が社会科授業に生活単元学習を採用するようになった。

　カリキュラム運動は1960年代から学力保障に対する懸念の面で批判をうけ，教科の系統的学習が重視される方向へ転換して減衰していくが，「北条プラン」は，桜田プラン（東京都），明石プラン（兵庫県），川口プラン（埼玉県）などと並ぶカリキュラム開発の先導的モデルである。北条小学校は戦後激動の時代にあっても，地域社会の課題を取り上げ，子どもの実態に向き合いながら，「北条プラン」の提案を続ける「ユニークな学校」である。本章では，北条小学校

の歴史が編纂された資料（たとえば，金木，1977；安田・北条教育を語る会，1985）を参照しながら，「北条プラン」の理念形成とプラン実践検証サイクルによるカリキュラム管理を軸に，北条小学校の「ユニークさ」を探る。

（2）北条小学校のコア・カリキュラム

　北条小学校のコア・カリキュラムの考え方は，1949（昭和24）年の第 1 回全国公開研究会で社会に認知された。ここで示された教育計画が「北条プラン」と呼ばれ，全国的なカリキュラム運動の隆盛へつながるきっかけとなった。コア・カリキュラムは，1947（昭和22）年に，社会科教育計画を主題とした公開研究会「コミュニティに立つ民主教育の実践」に始まる。学校と生活の有機的な結びつきを重視したデューイ（Dewey, J.）の経験主義の哲学的構想の影響をうけながら（デューイ，1957），従来の教師，教科書，教材による教育から子ども中心で自発的自主的な教育への転換が強く意識された。社会生活中心のカリキュラム編成に向けて，戦前から存在する地域実態調査に基づく「郷土の科学的研究（全 7 巻）」資料にくわえて，「コミュニティの生活課題」「子どもの生活指導」などをテーマに児童，保護者だけではなく広く各年代の対象者に新たに社会調査が実施された。その調査結果をもとに，学校と地域の有識者とともに教育計画が議論されて単元開発が進められた。現在でいえば，学校評議員制度（中央教育審議会，1998）の実質化で，地域住民と目標やビジョンを共有しながら地域と一体となって子どもを育てるかたちの典型といえるかもしれない。社会科の基本構造は，「生活中心の考え方」を中核に据え，「市民」「生産」「行政」などの社会機能をスコープ（領域），子どもの発達段階をシークエンス（段階）としたカリキュラム構成原理を具体化したものであった。開発された単元表では，たとえば，「市民」領域の単元には，「私たちの学校（2 年）」「館山市の今と昔（4 年）」「社会の進歩と幸福の増進（6 年）」が構想され，単元名，指導時数，学習のねらい，経験させる内容などが記載されている。

　以上の単元開発プロセスによって，五つの類型ができあがり，「生活学習」「分化学習」「道具学習」としてコア・カリキュラムの構成要素として位置付い

表 12-1　開発単元類型とコア・カリキュラムとの対応

類型	概　　要	コア・カリキュラム への体系
生活単元	日常の生活実現におけるまとまった一連の生活を研究主題とした学習	生活学習
作業単元	身体的な作業，労作を通して製作し，表現する（創作学習）	分化学習
法則単元	科学的法則や因果関係を体得するための学習	
基礎単元	生活の基礎となる用具（言語，数量等）に習熟するための学習	道具学習
器具単元	器具や機会を使用して技術を練る学習	

（出所）安田・北条教育を語る会（1985）をもとに筆者作成。

ていった（表 12-1）。こうした流れから「教科があって教育があるのではなく生活があって教育がある」という生活現実から教育内容を構成する経験カリキュラムの見方が強まり，社会科だけではなく他教科との関連へと波及して，教育の全体構造の議論へ展開した。

（3）学校教育方針の吟味と学校教育目標

　北条小学校の学校教育目標は「たくましく現代に生きる子どもの育成」であり，1960（昭和35）年に設定されて以降，現在も変わらない。学校教育方針の議論は，当時の校長のリーダーシップのもとで1年がかりで全教職員で進められた。そこでは，「哲学的基礎に立った教育の立場」「科学技術の時代を見つめる」「めざす人間像を打ち出す」の三つの観点が共有され，技術革新の進む現代をどうとらえるべきかという社会構造の理解と時代が変化しても変わらない子どもの成長の姿を描く視点が含まれている。また，コア・カリキュラムの中心主題である生活教育が，理論と実践で十分に説明ができていない反省に基づき，教育構造編成の必要性から，「生活教育の伝統に立つ」「全教科を対象にする」「新しい構造を持つ」ことを条件として研究が進められることになった。

　この議論を踏まえて，「たくましく現代に生きる子どもの育成を念願し，新しい教育構造の創造をめざして研修第一に努める」という教育方針が掲げられた。これは，学校教育目標「たくましく現代に生きる子ども」の原型である。

「たくましさ」は，内面性の強化，個別性の強調，主体性の確立を核とした「人間のあり方」を根底に，その上に「自己主張」「融通性」「生活力の創造」の三重構造を持つものと定義した。「自己主張」は，子どもが我を張るのではなく他者を受容する立場で物事を把握する姿である。「融通性」は場所や社会が変わっても，子どもが適応し主体的に決断する姿である。「生活力の創造」は，「自己主張」「融通性」を踏まえた創造性の発揮で，生活教育におけるゴールとも解釈できる。

　学校教育目標設定の背景には，生活に即応し，時代を見据えて生活力を伸ばそうとするねらいがあり，どのような子どもを育てるのかという問いに正対しながら，経験・実践偏重と思われがちな「生活教育」に新たな構造を持たせようと苦心惨憺する教師像が想像できる。「現代はどのような時代か」，「たくましさとは何か」を全教職員が議論するプロセスが，それぞれの時代の教育目標や教育計画をかたちづくる。

2　「北条プラン」と「カリキュラム管理」をめぐる教師の挑戦

(1)「北条プラン」の誕生

　北条小学校による全国公開研究会，北条プラン，学習指導要領改訂での教科等に関わる要点を時系列に整理したものが表 12-2 である。「北条プラン」は，前述のように社会科学習計画の編成からコア・カリキュラムを世に問うかたちで誕生し，1962（昭和37）年にプランⅠが提案されて以来，2015（平成27）年に提案された北条プランⅪまで更新されている。1950年代以降の70年余りで学習指導要領は 8 回，平成以降はおよそ10年ごとに改訂されている。

　北条プランの前身ともいえる「学習計画の展開（1958年）」では，世間で教科学習の枠を取り払ったような統合的な学習への批判が高まる中でも，生活教育を基盤としながらも分化学習（表 12-1）による系統学習が意識されていた。「プランⅠ」は「組織案」と題され，教育の構造化がめざされた。構造的な教育を考えることで社会の要請に応えながら，全学年の学習課程における教材の

表 12-2　全国公開研究会

公開研究会	研究会テーマ	北条プラン	
1949 （昭和24）年	・コア・カリキュラム		1958 （昭和33）年
1955 （昭和30）年	・生活教育の具体的展開 ・三層四領域の教育構造カリキュラム		
1964 （昭和39）年	・学習指導の個別化と集団化	Ⅰ	1962 （昭和37）年
1969 （昭和44）年	・教育のシステム化 ・カリキュラム管理システム探究	Ⅱ	1965 （昭和40）年
		Ⅲ	1967 （昭和42）年
1977 （昭和52）年	・創造的市民の育成 ・未来志向学習・統合学習	Ⅳ	1971 （昭和46）年
		Ⅴ	1976 （昭和51）年
1982 （昭和57）年	・学校の人間化 ・個性・完熟・生きる力	Ⅵ	1979 （昭和54）年
1986 （昭和61）年	・学校の人間化をめざして ・自己学習力の育成	Ⅶ	1987 （昭和62）年
1989 （平成元）年	・子ども文化の創造（冒険する子どもたち）		
1994 （平成6）年	・新しい生活教育	Ⅷ	1992 （平成4）年
2000 （平成12）年	・生活力ある子どもであれ（求め，成しとげ，共感し合う体験を重ねて）	Ⅸ	2000 （平成12）年
2004 （平成16）年	・生きることに有能な子どもを育てる	Ⅹ	2007 （平成19）年
2011 （平成23）年	・生きたつながりを創造する子どもたち（よりよいコミュニティの形成者へ）		
2015 （平成27）年	・創時力（未来の当事者意識を持ち，自分，自分たちが思い描く未来を創ろうとすることができる子ども）	Ⅺ	2015 （平成27）年

と北条プランの歴史

特徴（主題）	学習指導要領改訂の方向性
生活コース，教科基礎コースで構成された生活教育を中心とした北条教育のまとめ（学習展開の計画）	
教材の組織案（学習の組織）	1958（昭和33）年 教育課程の基準の明確化 →「道徳の時間」新設
「市民科」の提唱，「学習プラン」の名称化	
教育目標と教科間の構造化，焦点教材の開発	1968（昭和43）年 教育内容の一層の向上
自ら学ぶ力の育成，組織と個の関係からの教育の在り方	
ゆとりある教育にむけた教材精選（今日をかため，明日を開く教育）	1977（昭和52）年 知・徳・体の調和（学習負担の適正化）
統合学習創設，個性化学習の展開（今日をかため，明日を開く教育）	
低学年教科間構造の再編成，低学年統合の研究（たくましく現代に生きる子どもをめざして）	1989（昭和64）年 社会の変化に自ら対応できる心豊かな人間の育成 →「生活科」新設
子ども文化の創造，全教科年間指導計画作成（たくましく現代に生きる子どもをめざして）	
自己実現と共生の視点からのカリキュラム設計（たくましく現代に生きる子どもの育成）	1998（平成10）年 基礎・基本を確実に身に付けさせ，自ら学び自ら考える力など「生きる力」の育成 →「総合的な学習の時間」新設
よりよいコミュニティの形成者の育成（生きたつながりを創造する子どもたち）	2008（平成20）年 「生きる力」の育成，地域・技能の習得，思考力・判断力・表現力等の育成バランス →「外国語活動」導入
創時力の育成	2017（平成29）年 主体的・対話的で深い学び，社会に開かれた教育課程，カリキュラム・マネジメントの確立 →「特別の教科道徳」「外国語活動」の教科化

（出所）北条プラン，安田・北条教育を語る会（1985）をもとに筆者作成。

重複を省く努力が注がれた。能率的な学習の実現や現代社会の進歩に適応でき
る子どもの育成にむけて，放送教育，プログラム学習，レスポンスアナライザ
ーなど，子どもの能動的活動を重視した学習方法，単元開発に挑戦していった。
プランⅠには「カリキュラム管理」という言葉が登場する。そこには，現在の
子どものためだけではなく，未来の子どものためにつながるものにするという
構想から，プランを実践し，修正・改善し続けるために「カリキュラムを開発
するだけではなく管理する」必然性が含意されている。

　これまでの経過を踏まえると，北条小学校では4，5年ごとに全国公開研究
会が実施され，同時期に新プランが提案されていることが多いが，両者が必ず
しも一致するわけではない。北条プランは，教師個人の実践報告ではなく，学
校理念（研究構想），教科構想，授業計画が全教員によって織り込まれた学校
のグランドデザインである。提案後は数年の歳月をかけた実践で評価・検証・
改善され，成熟すると新プラン構想に向かって研究が進められる（佐藤，2009）。

（2）「統合学習」の成り立ちと「総合的な学習の時間」との関係

　教育課程の編成という観点では，「総合的な学習の時間」への取り組みが特
徴的である。「総合的な学習の時間」導入の契機は，1998年の学習指導要領改
訂によって提唱された理念「生きる力」に由来する。中央教育審議会（1997）
では，生きる力を「変化の激しい社会において，他人と協調しつつ自律的に社
会生活を送るために必要な人間としての実践的な力」ととらえ，学校教育のめ
ざす方向性として，ティーム・ティーチング（以下，「T・T」），グループ学習，
個別学習など指導方法の改善と個に応じた指導の充実や問題解決的な学習や体
験的な学習の充実が謳われている。「総合的な学習の時間」は「生きる力」を
育むための時間として新たに教育課程に位置付けられたが，国が目標や教育内
容を定めずに，各学校の創意工夫による教育活動が期待された。これを機に教
育課程基準の大綱化・弾力化による学校のカリキュラム編成の裁量が拡大し，
それぞれの学校を基盤としたカリキュラム開発が求められるようになった。

　北条小学校における統合・総合学習のベースは，教員の提案から1960年代の

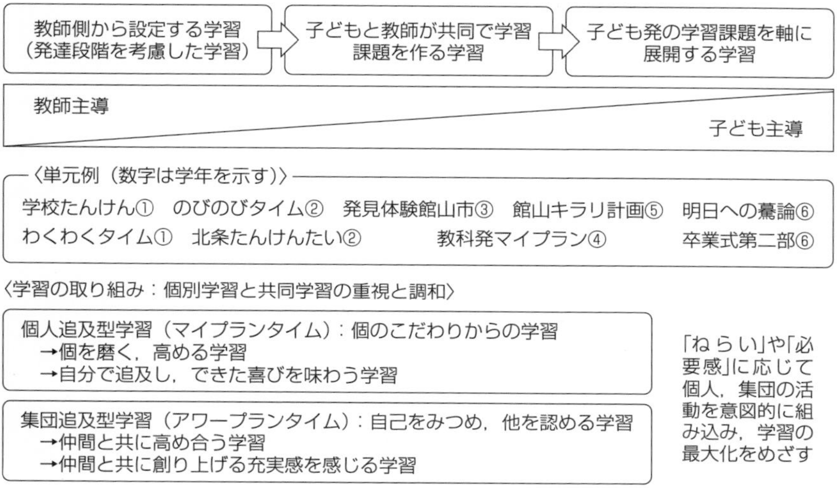

図 12-1　統合学習のデザイン
（出所）北条プランⅪ「統合学習　教科構想」をもとに筆者作成。

「市民科」に端を発する。「よき市民をつくる」という理念による「市民科」は，
北条小独自の用語であるが，「道徳」が学習指導要領に付された1958年頃に，
若手教師12人のメンバーによる教育課程編成プロジェクトによって計画・推進
された。この構想では，教科カリキュラムで説明できない指導部分で重要なも
のを明示化する努力が払われた。「市民科」のねらいは，自己の生活，生き方
を見つけることをめざし，現実の生活事実を重要視して具体的場面で考え行動
することであった。当時は，「道徳（一般概念）」と「生活指導（個別経験）」の
調和を図る意図で「近代的な市民としての生活態度を計画的に育てる特設コー
ス」と定義付けられた。

　北条小学校における「総合的な学習の時間」に対する構えは，国の要請から
教育現場で対応が求められる20年以上も前からはじまり，生活教育を核とした
経験学習カリキュラムと系統学習カリキュラムとの調和によるカリキュラム開
発という課題として受け止められた。そして，「市民科」を発展させるかたち
で「統合学習」と銘打って具現化されていった。統合学習のねらいは「人，自
然，社会，文化との関わりの中で，子どもが自ら企画し，その実現のために体

験や教科で得た知識，技能を生活の場で統合し，こだわりをもった追及や共感しあう一連の活動を重ねて，たくましくより感性豊かに成長すること」である。

　具体的には図 12-1 で示すように，子どもの発達段階を踏まえながら，個と集団による学習の調和を重んじながら，経験や体験を積み重ねることで子どもが主体的に学ぶ 6 年間の教育課程が設計されている。教師は子どもが主体的な働きかけを通じて学び合うために，子どもの成長の足場をかけたり，外したりする存在となる。統合学習は，生の対象に直接関わり，生きた体験を積むことで「生活の中で生きて働く力」を育成する北条教育の源流につながるものである（千葉県館山市立北条小学校・早稲田大学人間総合研究センター，2000）。このように，北条小学校では，子どもの実態，生活に即した活動や教材に着目しながら，教育課程の編成に向かっていることが分かる。

（3）カリキュラム開発・管理の必要性と機能

　カリキュラム開発と管理では，1969（昭和44）年に実施された 4 日間にわたる全国公開研究会「教育のシステム化」が象徴的な意味を持つ。この研究会のサブテーマは「カリキュラム実践評価システム」「探求力（創造力）を育てる授業システム」「T・T による教授システム」「教育工学による学習システム」であった。学校教育目標の実現に向けて，カリキュラム開発，教材精選，教師集団の教育力向上，教育機器の導入などさまざまな観点から教育が公開された。この研究会は，多様な研究を多面的，総合的にとらえ一つのシステムとみなして学校全体の営みとする意図から，部分的な教育手法改善や特定教科のみの研究だけでは十分とせず，全体性に眼を向ける必要性を主張するものであった。

　この研究会を迎えるまでに，生活教育への放送教育の組み込み，学習活動の個別化・集団化に向けた全教科でのプログラム開発が進められた。これらの仕事にかかる時間と労力を考えれば，自分以外の教師が作成したプログラムを利用しなければ，日常の教育活動が成立しない。そこで，共同で取り組む体制として T・T が始まり，やがて自分の考え方で計画をつくるだけでは共同実践が十分でないことから教師間の対話的，共同的取り組みに発展した。また，プ

ログラム開発の教材・資料づくりが容易ではないため，プランと資料の保管機能の要請が「カリキュラム管理室」のスタートとなった。教師たちの粒々辛苦のすえの指導技術を引き継ぎ，「指導の平準化」の理念のもとに，より質の高い教育を提供しようという願いから，1966（昭和41）年にカリキュラム管理室（以下，「カリ管」）が設置された。

　当初のカリ管教員の役割は，各学年のカリキュラム実践状況を聞いて，指導時間上の配慮すべき点，指導法上の問題点をチェックし，学級担任の実践資料や教材を収集し，それを指導資料として保管して，教師の相互利用に活かすことであった。この仕組みが機能するまでに，二つの問題が生じている。一つは，教師の役割の機能分化である。カリ管教員は，学級担任から外れ，教材の資料作成，機材管理など管理面の業務が多くなる。そのため，カリ管業務と役割そのものに対する学校内での共通理解に向けて時間を必要とした。もう一つは，資料収集そのものの難しさである。この問題には，苦労して作成した教材資料提供の躊躇や若手教員の未熟な資料提供に対する不安の二面性があったが，カリ管教員が頻繁に教員との対話的関わりを続けることで，資料提供につなげていった。当時の校長のリーダーシップによる人材配置などによって，カリ管室の運営を軌道に乗せた経緯もあるが，カリ管の機能は，教師個人の教育資産を学校の教育資産に変換するものである。そのため，学校におけるカリキュラム管理に向けた組織的な分担の難しさと重要さは学校経営の一つの課題でもある。

　カリ管は，「学校の心臓部」とたとえられ，「情報管理」「人的支援」「物的支援」の三つの役割と機能がある（図12-2）。とくに，「情報管理」は，後述する実践検証サイクルを支える機能で，この充実がカリキュラム管理の質を担保している。第1カリキュラム管理室では，専科・少人数指導，教務担当教員が配置され，専科教育，カリキュラム管理や教育活動支援を主導する。第2カリキュラム管理室では，これまで実践されてきた資料（提案・実践された指導案，ワークシート，子どもの活動記録，指導者の反省等）が，教科・学年・月ごとに660の棚に蓄積されている。また，資料のデジタル化にも着手し，さまざまな教育実践や校務分掌上の資料管理など事務仕事にかかる時間を効率化し，授業実践

カリキュラム管理室の三つの役割と機能	
①情報管理：プラン実践・検証（PDCAサイクル）を支える中心となるカリキュラム管理支援 ②人的支援：専科としての学習指導，チーム・ティーチングや少人数指導担当として学年担当教員と相談・協力，学年会への参加を通じたカリキュラム進行状況の確認や行事などに関する相談，学年・学校行事・統合学習でも必要に応じた支援を相談，担任不在時の支援など ③物的支援：学年との連携による教材開発の支援，校内の物的環境充実に向けた活動，印刷物（全職員向け，家庭，全校児童向け）の印刷支援，教育機器や視聴覚機器の整備・管理など	
第1カリキュラム管理室	第2カリキュラム管理室
〔構成と機能〕 ・教務主任（カリ管長），専科，少人数指導教員 ・印刷室機能 ・視聴覚教材の保管，消耗品支援 ・デジタルカリキュラム管理の整備	〔構成と機能〕 ・カリキュラムに関する資料（660の棚） ・プラン，出版物の保管

図 12-2　カリキュラム管理室の役割と機能
（出所）北条プランⅪ「カリキュラム管理室経営案」をもとに筆者作成。

とカリキュラム実践検証の質向上が企図されている。デジタルカリ管では，主に校務分掌に関わる資料や実践記録，事務書類等がデジタルで保存・更新されている。

3　学年経営を主体としたプランの実践‒検証システム

（1）学年経営の原則と学年会

　北条小学校では，学校経営の核に「学年経営」を置く。学年経営には，①開かれた学年であること，②プロフェッショナルな技量とユニークな個性とが共存している，③協業しつつ，効率的な仕事の処理ができる，④均一な教育水準

を確保すること，⑤コミュニティと学校のつながりという視点を実現化させることの，五つの原則がある。教師には，教科研究ではスペシャリスト的役割が期待されるが，学級・学年ではジェネラリスト的役割として，教師同士が有機的につながり教育現場で効果の高い実践を実現することが期待される。

　学年会は学級担任で構成され，各学級の子どもの状況や課題を共有し，共通理解で指導することが意識されている。学年担当の教師は担当教科を分担し，週1回の学年会で指導計画を提案する。学級担任は「学年会」だけではなく，「教科グループ」にも属する。「教科グループ」は，北条プランでの教科構想・計画をまとめる主体で，教科の本質や研究テーマとの関わりを追及する。教科構想・計画等については，「研究協力員」と呼ばれる北条小での勤務経験のある教師が教科研究などで助言する体制も整備されている。

（2）プラン実践 – 検証サイクルの実際

　カリ管設置以降，「プラン実践 – 検証サイクル」と呼ばれるカリキュラム評価検証の仕組みが継続的に実施されている。図12-3：Aは，1940年代の構想と現在の仕組みを示したものである。1940年代に構想された仕組みは，プランをもとに学年会で指導案を検討し（Planning），資料を準備して授業をして（Teaching），その評価を指導案の修正に含め，カリ管に資料提供することで次のプランに活かす（Revising）ものであった。

　現在もこれまでの枠組みを踏まえた仕組みを基盤にプラン実践が継続されている（図12-3：B）。その具体的手順は図12-4の通りである。まず，学年の教科担当がカリ管に保存されている資料を確認し，昨年度の実践の様子や教材，ワークシート，改善案などを踏まえて，学年会の場で指導計画を提案する（図12-4「PLAN」参照）。次に，教育実践では，学級の実態を考慮しながら原則同じ指導計画で実施される。より効果的なアプローチに挑戦する場合もあるが，学年での共同実践が基本であるため，一つの提案が複数の視点から実践，評価，検証することが可能になる（図12-4「DO」参照）。そして，学年会で実践結果に基づいて気づきや反省から課題を協議し，来年度への改善点を記述して実践

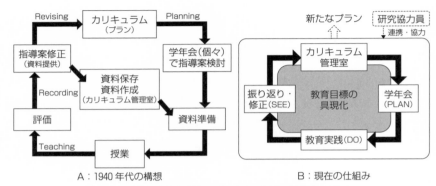

図12-3　学年会を主体にしたプラン実践‐検証システム

（出所）A：金木（1977），B：佐藤（2009）を一部改訂。

資料と反省資料をカリ管に納入する（図12-4「SEE」参照）。カリ管教員による学期ごとのプランチェックによって，指導の反省や修正点の記入，確認，不足資料の追加などを行う。

　この一連の流れは，学校教育目標を踏まえた教科等横断的な視点で，その目標の達成に必要な教育内容を組織的に配列して指導案等の教材が管理されたカリ管を起点としたPDCAサイクルである。学年会を主体に，子どもや地域の現状分析に基づいた教育課程を編成・実施・評価・改善する営みは，カリキュラム・マネジメント（中央教育審議会，2018）そのものといえる。

（3）「プランⅪ」でめざす子ども

　これまで概観してきた北条小学校の歴史，プランの積み重ねを踏まえて提案された最新のプランが「プランⅪ（2015年）」である。プランⅪでは，子ども一人一人が主体的に未来に関わり，未来を切り拓く力を独自用語で「創時力」と名付けられている。従来までは，学校教育目標の策定にあたってまずは未来を予測しながら，未来に向かって生きる子どもの姿を模索し，目の前にいる子どもを育てることを志向してきたが，現代は社会の急速な変化に対して未来を想定することは容易ではない。予測困難な時代において，自らの力で未来を創り上げていくことのできる子どもの育成が急務である。そこで，プランⅪでめ

PLAN： カリキュラム確認，授業計画相談 ・学年の教科担当がカリキュラム管理室の資料を確認 ・学年会（週1回）の場で，教科担当の教員が年間指導計画をもとに授業計画の提案	
DO： 1つのプランを複数学級で共同実践 ・学級の実態を考慮しながら授業実践を通じて検証 ・相互参観による教師の気づき，授業改善を促進 ・より効果的なアプローチ（プランと新たな方法での比較等）の検証	
SEE（CHECK／ACT）： プランチェックと反省 ・学年会を活用し，実践の結果や反省を議論し，教科担当教員が実践資料と反省を記入した資料をカリキュラム管理室に提供 〔プランチェックのポイント〕 ①プランの単元構成の評価 ②プラン実践での気づきの共有，修正案の提案（プラン修正） ③実践で開発・修正した指導案等の資料の提供（紙媒体とデジタルデータの両方で保管）	

図 12-4 プラン実践 – 検証サイクルの概要

（出所）北条プランⅪ「カリキュラム管理室経営案」をもとに筆者作成。

ざす子ども像は「未来の当事者」と表現されている（図 12-5）。子どものめざす姿だけではなく，教師のめざす姿も「北条教育のこれからを見つめ，創造する教師」と定められている。北条小学校では，過去の取り組みのたんなる踏襲ではなく，時代の変化をとらえ，プラン実践 – 検証を進めながら，そのプランを学校の文脈に馴染ませる試行錯誤の中で，学校のよりよい姿を追求している。

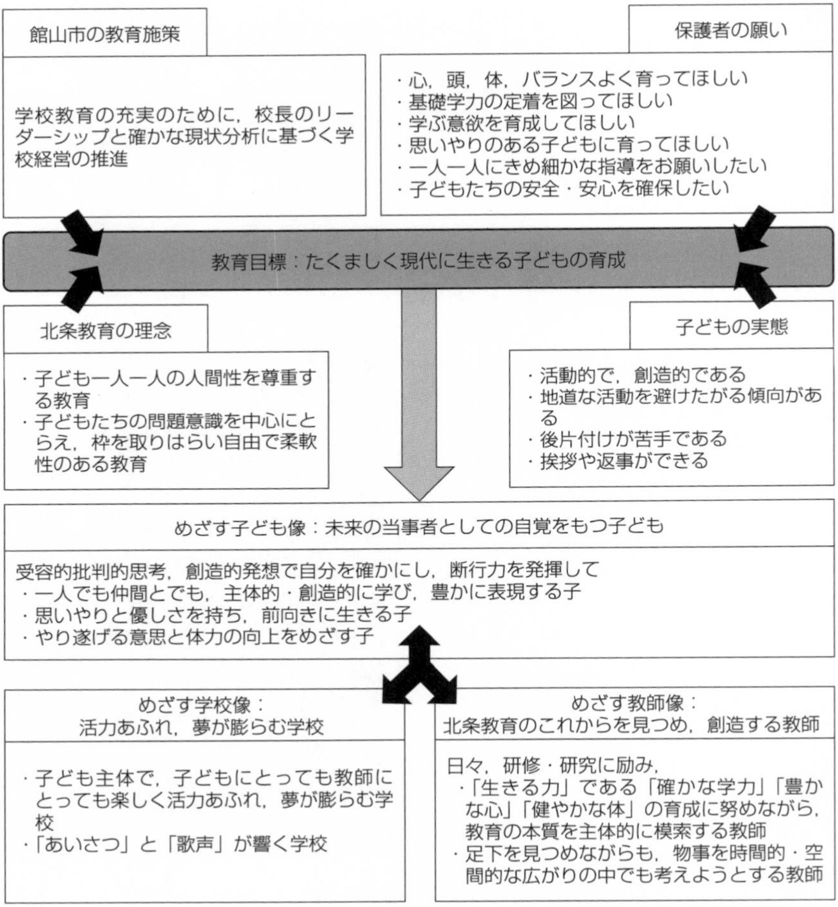

館山市の教育施策		保護者の願い
学校教育の充実のために，校長のリーダーシップと確かな現状分析に基づく学校経営の推進		・心，頭，体，バランスよく育ってほしい ・基礎学力の定着を図ってほしい ・学ぶ意欲を育成してほしい ・思いやりのある子どもに育ってほしい ・一人一人にきめ細かな指導をお願いしたい ・子どもたちの安全・安心を確保したい

教育目標：たくましく現代に生きる子どもの育成

北条教育の理念		子どもの実態
・子ども一人一人の人間性を尊重する教育 ・子どもたちの問題意識を中心にとらえ，枠を取りはらい自由で柔軟性のある教育		・活動的で，創造的である ・地道な活動を避けたがる傾向がある ・後片付けが苦手である ・挨拶や返事ができる

めざす子ども像：未来の当事者としての自覚をもつ子ども

受容的批判的思考，創造的発想で自分を確かにし，断行力を発揮して
・一人でも仲間とでも，主体的・創造的に学び，豊かに表現する子
・思いやりと優しさを持ち，前向きに生きる子
・やり遂げる意思と体力の向上をめざす子

めざす学校像： 活力あふれ，夢が膨らむ学校	めざす教師像： 北条教育のこれからを見つめ，創造する教師
・子ども主体で，子どもにとっても教師にとっても楽しく活力あふれ，夢が膨らむ学校 ・「あいさつ」と「歌声」が響く学校	日々，研修・研究に励み， ・「生きる力」である「確かな学力」「豊かな心」「健やかな体」の育成に努めながら，教育の本質を主体的に模索する教師 ・足下を見つめながらも，物事を時間的・空間的な広がりの中でも考えようとする教師

図 12-5　プランⅪ提案以降の北条小学校の学校経営および教育課程の編成方針

（出所）北条小学校経営計画資料（抜粋）。

4　カリキュラム管理とその未来

（1）学校の課題に基づくカリキュラム・マネジメント

　本章では，北条小学校のコア・カリキュラムの隆盛，北条プラン，カリキュ

ラム管理室，市民科から統合学習，プラン実践 – 検証システムなどの独自の取り組みに触れてきた。これらの背景には，子どもが生きる未来を予測しつつ現在の子どもに応じた教育実践を展開する中で見出される課題や反省から，既存の枠組みでは十分に機能しないという感覚が危機感となり，よりよいものをめざそうとする教師の熱意があったと推察される。プランを世に問い，公開による評価に耐え，改善に向かって次のテーマを模索する北条小学校では，教師一人一人がカリキュラムを生みだし，管理する当事者となる。

　近年，カリキュラム・マネジメントの方法論や教育現場で活用できる実践事例の蓄積が進んでいる（たとえば，中留・曽我，2015；田村他，2016；加藤，2017）。これらの方法論や実践事例は教育現場での指針として示唆深いものである。カリキュラム・マネジメントは管理職教員だけに向けられたものではなく，すべての教師がカリキュラムを担う主体となってはじめて機能する。梶田（1994）は，学習指導要領や教科書，世間の常識などの外的権威によりかかり，それらが「正しい」「よし」とするところの伝達者に留まり，そこから権威主義的傾向が生じる懸念を指摘している。さらに，惰性的教育からの脱却，権威主義的教育の克服のためにも学校を基盤とした教育研究開発の必要性を説く。北条小学校は，カリキュラム開発を志向する教員集団によって，惰性的教育に留まることなく，学校の課題分析に基づいて教育を創造し，学校理念やグランドデザインをプランとして具体化し続けている点が意義深い。

　しかし，北条小学校のプラン実践 – 検証サイクルは，多くの小学校には存在しない。人口減少社会における教師の流動性の高まった現在では，こうした取り組みの必要性と理解のための時間や組織的な規模も必要になる。たとえば，北条小学校の経営の要である学年組織は学校規模に支えられている点でその影響は無視できない。また，カリキュラム管理を支援する「人的支援」を考慮すると，限られた人員での支援の在り方も課題となる。今後は，いかに学校の実情や実態に即した仕組みを再構築するかが重要となるだろう。

（2）持続可能なカリキュラム管理に向けた学校システムへ

　北条小学校では「進みつつある教師のみ教える資格がある」と言われるほど熱心な教師像があり，研修と研究は別物という解釈があった。研修とは学校経営課題として日々の授業を精力的に進める機会を設定し，切磋琢磨しながら授業実践力をつけるもので，研究とは教師の生涯課題として，より良い教師を志向するものという見方である。プラン実践－検証サイクルによるカリキュラム管理には，「研修」と「研究」を往還させる仕組みが埋め込まれている。それは学年会を起点として「共通理解で学級・学年をみる感覚」「教科研究の探究」「学校教育目標の具現化」を促す仕組みであり，日常の教育活動の中で教師の授業力（教科研究力），学級経営力，学年経営感覚を磨く「教員育成システム」と捉えることもできる（野嶋，2012；澤邉，2017）。ここでのシステムとは，相互につながっている一連の構成要素である（メドウズ，2015）。北条小学校では，歴史という時間軸の中で，「プラン」「公開研究会」「カリキュラム管理室」「学年会」などの要素が動的な相互作用によって全体をなす仕組みとして機能していることが考えられる。ばらばらに各部分を考察したのでは理解できないさまざまな秩序を持つシステムという見方に立てば，北条小学校の「ユニークさ」をカリキュラム管理を支えるそれぞれの構成要素間の関係性から解釈できる。

　現在は，初等・中等・高等教育の一体的な教育課程改革が進行中で，教育の在り方が社会的に問い直される大転換期にある。たとえば，高等学校では，新しい時代に必要となる資質・能力を「学力の三要素」として定め，高等教育（大学）との実質的な接続を意識した改革が進んでいる（中央教育審議会，2018）。学力の三要素は初等・中等教育に共通するもので，①生きて働く知識・技能，②どの状況にも対応できる思考力・判断力・表現力等，③学びを人生や社会に生かそうとする学びに向かう力・人間性等である。学力観が問い直される教育の転換期に生じる教育現場へのインパクトは，学校の理論と実践との間のズレや矛盾として表出する。こうした時期にこそ，学校が持つ課題をつぶさに見渡して，目の前の子どもの教育をデザインしながら，未来の子どもが学ぶ次の十年の教育をダイナミックに描く視野も必要であろう。

　中央教育審議会（2005）では，義務教育の理想像について，「学校力」「教師力」を強化し質の高い教師が教える学校，子どもの「人間力」を豊かに育てる生き生きと活気あふれる学校と表現している。学校は子どもと教師の両者にとって瑞々しく前向きな場でなければならないが，学校規模の縮小，社会構造変化に伴う教員への要請の多様化による量的・質的課題は，学校運営に影を落としている現実もある。北条小学校のシステムは，当事者としての教師集団が必然性と必要性に迫られながら「めざす子ども像」を学校全体で探究・創造する発想がなければ，継続されることなく途絶えていたかもしれない。子どもが「何ができるようになるか」という視点で授業，単元，教材開発に向かう教師の意識転換だけではなく，学校をシステムととらえて，「学校に何かできて，何ができないのか」を十分に分析し，必然性と必要性に応じて学校内外の人的・物的資源の活用に向けた意思決定が試される。今後も，学校教育の至るところで効率化が叫ばれるだろうが，たんに無駄を省くのではなく，学校の理念と文脈に基づいた「真の精選」による教育の構造化が求められる。

 さらに学びたい人のための図書

梶田叡一（1994）『教育における評価の理論Ⅱ──学校学習とブルーム理論』金子書房。

　▶学校を基盤としたカリキュラム開発とその評価，具体的アプローチと課題まで網羅的に学ぶことができ，実践への示唆を与えてくれる。

センゲ，P. M. 他／リヒテルズ直子訳（2014）『学習する学校──子ども・教員・親・地域で未来の学びを創造する』英治出版。

　▶システムとして学校をみる視点から，持続可能な学びの場としての学校の在り方について事例を交えて学ぶことができる。

引用・参考文献

梶田叡一（1994）『教育における評価の理論Ⅱ──学校学習とブルーム理論』金子書房。

加藤幸次（2017）『カリキュラム・マネジメントの考え方・進め方』黎明書房。

金木賢三（1977）『教育とロマン──北条小学校の教育30年』館山市立北条小学校。

佐藤進（2009）「カリキュラム評価の常態化」田中統治・根津朋実編著『カリキュラム評価入門』勁草書房，75-89頁。

澤邉潤（2017）「北条小学校の教員育成機能を支えるファクター――学校システム構成要素の分析」野嶋栄一郎編『研究と実践をつなぐ教育研究』ERP，204-219頁。

田村知子・村川雅弘・吉富芳正・吉岡加名恵編著（2016）『カリキュラムマネジメント・ハンドブック』ぎょうせい。

千葉県館山市立北条小学校・早稲田大学人間総合研究センター（2000）『普段着の総合学習――四半世紀を生き抜いた「統合学習」の実践と理念』第一法規出版。

中央教育審議会（1997）「21世紀を展望した我が国の教育の在り方について（第二次答申）」。

中央教育審議会（1998）「今後の地方教育行政の在り方について（答申）」（平成10年9月21日）。

中央教育審議会（2005）「新しい時代の義務教育を創造する（答申）」（平成17年10月26日）。

中央教育審議会（2016）「幼稚園，小学校，中学校，高等学校及び特別支援学校の学習指導要領等の改善及び必要な方策等について（答申）」（平成28年12月21日）。

デューイ，J.／宮原誠一訳（1957）『学校と社会』岩波文庫。

中留武昭・曽我悦子（2015）『カリキュラムマネジメントの新たな挑戦――総合的な学習の時間における連関性と協働性に焦点をあてて』教育開発研究所。

野嶋栄一郎（2012）「持続可能（sustainable）な教育実践システムを有する学校の研究」西之園晴夫・生田孝至・小柳和喜雄編著『教育工学選書第5巻　教育工学における教育実践研究』ミネルヴァ書房，96-120頁。

水内宏（1971）「カリキュラム運動の実態」肥田野直・稲垣忠彦編『戦後日本の教育改革6　教育課程〈総論〉』東京大学出版会，473-540頁。

メドウズ，D. H.／枝廣淳子訳（2015）『世界はシステムで動く』英治出版。

安田豊作・北条教育を語る会（1985）『未来への年輪――北条教育六十年を語る』東洋館出版社。

第 13 章

中高一貫教育とカリキュラムづくり
── こころ豊かで主体性のある人間形成 ──

山田　孝

1　特色あるカリキュラムはどのように創られたか

（1）「総合学習」の伝統

　国立大学附属の中高一貫校というと進学校のイメージが強いが，名古屋大学教育学部附属中学校・高等学校（以下，名大附属）は，そういった学校をめざしているわけではない。どちらかと言えば一人一人の生徒が何をやりたいのか，何を学びたいのか，これからの進路を見つけるための教育をカリキュラムの中で大切にしている。名大附属は，国立の附属学校唯一の併設型中高一貫校である。中学校が1学年2クラス，高等学校が1学年3クラスであり，高校から1クラス増えることから「併設型」と規定される。「併設型」とは名大附属の場合，中学生は全員高校に進学し（中学入学時の条件でもある），公立中学等から附属高校に40名を受け入れる中高一貫校のことである。

　カリキュラム開発の根幹となっているのが特設教科「総合人間科」である。1995年度より研究開発学校の指定を受け特設教科として立ち上げた「総合人間科」は，研究開発終了後も名大附属の中心的な授業となり，2000年度から始まった「併設型中高一貫教育カリキュラム」でも重要な教科となった。その後のSSH（スーパー・サイエンス・ハイスクール）プロジェクト，SGH（スーパー・グローバル・ハイスクール）プロジェクトの中でも無くてはならない教科となっている。この「総合人間科」には，前史にあたる授業があった。1973年，公害学習による「超教科的」な試みから「総合学習」の歴史が始まった。1979年に

なると自主的な研究グループ「総合学習の研究グループ」が発足し，「総合学習の理論と実践」に取り組んでいた。当時（1970年代）の問題意識として各種の公害問題があった。公害の発生原因の究明や対策において，既成の科学学問がほとんど役に立たないことが次第に明らかにされた。学問の分野でも専門細分化された諸科学の総合化・統合化が問われていた時代でもあった。

　さらに，1981年から3年間，「ゆとり」の時間を利用して中学3年生で総合学習の実践に取り組んだ。「人間について考える」をテーマに，1年間で10回の授業を実施した。しかし，10回の授業に一貫性が乏しいうえに，講義型授業が多くなってしまった。この実践は，生徒にも教師にも負担が大きくなり「ゆとり」の時間を利用していることと矛盾してしまい，さらには生徒の興味をそぐことにもなってしまった。総合学習をグループとして実践することには限界があり，中・高ともに，教育課程あるいは学校教育全体の中で総合学習の位置を明確にしていく必要があることが確認された。1986年から，高校3年生の選択科目として総合学習「生命について」が，「総合人間科」が開始される1995年まで10年間にわたって開設された。

（2）学年テーマを考える

　時代が昭和から平成に変わる頃，名大附属では学校改革の取り組みが進められていた。この学校改革では，「国民のための中高一貫教育（男女共学の堅持，完成教育という面を重視した中等教育，将来にわたる自己教育の能力を養う教育等）を目ざすユニークな教育課程の開発と実践及び教育条件の整備にとり組みます」という決意が，教員間で確認された。

　そして，1989年には全教員が参加する六つの委員会が組織され，学校改革に取り組んだ。委員会の研究テーマは，以下の通りである。

　　第1委員会　教育課程
　　第2委員会　学校行事の見直し
　　第3委員会　脱教科の学習について
　　第4委員会　教育の国際化について

第5委員会　新しい生徒指導・進路指導に向けて

第6委員会　教育条件整備

　この委員会が，それぞれ方針を出し合い，学校としての方針を確定していった。その中で，第3委員会が提案したのが各学年でテーマを決めて取り組むというものであった。中学1年「性について」，中学2年「いじめ・差別」，中学3年「平和と核問題」，高校1年「環境問題」，高校2年「戦争と平和」，高校3年「自分史・職業」という試案を提出した。脱教科の視点から，系統的に学年の課題を設定して学活・道徳や行事への取り組みに計画性を持たせ，さらに担任団としての，あるいは教師集団全体としての脱教科的な協力を重視したプランであった。これらがすぐに実施されたわけではないが，この時の論議が，次に開発する「総合人間科」の学年テーマに発展していったのである。

（3）学校理念の設定

　学校改革の取り組みは，紆余曲折を経ながら第三次学校改革案まで検討が進んでいった。第二次学校改革案では，「豊かな人間性を育てるための教育活動の総合科──教科と教科外活動の有機的結合をめざして」が学校全体のテーマとして提案された。この案は残念ながら研究会議で認められなかった。研究会議では，学校の総合化という抽象的表現の問題と，総合学習を全校へ広げるという困難性および担任の負担増につながるのではという消極性もみられた。また，各学年に「テーマ学習」が設定されることの問題やテーマの妥当性と教師の力量の問題も指摘された。この後の討論を経て，第三次学校改革案として「平和と国際理解の教育」が学校の理念として決定された。これによって全教員が一致してこの学校理念に取り組むことになった。この決定により，中学3年生の修学旅行，高校2年生の研究旅行を「平和と国際理解」の行事とすることとなり，中学3年生は，修学旅行の目的地を「広島」「大久野島」とし，高校2年生の研究旅行は目的地を「沖縄」とした。

2　自覚的に人生を選択する力を育てる教育課程の開発

（1）「総合人間科」を立ち上げる

　第1節で見てきたように，「学校改革」の流れの中で学校理念を確立し，学年の教育テーマの検討を行い，学校のめざす方向性が確立していった。この中で名大附属の取り組みを一般化するために文部省（当時）の研究開発学校に応募することになった。幸いにも1995年度の研究開発学校の指定を受け，以後3年間取り組むことになった。

　まず，研究委員会主導で「自分の人生を自覚的に選択していく力を育てる教育課程の開発——『総合人間科』設置の試み」という研究主題を確定した。名大附属には，校務分掌として研究部が置かれている。研究部は，日常的な研究活動を推進していくことが仕事である。研究委員会は，校務分掌とは別に学校としての研究方針や理念等を検討するために選ばれた教員で構成されている。研究部と研究委員会が役割を分担しながら名大附属の研究活動を推進している。研究主題である「人生を自覚的に選択していく力を育てる」ために，新しく開発した教育課程が「総合人間科」である。「総合人間科」を開発するにあたり，生徒の現状を分析し，この状況を改善するために何をしなければならないか研究委員会で話し合った。その結果，「学習の遅れがちな生徒」を以下のように規定した。「学習の遅れがち」な生徒とは，必ずしも成績が悪い生徒を指すだけではなく，「学力」が高くても社会や自然に対する関心が薄かったり，コミュニケーション能力の乏しい生徒と規定した。その上でその改善策としての特設教科が「総合人間科」であった。

　※広義の「学習の遅れがち」と規定した生徒観
　①偏差値に代表される一定の価値観にとらわれ，自己評価に自信を失い，人生の将来展望に希望を失いがちになっている。
　②理解力が学校内，教科書の範囲にとどまり，自己とそれを取りまく社会・自然との関わりへの関心が乏しく，問題意識が希薄である。

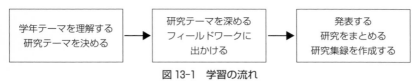

図 13-1　学習の流れ

（出所）名大附属中学校研究部。

③自ら問題を発見し，今まで学んだ知識や経験を生かして，自己表現したり，問題
　解決することに不慣れである。

　そして，「総合人間科」を実施するにあたってその教科の特質として確認し
たのが，「三つの脱」である。

　脱　教　科：現代の課題を学ぶために，教科の枠を超える・教師の狭い専門性を脱ぎ
　　　　　　　捨てる

　脱　教　室：地域社会に出かける・専門家や担当者から直接話を聞くフィールドワー
　　　　　　　クの実施

　脱偏差値：知的関心の形成，問題解決能力，コミュニケーション，表現する力，実
　　　　　　　践力など多元的・総合的に生徒を見ていく教科

「三つの脱」の取り組みで，最も難しかったのは，「脱教科」であった。通常の
授業では教科ごとの学力を保証する一方で「総合人間科」では教師自身が教科
の「壁」を取り払い，教科書のない授業に生徒とともに取り組まなければなら
なくなった。しかし，「総合学習」の歴史があり，研究グループに属していた
メンバーと若手を中心に各学年の企画を進めていくことができた。「脱教科」
の理念は，次の中高一貫校教育カリキュラム，SSH プログラム，SGH プログ
ラムにも引き継がれることになる。

　そして，「総合人間科」の指導原則として特筆すべきことは，全教員で指導
することである。具体的には，学年プロジェクトとして，各学年が 1 年間のカ
リキュラムを立てて取り組むのである。以下で説明する学年テーマを設定し，
そのテーマに沿って生徒が個人であるいはグループで 1 年間研究に取り組むの
である。どの学年もおおよそ図 13-1 のような流れで取り組んでいる。

　一回の「総合人間科」の授業は，2 時間連続とした。調べる，まとめる，発

表するという活動は，１時間では不十分と考えたからである。開発当時は，隔週の土曜日に「総合人間科」を設置した。学校五日制が定着すると木曜日の５～６限目を「総合人間科」の時間として，中学と高校で交互に隔週の実施とした。２時間連続は，活動時間としてはちょうど良いのだが，毎週となると教員の負担も多いので隔週の開催とした。

　そしてもう一つ重要な点は，教師全員で「総合人間科」に取り組むということである。学年プロジェクトとして学年ごとに取り組むのだが，「総合人間科」の時間は全員が出動して，「空いている教員」がいないということである。これにより，全教員が「総合人間科」の理念を共有化できた。他の学校で取り組まれた「総合学習」がうまくいかなかった背景には，理念を共有化できなかったことがあったのではないかと思われる。「総合人間科」の授業では，フィールドワークに向けて，研究テーマを深める生徒や研究テーマを絞りきれずに悩んでいる生徒がおり，それぞれに適応した指導をする必要があった。そのためテーマの決まった生徒は，研究を先に進め訪問先への電話がけも進めていく。そうでない生徒は，図書館にこもって調べ物をしたり指導教員とテーマについて話し合ったりする。このような活動は外から見るとばらばらのことをしているように見えてしまう。理念が共有されないまま進めると，「総合学習」というものが何なのか理解される前に反対する教員も出てくることになり，うまくいかなくなってしまうのである。

　※学年プロジェクト　学年の大テーマ
　中学１年「生き方Ⅰ」　個人学習・個人テーマ
　中学２年「生命と環境Ⅰ」　グループ学習・グループテーマ
　中学３年「国際理解・人権・平和Ⅰ」　個人学習・個人テーマ
　高校１年「生命と環境Ⅱ」　個人学習・個人テーマ
　高校２年「国際理解・人権・平和Ⅱ」　グループ学習・グループテーマ
　高校３年「生き方Ⅱ」　個人学習・個人テーマ

　各学年の大テーマは，固定で変えない。中学１年生は，中学生活の「入口」としての「生き方」。高校３年生は，「出口」としての生き方。いわゆる「進路

＝キャリア形成」について自ら考えることになる。中学 2 年生は，「生命と環境」として，今日的な問題に取り組ませる。「生命と環境」にすれば，きわめて広範なテーマを設定することができる。中学 3 年生は，広島と大久野島で研究旅行を実施するので，平和学習を中心に「国際理解・人権・平和」とした。そして，高校 1 年生は，40名を新たに受け入れる学年であることから，もう一度「生命と環境」を大テーマとして設定し，新たな40名の生徒たちが附属中学からの80名とうまく融合して「総合人間科」に取り組めるようにした。「生命と環境」なら，どんな内容でも個人テーマを設定しやすいと考えたからである。高校 2 年生では，沖縄研究旅行を実施するので，再び「国際理解・人権・平和」とした。

（2）生徒の一言により方針を転換

　「総合人間科」開発初年次の取り組みでは，高校 2 年生でその後の「総合人間科」に大きく影響を与える出来事が起きた。高校 2 年生では，「平和を学ぶ――沖縄から世界を考える」を大テーマに，1 年を通じて沖縄について学び，11月には沖縄研究旅行を実施し，3 泊 4 日の旅行の中で，平和セレモニーを行い，南部戦跡をめぐる。そして，3 日目には，研究旅行の最大のイベントであるフィールドワークを実施する。このフィールドワークは，研究グループ（1 グループ 6 ～ 7 人）によるグループ学習で行われる。那覇の宿泊地から次の宿泊地である恩納村までタクシーに分乗して，研究対象の訪問先を訪ねるものである。1 学期の事前学習の段階で各グループが研究テーマを決め，2 学期に入って研究テーマに沿って，その研究テーマを深めるための沖縄での訪問先を生徒自らの手で探し，訪問の依頼までするのである。「総合人間科」の取り組みで重要なフィールドワークは，個人研究であれ，グループ研究であれ各自で訪問先を探し出し，各自で連絡をとることを基本としている。このスタイルは，中学 1 年生から高校 3 年生まで同じである。フィールドワークが近づく 9 月から11月には訪問先に電話をかけるために職員室の電話に長い列ができる。「総合人間科」では，調べる・まとめる・発表するといったスキルの他に「電話を

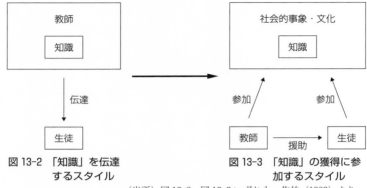

図 13-2　「知識」を伝達するスタイル

図 13-3　「知識」の獲得に参加するスタイル

（出所）図 13-2，図 13-3 いずれも，佐伯（1983）より。

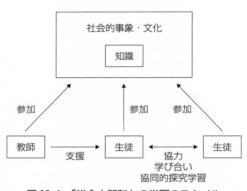

図 13-4　「総合人間科」の学習のスタイル

（出所）筆者作成。

かける」スキルも必要とされる。もちろん電話のかけ方は，中学 1 年から指導することになる。

　さて，ここで「総合人間科」における教師の役割とは何か。当然，研究の進め方・学年テーマや年間の研究スケジュール等は，年度当初のオリエンテーションで説明する。そこから先は，生徒と教師との共同作業となる。初年度の取り組みでは「総合人間科は，生徒が主体となって取り組む教科である」と教師が説明していた。しかし，沖縄については，教師が説明しないと分からないのではないかと考え，担任団 6 人が 1 テーマずつ50分講義形式の授業を事前指導

として3回行った。そうすると，「総合人間科は，生徒が主役だと言っていたのに，話が違う」と生徒から意見が出た。生徒は，自分たちが授業の主役になれると期待していたのである。それ以来，指導方針を変更して教師は極力アドバイザーに徹することになった。翌年からの高校2年の「総合人間科」では，事前学習として生徒が主体となって沖縄の文化や自然など各グループで調べ学習を行い，発表することになった。これ以降，沖縄学習にとどまらず，生徒が主体となって「総合人間科」に取り組む学習スタイルが作られ，現在に至っている。

　この時の学びのスタイルを変更した過程を図式化したのが図13-2〜13-4である。従来の学習スタイルである図13-2＝教師が持っている「知識」を生徒に伝達するスタイルから図13-3＝教師が生徒を援助しながら「知識」の獲得に参加するというスタイルに発展させた。さらに，「総合人間科」では，図13-4のように生徒同士による学びを教師が支援するというスタイルを確立していった。

（3）一周遅れで「先頭に立つ」

　名大附属は，設立以来教育実習校であると同時に研究開発校として教育研究に取り組んできた。1975年度から「総合学習」に取り組み，継続的に中等教育研究協議会を開催して，中等教育の教育課題についても研究を続けていた。ただ，これらの研究が大きく取り上げられたこともなく，それほど発信にも力を入れているわけではなかった。それが，学習指導要領に「総合的な学習の時間」が加えられることが知られるようになると「総合人間科」もにわかに脚光を浴びるようになった。1998（平成10）年12月に告示された中学校学習指導要領総則の中で「総合的な学習の時間」の取り扱いが記載され，2002年度から実施されることになると，「総合人間科」の研究成果発表会に全国から800人を超える参加者があった。また，1998〜99年の1年間で，学校訪問が418名もあった。こうして，名大附属として地道に研究してきたことが，気がついたら「一周遅れで，先頭に立っていた」というような状況になったのである。

3　「真っ当な中等教育」の確立をめざして

（1）「総合人間科」を中高一貫カリキュラムの中心に

　1998年6月「学校教育法の一部を改正する法律」が可決され，中高一貫教育による中等教育の多様性が法的に認められることになった。名大附属では，1997年に研究開発が終了した「総合人間科」に続く研究課題として「中高一貫教育」に向けて準備を開始した。校内研究委員会と教育学部の研究委員とで論議を重ね，共同で「名古屋大学教育学部附属併設型中学校・高等学校の基本理念」を作り上げた。もちろんその基本には「総合人間科」があり，「総合人間科」の存続と発展を中高一貫カリキュラムの中心においていた。

　1999年3月には，5人からなるワーキンググループが会議で選ばれ，このワーキンググループが「基本理念」をベースにして併設型中高一貫カリキュラムを作り上げた。1999年3月から8月末までの約半年間で中高一貫教育カリキュラムを開発した。まず，先進校の事例を学習し，特色のあるカリキュラムについて検討を繰り返した。教育学部の先生方とも会合を持ち，共同研究により「ソーシャルライフ」の授業を生み出すことができた。「ソーシャルライフ」については，（4）項で解説する。

　名大附属が開発した「併設型中高一貫教育カリキュラム」は，2007年4月から2010年3月までと2013年4月から2015年3月まで，二度にわたり附属学校長となった植田健男氏（名古屋大学大学院教育発達科学研究科教授）が日頃より提起していた「まっとうな中等教育」あるいは「健全な中等教育」の実現をめざして開発されたものである。今日の中等教育が抱える問題の解決につながるような教育課程の開発をめざしたのである。こうして，研究主題を「高大の連携を活かした『青年期のキャリア形成』——総合的学習の発展を軸とした併設型中高一貫カリキュラムの開発」としてこの後6年間，研究開発に取り組むことになった。

（2）併設型中高一貫カリキュラムを創る

　名古屋大学教育学部附属併設型中学校・高等学校の「基本理念」として，以下の点が確認された。

　①「ゆとり」の活用による6年一貫の「心の教育」の内容強化。

　②柔軟で長期にわたる選択的活動を活かした多様な「個性的自立」の実現。

　③6年間を通じての「総合的学習」を中核とする「体験的学習」の充実。

　④個別指導による丁寧な「少人数教育」の徹底。とくに高等学校からの入学者への配慮。

　⑤「より高度な学習環境」たる大学・学部との研究・教育両面における連携の強化。

　そして，併設型の特色としての新しい中高一貫6か年の発達区分として「1－2－2－1制」を導入した。この理論は，特設授業「総合人間科」開発時に校長であった安彦忠彦氏（元名古屋大学教育学部教授）が提起していた教育課程理論であった。併設型は，高校から1クラス40人の生徒を新たに迎え入れるため，中学の課程は完結し，高校の課程を改めて開始する必要がある。「寸胴型」の中等教育学校なら前期課程（中学校）に後期課程（高等学校）の学習内容を入れ込むことができる。そこが中等教育学校の学習課程の特色と言える。併設型では学習の先取りができないし，そのうえ高校から入学する40人を中学から進学してくる80人とうまく「融合」させなければならない。そこで導入されたのが「1－2－2－1制」である。具体的には，中学校での「個性を探る」から高等学校での「個性を伸ばす」という一貫教育を目的として，6か年を入門基礎期，個性探究期，専門基礎期，個性伸長期の4区分に分けたのである（表13-1）。

　併設型を新しい特色とした中高一貫の教育課程の具体的な展開としては，中学2年・3年と高校1年・2年にカリキュラムの特色を持たせる。「2－2」の部分に特色を持たせるのである。個性探究期と専門基礎期を新しい個性の導入と個性の磨き合いの場とし，「融合教育カリキュラム」のための特色ある「選択プロジェクト」・「新教科群」を設置する。高校の「新教科群」では次に紹介する4教科を半期ごとの展開として高校1年と2年の2年間で学習する。

表13-1　1－2－2－1制の構造

個性を探る			個性を伸ばす		
入門基礎期	個性探究期		専門基礎期		個性伸長期
中学1年	中学2年	中学3年	高校1年	高校2年	高校3年

(出所) 山田他 (1999)

　　○心と身体の健康科学　　　○自然と科学

　　○国際コミュニケーション学　　○共生と平和の科学

　中学2年と3年で展開する「選択プロジェクト」では，2・3年生の異年齢集団で展開し，9教科の選択授業（テーマ学習）の中から2年間で4科目を選択する。これは，個性探究期に広く浅く学びたい内容を学ぶことができるように少人数で多展開できるように設定した。

　入門基礎期の中学1年生では，「心の教育」（ソーシャルライフ）を重点に置き，選択教科は0とし，中高6か年の基礎となる学力の充実を図ることを目的とした。

　この併設型中高一貫教育カリキュラムの実施に合わせて，3学期制から2学期制に移行して現在に至っている。

（3）「融合カリキュラム」としての「新教科群」

　融合カリキュラムとは，「四つの融合」（有機的結合）をめざすカリキュラムである。すなわち，「既存の教科と教科の融合」，「既存の教科と総合学習の融合」，「併設中学出身生徒と新たに高校から入学する生徒の融合」，そして「学年と学年の融合」である。この「四つの融合」を図る場として，高等学校の1，2年時に四つの新教科からなる教科群を設置し，中学校の2，3年時にはその前段階となる新教科「選択プロジェクト」を設置した。

　まず，「既存の教科と教科の融合」とは，各教科ごとの指導では手薄または一面的指導になりがちな学習領域や，各教科に分散しがちな学習領域に焦点を当て，既存の教科の学習内容を統合・再編していくことである。

　二つめのねらいの「既存の教科と総合学習の融合」とは，各教科ごとの指導

では手薄になりがちな領域，あるいは教科横断的な領域に焦点を当て，それを複数の教科の教師がそれぞれの専門教科の視点を生かしつつ，ティーム・ティーチングを行うものである。これにより，教科学習から総合学習へ，総合学習から教科学習へのスムーズな移行が可能となる。したがって，新教科群は総合学習と教科学習をつなぐものととらえることができる。

　三つめのねらいの「併設中学出身生徒と新たに高校から入学する生徒との融合」とは，併設中学出身生徒がそれまでの総合的学習の経験を生かし，新たに高校から入学する生徒をリードしつつ学び合うことである。これにより，新たに高校から入学する生徒に対する総合学習のスムーズな導入と，新たに高校から入学する生徒と併設中学出身生徒との人間関係のスムーズな融合が可能である。

　四つめのねらいの「学年と学年の融合」とは，このプロジェクトを高1・高2の異学年学習集団および中2・中3の異学年学習集団で展開することである。これにより，学習活動を活性化させ，個性の磨き合いや主体的な学習活動を促し，中高一貫校で見られる「中だるみ」現象の解消をめざすものである。

（4）新しい教科「ソーシャルライフ」

　最新の心理学の知見を活用して「ソーシャル・スキル＝人づきあいのスキル」を学ぶ授業が「ソーシャルライフ」である。人間関係をどのように構築していくか。友達からの誘いをどのように「断る」のか。また，どのように「誘ったら」いいのか。こうした内容を場面ごとに体験して，学んでいくプログラムである。この教科設定の背景には，子どもを取り巻く状況の変化があり，仲間関係の希薄化や社会的スキルの未熟さがあげられる。この「ソーシャルライフ」を中学1年生で展開し，道徳や学級活動とリンクした「ヒューマンプログラム」として，「心の教育」を位置付けた。

4　「総合人間科」の新たな展開
——SSH に取り組む——

（1）「サイエンス・リテラシー」を中・高で育成する教育課程を大学と連携して創る

　名大附属として「総合人間科」の実践，併設型中高一貫教育カリキュラムの開発と研究開発に取り組んできたが，国立の附属学校の役割としてさらに「先導的な教育実践」や「研究開発」に取り組むことになった。とくに今日的な教育課題には，積極的に取り組むことが求められているのである。これまでの研究開発の実績の上にさらに，スーパー・サイエンス・ハイスクール（SSH）に取り組むことになった。2006〜10年の1期5年間の研究主題は「併設型中高6年一貫教育において，発達段階に応じた『サイエンス・リテラシー』を育成する教育課程を中・高・大の協同で研究開発する」であり，2期の5年間の研究主題は「併設型中高一貫教育において高大接続を考慮した『サイエンス・リテラシー』育成のための教育方法・評価方法を大学と協同で開発する」とした。サイエンス・リテラシーの定義については「現代社会におけるさまざまな問題について，科学的な知識と方法を活用して情報を多元的に分析し，論点を関連づけながら本質を理解する力を指す。その過程で必要な，自らの考えを他者に伝え，話し合うことを通じて，協同解決をはかり，個人がさらに思考や理解を深める力も含む」とした。

（2）すべての子が「科学」を好きになるように

　名大附属の SSH プロジェクトの特徴は，すべての生徒に「サイエンス・リテラシー」を育成することである。一部の少数の理数系ハイ・タレントを育てることも SSH では必要と考えるが，理数系の興味・関心を高めるために名大附属の SSH では中学の段階からすべての生徒に「サイエンス・リテラシー・プロジェクトⅠ」（SLPⅠ）を，高校生には「サイエンス・リテラシー・プロジェクトⅡ」（SLPⅡ）を用意している。「高い山を作るには，広い裾野が必

要」という考えのもとに，全生徒が意欲的に理数系に取り組めるようにカリキュラムを開発した。すべての子が「科学」を好きになれば，理数的な能力を全体的に底上げすることができると確信している。

（3）「サイエンス・リテラシー・プロジェクト」の開発

　併設型中高一貫教育カリキュラムを発展させ，中学の個性探究期に設定した「選択プロジェクト」を「サイエンス・リテラシー・プロジェクトⅠ」として理数系の教科を中心に展開することにした。「選択プロジェクト」の講座を，科学・ものづくり・表現・地球市民という四つに分類して，希望により2年間で4講座を受講できるようにした。高校の専門基礎期では，「サイエンス・リテラシー・プロジェクトⅡ」を設定して新教科群をSSHの課題解決に向けて再編した。「心と身体の科学」「自然と科学」「国際コミュニケーション学」「共生と平和の科学」から高校1年生「自然と科学」，高校2年生「情報と社会」へと発展させていった。

5　「自立した学習者」を育てる探究型カリキュラムの構築

（1）「総合人間科」から課題探究Ⅰ・Ⅱ，SS課題研究Ⅰ・Ⅱへ

　2015年からは，スーパー・グローバル・ハイスクール（SGH）・研究主題「トップ型SGUと一体化して『自立した学習者』を育てる探究型カリキュラムの構築」にも取り組んでいる。SSHと同時の展開となった。たしかに，二つの研究開発に取り組むにあたって，消極的な意見も出された。しかし，実際には理数系のSSHと人文・社会学系のSGHに取り組むことで，カリキュラム的にも文理のバランスのとれたものになった。

　SGHプロジェクトでは，中学の「総合人間科」を課題探究Ⅰとし，これまでと同じ学年プロジェクトとして，同じ学年テーマに取り組む。高校では，「総合人間科」を大幅に改訂して課題探究Ⅱとして，六つの領域＝【生命】健康・医学，【心】教育・犯罪，【文化】言語・芸術・表現，【人権と共生】生

存・差別・障がい，【自然と環境】地球・食糧・エネルギー，【平和】紛争・民族・国際理解を3年かけて探究するのである。手法は，「総合人間科」と同様に研究領域ごとにグループに分かれ，学年団の指導教員と個人研究に取り組むのである。

　一方，SSHプロジェクトは，中学2・3年生のSLPⅠをSS課題研究Ⅰとして，五つの講座から2年間で4講座受講する。高校のSLPⅡとして展開していた講座は，SS課題研究Ⅱとして，高校1年で前期「科学倫理」，後期「数理探究」を受講する。高校2年生「STEAM＝Science, Technology, Engineering, Art, Mathematics」で探究活動を行う。さらに新たにSS課題研究Ⅲを新設し，「地球市民学探究講座」「生命科学探究講座」「物理学探究講座」をそれぞれ10回授業を行い，大学教員の指導により発展的課題研究に取り組むことができるようにした。

（2）グローバル拠点での学習へ——海外で学ぶ生徒

　SGHプロジェクトの海外拠点は，アジア拠点（モンゴル）・北米拠点（米国）がある。この海外拠点では，現地高校生と協同で設定した課題に関してフィールドワークを行い，その成果を現地でまとめて発表することを目的としている。とくにアジア拠点における取り組みでは，現地の高校生と協同でモンゴル国内の大気汚染や水質汚濁の調査を行い，環境問題について解決策を探る取り組みを行っている。これは多文化共生社会において，さまざまな意見や利害の対立を超えて，協同で問題を解決していく姿勢を学ぶ取り組みでもある。

　SSHプロジェクトでは，米国ニューヨークの Bard High School Early College と交換留学を行っている。Bard校では，生徒が英語によるSSHの研究内容を発表している。これらの海外拠点を利用して，年間30人以上の高校生が海外で学んでいる。

（3）カリキュラム開発への提言

　名大附属のカリキュラム開発の意義は，実践と検証を行い，「本当の学び」

とは何かを追求していったことにある。1970年代以降は，系統学習中心のカリキュラムから生徒を主体とした体験学習を取り入れた「総合学習」の開発に取り組んだことに意味があった。今まさに求められている「主体的・対話的で深い学び」を実現する授業の先駆けとなったのである。これは今でも色あせることなくさらに必要とされていると思われる。また，「教科横断的」な視点を取り入れたカリキュラム開発に取り組んできたことも特筆すべきことである。

　名大附属の学校改革から始まったカリキュラム開発は，「総合人間科」から併設型中高一貫教育カリキュラム，SSH，SGH の取り組みへと絶えず深化している。こうしたカリキュラム開発がまがりなりにも成果をあげ，発展してきた背景にはそのつど，生徒にとって何が一番必要なのか，どんな学力の形成をめざすのか，教員の中で時間をかけながら合意形成を行ってきたことがあると言える。全教員がカリキュラム・マネジメントに取り組み，実践してきたことに意義がある。この中で常に意識されていたのが，生徒の進路保証にも取り組みながら，さらに学力としては「受験知」を超える「生きる力」や「自覚的に進路選択できる力」の育成に努めてきたことにある。これからのカリキュラム開発を考える上で，「暗記・再生」型学力観から「理解・思考」型学力観へ転換したカリキュラム開発を検討する必要があるだろう。「目先の学力」から，将来の生徒が直面するであろう今日的な課題を乗り越えられるだけの「学力」を育てていくことができるカリキュラム開発が必要だと思われる。それから，多様な生徒の要求に対応できる柔軟性を持ったカリキュラムも大切であると考えている。カリキュラム・マネジメントの利点は，生徒の変化に対応して生徒の実態に適したカリキュラムを開発することができることである。こういったカリキュラム開発に，名大附属の取り組みが参考になるはずである。先進的な取り組みから学び，生徒の将来に役に立つカリキュラムの開発が今後とも必要であると思われる。

 さらに学びたい人のための図書

名古屋大学教育学部附属中・高等学校国語科・戸田山和久執筆協力（2014）『はじ

めよう，ロジカル・ライティング』ひつじ書房。

▶本章では触れることができなかったロジカル・ライティングについて，SSH
等の研究開発より，生徒の学びを支える言語能力・表現力育成に取り組んでき
た国語科の執筆者により，中高生向けの論理的思考，論理的文章作成の教科書
として作られた。たんなる解説書にとどまらず，たくさんの例題にも取り組む
ことができる書である。

**藤村宣之・橘春菜・名古屋大学教育学部附属中・高等学校編著（2018）『協同的探
究学習で育む「わかる学力」——豊かな学びと育ちを支えるために』ミネルヴァ書
房。**

▶名古屋大学教育学部附属中・高等学校の SSH 研究開発第 1 期からサイエン
ス・リテラシー育成のために協同的探究学習に取り組んできた。紙幅の関係か
ら本章でも取り上げることができなかった名大附属の授業が実践編で紹介され
ている。

引用・参考文献

安彦忠彦（1997）「中・高一貫教育カリキュラムについての試案——巻頭言に代えて」『名
　　古屋大学教育学部附属中・高等学校紀要』42，1-4頁。

安彦忠彦，名古屋大学教育学部附属中学・高校編著（1997）『中・高「総合的学習」のカ
　　リキュラム開発——新教科「総合人間科」の実践』明治図書出版。

植田健男（2014）「焦点としての高校教育改革」『名古屋大学教育学部附属中・高等学校紀
　　要』59，巻頭言。

佐伯胖（1983）『「わかる」ということの意味——学ぶ意欲の発見』岩波書店。

丸山豊（1990）「『学校改革の歩み』の一考察」『名古屋大学教育学部附属中・高等学校紀
　　要』35，91-106頁。

丸山豊・山田孝・徳井輝雄・槇本直子・持山育央・矢木修（1997）「第 2 年次の取り組み
　　の成果と課題」『名古屋大学教育学部附属中・高等学校紀要』42，5-22頁。

丸山豊・山田孝・槇本直子・石川久美（1995）「学校改革としての研究開発学校の取り組
　　み——『国際理解と平和の教育』から『総合人間科』へ」『名古屋大学教育学部附属
　　中・高等学校紀要』40，85-89頁。

矢木修・山田孝・藤田高弘・仲田恵子・湯澤秀文・中村明彦（1999）「併設型中高一貫校
　　のカリキュラムの在り方」『名古屋大学教育学部附属中・高等学校紀要』44，109-113

頁。

山田孝（1997）「総合人間科第二年次の高校の実践報告　高校1年——地球を守るネット
　　ワーク」『名古屋大学教育学部附属中・高等学校紀要』42, 55-68頁。

山田孝・藤田高弘・仲田恵子・湯澤秀文・中村明彦（1999）「中高一貫ワーキンググルー
　　プ中間報告」『名古屋大学教育学部附属中・高等学校紀要』44, 115-123頁。

吉田俊和・廣岡秀一・斎藤和志編著，研究協力名古屋大学教育学部附属中学校（2002）
　　『教室で学ぶ「社会の中の人間行動」——心理学を活用した新しい授業例』明治図書
　　出版。

人間教育をめざすカリキュラムの模索

矢野裕俊

　この巻では，人間教育をめざす学力とカリキュラムについて，事例を交えて考えてきた。人間教育とは，人間的な成長・成熟をめざす教育である。教育は人が社会の現実へ適応することを促すものであると同時に，価値を創造し，その実現を図る営みである。人間教育は，人が自分自身の人生の主人公として判断し，社会に責任を負えるような主体性を育てる教育でもある。そうした人間教育をめざすカリキュラムについて，本書の各章で多面的に考えてきたわけだが，それらをつなぐ要となるいくつかの問題を締めくくりとして提示することとする。

1　学力調査と学力への関心

　一つは，グローバル化する現代社会における学校教育のなかで学力に関する議論を新たに展開するための口火を切ることである。文部科学省による全国学力・学習状況調査（以下，全国学力調査）の実施が2007年開始以来，年数を数え，その結果に対して広く社会的に注目が集まっているなかで，学校教育で育てる学力をどのようにとらえるべきかという問題である。新しい時代に即応した学力を念頭に置いて，全国学力調査でも，基礎的な知識を問う問題とともに，知識を活用する力を問う問題により活用型学力の定着状況を調べるなどの工夫がなされ改善が図られてきた。それと同時に全国学力調査の実施そのものによって，学力とは学力調査によって測定された結果を指すもの，といったとらえ

方が強まってきたことも事実である。それに伴い，学校教育は「学力調査的」学力を身に付けさせること，すなわち学力調査の結果を向上させることに力を集中しなければならないという圧力が強まっている。そして，全国学力調査における都道府県別・自治体別の平均点と，その順位を競うという風潮も強まっている。

　全国学力調査のために毎年作成されている問題はたいへんよく考えられたものではあるが，文部科学省も認めているように，到底それによって学力のすべてを測ることができるわけではない。学力調査によって測られる（部分的）学力も含めて，現代の学校教育が育てるべき学力の内容や構成要件をめぐって行われている議論では，「我々の世界」と「我の世界」の双方をともに高め充足していくという視点がどれほど意識されているであろうか。学力が「我の世界」にのみ帰属する能力とみなされ，「我々の世界」とつながり，それを豊かにするためのものとするにはどのような内容が求められるのかについては考えられず，個人間，学校間，地域間での高低にひたすら関心が集まるという現実がある。学力調査結果の公表という政治的，社会的圧力が強まるとともに，〇〇県，〇〇市，〇〇校は学力が高い，という情報が広まっている。そうしたなかで，学力調査結果と校長の職務評価を結びつけるといった短絡的な発想すら生まれている。

　人間教育という視点を学校教育の中心に据えるならば，育てるべきは「学力調査的」学力を超えた学力でなければならない。学力は「我の世界」のなかの個人的能力に押しとどめられるのではなく，自己と他者をつなぎ，「我々の世界」の中での人と人との絆や相互性を取り持つ力となることも期待される。本書プロローグで述べられた「学力保障と成長保障の両全」を実現するためには，学力の面でも，仮に「人間教育的」学力とでも呼びうる学力像を構築することが必要である。

　カリキュラム開発の歴史と伝統を持ち，たえずカリキュラム改革に取り組んでいるいくつかの小学校を訪ねてインタビューを行って筆者が感じたことは，そうした学校に共通していえることは，全国学力調査の結果に対する関心がさ

ほど高くないことであった。学力調査の結果よりも，子どもの学びの世界をより豊かに実現するために，総合学習の開発を核に据えた新しいカリキュラムの開発と実践に学校全体が関心を持っているという共通点がみられたのである。本書で取り上げられた学校はそうした例にあてはまる。

2　自己の幸福と他者の幸福

　19世紀のはじめの経済思想家ジェームズ・ミル（Mill, J.）は教育の目的を，個人をして第一に自分自身の幸福にとり，第二に他の人々の幸福にとり，「できうるかぎり有用な手段とならしめること」と表現している。ここには人間の存在を，崇高な理念を実現するための手段とみなす考え方がみられるが，他者（社会）の幸福と自分の幸福の両方の実現が教育の目的であると考えられている。今日流の表現を用いれば，教育は自分だけでなく他者のウェルビーイングの実現を図るものでなければならないのである。優れた思想家の教育論には必ずと言ってよいほど，「我の世界」の幸福追求や充足だけでなく，「我々の世界」の幸福追求や充足という視点が含まれている。

　ところが，子どもの人間的な成長・成熟をめざす教育の必要性はおおむね社会の承認を得られながら，その実現へと向かう道のりは依然として遠い。

　戦後の教育改革は日本国憲法における「教育を受ける権利」の確認と，教育基本法の制定によって基本的な方向性が定められた。教育基本法はその後改正されたが，第1条にあるように，教育の目的は「人格の完成」という普遍的な価値を希求するとともに，「平和で民主的な国家及び社会の形成者として必要な資質を備えた心身ともに健康な国民の育成」であるとされた。「平和で民主的な国家及び社会の形成者」という表現には，「平和で民主的」という表現でめざすべき国家像・社会像が示されるとともに，国民はその形成者であるべきだという国民像が示されている。形成者とは構成員という含意を超えて，社会の運営や新しい社会づくりに参画し，社会を形成する担い手を表している。主権の責任主体が国民にあるという現行憲法の原則に照らしていえば，教育基本

法で示された教育の目的は，教育によって主権者を育てることであると言い換えることもできる。

　同時に，国民の育成という枠組みだけで日本の学校教育のあり方を考えることには限界も見えてきている。日本は移民を受け入れないという立場を頑なにとりつつ，他方では出入国管理法の改正により，いくつかの業種において「特定技能」を持つ外国人に在留許可を与え，「外国人材」の増大を見込んでいる。法務省の統計によると，2018（平成30）年末現在の中長期在留者数は240万9245人で，過去最高となったという。これは総人口のほぼ2％にあたる。日本はすでにドイツ，アメリカ，イギリスに次ぐ世界第4位の「移民大国」となっている。ところが，学校教育に目を向けると，日本に住民登録している外国籍の義務教育就学年齢にある子どものうち，1万6000人が就学不明になっていると報道（2019年1月，毎日新聞）され，文部科学省が本格的な調査に乗り出したように，日本の学校教育を受けられずに取り残された外国籍児童生徒の存在がある。教育から取り残された子どもたちへの教育の保障とともに，外国籍児童生徒への日本語指導をはじめとした教育や支援の充実を図るなど，移民社会の到来という現実を視野に入れて教育のあり方を考えることが喫緊の課題となっているのである。

3　子どもを取り巻く状況

　現代日本の社会は，人間教育という視点をますます必要としている。文部科学省が公表した「平成30年度児童生徒の問題行動・不登校等生徒指導上の諸課題に関する調査結果について」によれば，2018年のいじめ認知件数は過去最多となり，小中学校，高等学校，特別支援学校の全体で54万3933件に達している。また同年の，小中学校の不登校児童生徒数も16万4528人（1.7％）と，過去最多を記録している。また，厚生労働省が発表した2018年度の児童虐待相談件数は15万9850件に達し，これまた過去最多である。他方，厚生労働省が発表した2019年の出生数推計は86万4000人と過去最小となった。少子化が進む中でのこ

れらの数字は，問題の深刻さの度合いが高まっていることを反映している。

　ユニセフ・イノチェンティ研究所のレポートカード11のデータに日本のデータを加えた阿部・竹沢（2013）によれば，日本の子どもの幸福度（ウェルビーイング）が物質的豊かさ，健康と安全，教育，日常生活上のリスク，住居と環境の五つの分野で，それぞれに設定された評価指標によって評価された結果，31か国中，総合順位で６位，教育と日常生活上のリスクの低さでは１位とされた。しかし，前述の数字をみれば，日本の子どものウェルビーイングの状況は安閑としていられない危うさをはらんでいる。

　子どもを取り巻く状況の一断面として注目したいのは，未成年の自殺が増えているということである。日本人の自殺が年間３万人を超えるといった2000年頃の状況は，2018年には２万人超と，徐々に減少し，全体の状況は改善されてきた。しかし，同年の未成年の自殺死亡率は2.8（人口10万人あたりの人数）と統計をとり始めて以来過去最多となった。子ども（小中学生）の自殺に限ると，増加傾向にあることが指摘されている（舞田，2019）。過去10年間の自殺の動機で多いのは「いじめ」ではなく，小学生では「親子関係の不和」「家族からの躾・叱責」，中高生では「学業不振」「進路に関する悩み」「うつ病」が多いのだという。いずれの理由からであっても，10代で自らの命を絶つという状況が少しずつでも広がっているのは，子どものウェルビーイングにとって深刻な問題である。

　これに関わって想起されるのが，日本の子どもの自己肯定感である。日本を含めた７か国の満13〜29歳の若者を対象とした意識調査の結果（内閣府政策統括官，2019）によると，「自分自身に満足している」「自分には長所がある」という，自己肯定感を尋ねる二つの項目ともに日本の子どもは低く，前者は45.1％，後者は62.3％であった。アメリカ，イギリス，ドイツ，フランスはいずれも「自分自身に満足している」で80％台，スウェーデン，韓国は70％台であることと比べると顕著に低い。また，「自分には長所がある」ではアメリカ，ドイツ，フランスで90％超，イギリス87.9％，韓国，スウェーデンで70％台で，やはり日本の若者は低い。

前回調査（平成25年度）での「自分に満足している」比率が低いことについては，「日本の文化に適応するための自己呈示の方略や単なる測定方法による問題である可能性が高い」（田中，2017）として，理由を文化的な違いに求める研究結果もある。しかし，自己肯定感が，自分が自分に対して寄せる信頼や，自分に与える肯定的価値づけということである以上，それが自分の存在意義を否定するほどに低い状態になれば，それは看過し得ない問題である。誰がなんと言おうと自分は自分，存在に価値がある，といった見方には至らずとも，他者からの認知や肯定的評価を前提として自分の価値に気づくことは，さまざまな教育の機会が用意されれば十分に可能なことであろう。

4　人間教育をめざした学力とカリキュラムへ

　『人間教育をめざしたカリキュラム創造』と題するこの巻でめざしたことは，人間教育をめざす学力のとらえ直しとカリキュラムの模索である。日本の学校のカリキュラムでは，各教科，道徳，総合的な学習の時間に加えて特別活動がしっかりと組み込まれている。特別活動は日本の学校教育の特色の一つとされているが，集団の一員として，よりよい生活やよりよい人間関係を育てる教育を進める領域である。優れた教育活動を展開している学校では，教育が各教科での学習指導に力を入れることに留まらず，総合的な学習の時間や特別活動を重視し，そうした領域で行われる総合学習をカリキュラムの核に据えている。そうした学校の関係者は異口同音に，自校の教育が総合学習を中心に組み立てられていると語る。この巻で取り上げられた学校はまさしくそうした実例である。

　では，なぜ総合学習はカリキュラムの核となるのか。その理由は，すでに述べたように，現在の学力があまりにも個人的な能力属性としてとらえられがちであることと関連があるように思う。学校が個人の能力の伸張を図るだけであれば，ジェームズ・ミルが言うような，「自分自身の幸福」にはつながっても，「他の人々の幸福」に結びつかない。学校教育で育てる力は「自分自身の幸福」

とともに「他の人々の幸福」を，言い換えれば，「我の世界」をよりよく生きることと「我々の世界」をよりよくすることを，ともに実現する力でなければならない。また，そのような力を育てるには，現実の社会や世界に題材（課題）を見出し，児童生徒が主体性を発揮し，お互いの協働性を高め，社会とのつながりを模索しつつ展開される総合学習がふさわしいということである。各教科での学習も総合学習と関連付けられて新たな意義を帯びることになる。

そうした総合学習はカリキュラムの中でも，各学校がもっとも創意と工夫を凝らして開発することができるという点からすれば，学校を基盤としたカリキュラム開発において中心的な位置を占めるものでもある。

本書は特定の新しい学力像やカリキュラムを提案するものではない。もとよりカリキュラムは，グローバルな時代の中にあって，普遍的な妥当性を持つ唯一の正解があるわけではなく，当然ながらローカルな特性を持つものである。本書で取り扱われた，国内のみならず海外の学校でのカリキュラムは，大方の学校の例と同じく，子どもや地域の実態や特性に即して開発されたものである。その意味では，「学校を基盤としたカリキュラム開発」のいくつかの例ということになるが，そうした例に触発されて，新しい学力像やカリキュラムがローカルに（学校を基盤として）模索されていくことを期待する。

引用・参考文献

阿部彩・竹沢純子（2013）『先進国における子どもの幸福度——日本との比較　特別編集版』ユニセフ。

田中道弘（2017）「日本人青年の自己肯定感の低さと自己肯定感を高める教育の問題——ポジティブ思考・ネガティブ思考の類型から」『自己心理学』7，11-22頁。

内閣府政策統括官（2019）『我が国と諸外国の若者の意識に関する調査（平成30年度）』内閣府。

舞田敏彦（2019）「日本の子どもの自殺率が2010年以降，急上昇している」『ニューズウィーク日本版』（2019.3.13）。

ミル，J.／小川晃一訳（1983）『教育論・政府論』岩波文庫。

索　引

（人名は末尾にまとめた）

人 名

《監修者》

かじ た えい いち
梶 田 叡 一

　　桃山学院教育大学学長

　　1941年　島根県生まれ。
　　　　　　京都大学文学部哲学科心理学専攻卒業。文学博士。大阪大学教授，京都大学教授，兵庫教
　　　　　　育大学学長などを経て，2018年より現職。中央教育審議会副会長・教育課程部会長などを
　　　　　　歴任。
　　主　著　『〈いのち〉の教育のために』金子書房，2018年。
　　　　　　『自己意識論集（全5巻）』東京書籍，2020年。

あさ だ　　　ただし
浅 田　　匡

　　早稲田大学人間科学学術院教授

　　1958年　兵庫県生まれ。
　　　　　　大阪大学人間科学部人間科学科卒業。大阪大学大学院人間科学研究科博士後期課程教育学
　　　　　　専攻退学。大阪大学助手，国立教育研究所研究員，神戸大学助教授，早稲田大学助教授を
　　　　　　経て，2006年より現職。
　　主　著　『成長する教師』（共編著），金子書房，1998年。
　　　　　　『中等教育ルネッサンス』（共編著），学事出版，2003年。

ふる かわ　　　おさむ
古 川　　治

　　編著者紹介参照。

《執筆者》（所属，執筆分担，執筆順，＊は編著者）

＊古川　治（ふるかわ　おさむ）　（編著者紹介参照，プロローグ・第 1 章）

奈須正裕（なす　まさひろ）　（上智大学総合人間科学部教授，第 2 章）

安藤福光（あんどう　よしみつ）　（兵庫教育大学大学院学校教育研究科准教授，第 3 章）

＊矢野裕俊（やの　ひろとし）　（編著者紹介参照，第 4 章・エピローグ）

菊地栄治（きくち　えいじ）　（早稲田大学教育・総合科学学術院教授，第 5 章）

奥村好美（おくむら　よしみ）　（兵庫教育大学大学院学校教育研究科准教授，第 6 章）

白井　俊（しらい　しゅん）　（前文部科学省初等中等教育局教育課程課教育企画室長，独立行政法人大学入試センター試験・研究統括補佐官，第 7 章）

石塚謙二（いしづか　けんじ）　（桃山学院教育大学人間教育学部教授，第 8 章）

林　尚示（はやし　まさみ）　（東京学芸大学教育学部准教授，第 9 章）

杉浦治之（すぎうら　はるゆき）　（日本体育大学 浜松日体中・高等学校副校長，第10章）

砂田信夫（すなだ　のぶお）　（元佛教大学教育学部特任教授，第11章）

澤邉　潤（さわべ　じゅん）　（新潟大学人文社会科学系（創生学部）准教授，第12章）

山田　孝（やまだ　たかし）　（元名古屋大学教育学部附属高等学校副校長，名古屋市立大学人文社会学部非常勤講師，第13章）

《編著者》

古 川　　治（ふるかわ・おさむ）

　桃山学院教育大学人間教育学部客員教授（プロローグ・第1章：執筆）
　1948年　生まれ。
　1972年　桃山学院大学社会学部卒業
　　　　　東大阪大学こども学部教授，甲南大学教職研究センター教授を経て，
　　　　　2019年より現職。
　主　著　『ブルームと梶田理論に学ぶ』ミネルヴァ書房，2017年。
　　　　　『21世紀のカリキュラムと教師教育の研究』ERP，2019年。
　　　　　『教職をめざす人のための教育課程論』（共編著），北大路書房，2015年。
　　　　　『教育法規・教育行政入門』（共編著），ミネルヴァ書房，2018年。

矢 野 裕 俊（やの・ひろとし）

　武庫川女子大学教育学部教授・教育学部長（第4章・エピローグ：執筆）
　1951年　生まれ。
　1984年　大阪市立大学大学院文学研究科後期博士課程単位修得退学　博士（文学）
　主　著　『自律的学習の探求——高等学校教育の出発と回帰』晃洋書房，2000年。
　　　　　『キーワードで読む教育学』（共著），法律文化社，2008年。
　　　　　『子どもの貧困／不利／困難を考えるⅠ——理論的アプローチと各国の取組み』（共編著），
　　　　　ミネルヴァ書房，2015年。
　　　　　『教職をめざす人のための教育課程論』（共編著），北大路書房，2015年。
　　　　　『子どもの貧困／不利／困難を考えるⅢ——施策に向けた総合的アプローチ』（共編著），
　　　　　ミネルヴァ書房，2019年。

シリーズ・人間教育の探究②

人間教育をめざしたカリキュラム創造
──「ひと」を教え育てる教育をつくる──

2020年12月15日　初版第1刷発行　　　　　〈検印省略〉

定価はカバーに
表示しています

監 修 者	梶田叡一	
	浅田匡	
	古川治	
編 著 者	古川治	
	矢野裕俊	
発 行 者	杉田啓三	
印 刷 者	田中雅博	

発行所　株式会社　ミネルヴァ書房

607-8494　京都市山科区日ノ岡堤谷町1
電話代表　(075)581-5191
振替口座　01020-0-8076

©古川・矢野ほか，2020　　　創栄図書印刷・新生製本

ISBN978-4-623-08844-7
Printed in Japan

シリーズ・人間教育の探究（全 5 巻）

梶田 叡一／浅田 匡／古川 治 監修

Ａ 5 判・上製カバー・256〜296頁・各巻本体3000円（税別予価）

杉浦 健／八木 成和 編著

①人間教育の基本原理

──「ひと」を教え育てることを問う

古川 治／矢野 裕俊 編著

②人間教育をめざしたカリキュラム創造

──「ひと」を教え育てる教育をつくる

浅田 匡／古川 治 編著

③教育における評価の再考

──人間教育における評価とは何か

鎌田 首治朗／角屋 重樹 編著

④人間教育の教授学

──一人ひとりの学びと育ちを支える

浅田 匡／河村 美穂 編著

⑤教師の学習と成長

──人間教育を実現する教育指導のために

── ミネルヴァ書房 ──

https://www.minervashobo.co.jp